_____ 드림

개미가 주식시장에서
손해 볼 수밖에 없는 이유

개미가 주식시장에서 손해 볼 수밖에 없는 이유

초판 1쇄 인쇄 2011년 11월 3일
초판 1쇄 발행 2011년 11월 10일

지은이 이규성

발행인 장상진
발행처 경향미디어
등록번호 제313-2002-477호
등록일자 2002년 1월 31일

주소 121-883 서울시 마포구 합정동 196-1번지 2층
전화 1644-5613 | **팩스** 02) 304-5613

저작권자 ⓒ 2011 이규성

ISBN 978-89-6518-040-1   13320

· 값은 표지에 있습니다.
· 파본은 구입하신 서점에서 바꿔드립니다.

개미가 주식시장에서 손해 볼 수밖에 없는 이유

이규성 지음

경향미디어

개미가

주식시장에서

손해 볼 수밖에 없는

이유

서민 맞춤형
주식투자 전략

　비오는 어느 날 탁 트인 전망과 상쾌한 음악이 어울리는 카페에서 재미있는 광경을 목격했습니다. 옆 테이블에서 카페 분위기와 어울리지 않게 청춘 남녀 여럿이 진지한 토론을 하고 있었습니다. 무슨 이야기를 하는지 조용히 들어보니 온통 주식투자 얘기였습니다. 그들은 아마도 주식투자 동아리의 대학생들인 듯 했습니다. 그리고 이 글을 쓰며 그때를 떠올리니 만약 타임머신을 타고 다시 그 자리로 돌아간다면 해줄 얘기가 참 많겠다는 생각이 들었습니다.

　그렇다고 제가 몇백만 원으로 수십억을 벌었다는 주식투자의 달인은 아닙니다. 저는 그저 다섯 살 된 어린 딸과 부양해야 할 가족이 있는 평범한 직장인이고 우리시대 평범한 서민입니다. 대부분의 시민이 그러하듯 저 또한 월급으로 모자라는 돈을 벌어보고자 여기저기 기웃거리고 이것저것 많이 시도해보았습니다. 펀드투자도 해보고 주식투자도 해보고 남들 한다는 것은 빠지지 않고 전부 해봤습니다.

입 소문만 듣고 좋다는 종목에 일 년 치 연봉을 투자하기도 하고, 하루에 한 달 치 월급을 벌어보기도, 잃어 보기도 하며 살 떨리는 투자도 많이 해봤습니다. 이처럼 주식시장에서 온갖 희로애락을 겪고 많은 시행착오를 겪다 보니 어느덧 투자에 대한 나만의 철학과 명확한 기준이 생겨났습니다.

물론 누구나 따라 하기만 하면 무조건 부자로 만들어 주는 주식투자의 비법을 발견한 것은 아닙니다. 아쉽게도 저는 보통 사람을 큰 부자로 만들어 주는 주식투자의 비법을 아직 알지 못합니다.

그러나 현란한 차트를 보이며 그럴 듯한 구호로 개미들을 현혹하는 어설픈 필살기와 비법들이 얼마나 위험한지는 분명히 알고 있습니다. 주식시장에서 손해를 보는 개미들은 주식투자의 필살기를 몰랐기 때문이 아니라 주식투자의 기본기를 망각했기 때문입니다. 그리고 필자가 전하고자 하는 것 또한 주식투자의 필살기가 아니라 주식투자의 기본기 입니다.

이 책에서 제가 전달하고자 하는 메시지는 크게 세 가지입니다.

첫째, 주식투자의 본질을 파악하여 개미라 불리는 서민들이 왜 주식시장에서 항상 손해를 볼 수밖에 없는지에 대한 이유를 명확히 아는 것입니다.

둘째, 서민들이 주식시장에서 더 이상 희생양이 되지 않기 위해 반드시 알아야 할 주식투자 게임의 원리를 파악하는 것입니다.

셋째, 외국인투자자와 기관투자자 등 주식시장의 수많은 강자들과 경쟁해야 하는 개미들이 본업에 충실하면서도 주식투자를 잘할 수 있는 방법을 아는 것입니다.

다시 말해 필자가 이 책을 통해 전하려는 것은 주식투자 본질에 대한 이야기이고, 올바른 투자 자세이며, 개미라 불리며 주식시장에서 고전을 면치 못하고 있는 평범한 서민의 상황에 적합한 '서민 맞춤형 주식투자 전략'입니다.

이 책은 지난 1년 동안 daum 아고라 경제토론방에 연재한 주식투자와 관련된 글을 바탕으로 쓰여졌습니다. 이 자리를 빌어 그동안 저의 부족한 글을 읽어 주신 아고라 경제토론방 친구들과 블로그 방문자들께 감사의 말씀을 전합니다.

아울러 부족하지만 제 글을 보고 필자에게 집필의 기회를 주신 경향미디어 차선화 기획자님과 출판되기까지 많은 도움을 주신 경향미디어 임직원 여러분께도 감사드립니다. 원고를 정리하기까지 많은 격려와 조언을 아끼지 않은 직장 동료들과 친구들, 그리고 언제나 믿고 격려해주는 사랑하는 아내와 자기를 애기라 부르지 말고 '어린이'라고 불러 달라는 당찬 다섯 살 딸 예원이, 그리고 사랑하고 존경하는 어머니께 감사의 마음을 전합니다.

2011년 10월
이규성

서문 · 서민 맞춤형 주식투자 전략 · 5

section 1 개미가 주식시장에서 손해 보는 3가지 이유

손해 볼 수밖에 없는 이유 1 · 투자의 본질을 모르는 개미

제로섬 게임을 하고 있는 주식시장 · 14
패자의 피로 승자의 축배를 만든다 · 23
돈을 벌려 하기 전에 판의 본질을 보라 · 29
주식시장은 체급 제한이 없는 격투장이다 · 35
투자는 돈을 버는 것이 아니라, 돈의 가치를 지키는 것이다 · 43

손해 볼 수밖에 없는 이유 2 · 개미의 한계

기계의 마음을 획득하라 · 52
합리적인 포트폴리오로 투자의 공포를 제거하라 · 57
포트폴리오 3원칙을 지키면 주식시장에서 "갑"이 된다 · 64
재정상황표를 만들어 자신의 위치를 파악하라 · 68
멀리 내다보고 크게 움직여라 · 72
지식의 단계를 넘어서는 통찰력을 키워라 · 82

손해 볼 수밖에 없는 이유 3 · 시장의 게임 원리

주가는 어떤 원리로 움직이는가 · 88
투자를 하기 전에 돈의 흐름을 보라 · 96
자본시장의 바로미터, 금리의 방향을 살펴라 · 103
채권의 핵심 개념을 알면 돈의 물길이 보인다 · 108
환율의 움직임을 알아야 외국인의 패가 보인다 · 113
주식의 가치와 적정주가의 상관관계를 파악하라 · 122
주식투자로 몰락한 사람은 무엇을 몰랐기 때문일까? · 131

section 2 · 개미가 주식시장에서 손해 안 보는 3가지 방법

개미를 위한 How to 1 · 개별종목을 졸업하고, 시장 평균에 배팅하라

서민들에게 최고의 종목은 시장 평균이다 · 142
시장 평균을 따라가는 방법은 무엇인가 · 150
서민의 손에 맞는 무기 ETF · 158
효과적인 ETF 활용방법 · 166

개미를 위한 How to 2 · 기술적 분석, 이것으로 충분하다

차트 맹신보다 무서운 것은 차트 무시다 · 182
주가는 파동의 원리로 움직인다 · 189
많이 알려 하지 말고 핵심만 익혀라 · 196
파동의 성질로 알아보는 주가 움직임의 특징 · 201
주식시장의 변곡점을 알아내는 방법 · 212

개미를 위한 How to 3 · 본업에 충실하고, 주식 농사를 지어라

투자는 해야 할 때와 하지 말아야 할 때가 있다 · 222
나침반을 보고 항해하듯 지표를 보고 투자하라 · 227
경제 펀더맨탈을 확인하는 지표 · 231
유동성 흐름을 체크하는 지표 · 240
주식시장의 투자 계절을 감지하는 방법 · 252
화려함을 이기는 서민형 매매기법 · 267

부록 · 개미투자자를 위한 투자조언 · 279

section 1
개미가 주식시장에서 손해 보는 3가지 이유

주식과 결혼하지 마라 _주식 명언

손해 볼 수밖에 없는 이유
투자의 본질을 모르는 개미

1

제로섬 게임을 하고 있는 주식시장

투자 주체들은 과연 무엇을 노리고 투자를 하고 있을까요?
주식시장에 참여하는 투자자들이 배당금을 받기 위해 주식투자를 하고 있을까요?
과연 월세를 받기 위해 억대의 빚을 지고
한 달에 100만 원이 넘는 이자를 내면서까지 아파트에 투자를 했을까요?

파브르의 개미와 주식시장의 개미

프랑스의 유명한 곤충학자 파브르는 어느 날 재미 있는 실험을 했습니다. 그는 벌레들이 앞의 동료를 무작정 따라가는 습성이 있다는 사실을 발견한 뒤, 탁자 위에 화분을 올려 두고 개미들을 일렬로 세워 보았습니다. 예상대로 개미들은 앞의 동료를 따라 무작정 걷기 시작했고, 열심히 걷던 개미들은 화분을 만나자 화분 주위를 돌기 시작했습니다. 어느 정도 시간이 지난 뒤 이번에는 화분을 치워 보았습니다. 그러자 개미들은 화분 밑바닥 모양처럼 원을 그리며 앞의 동료를 따라 한없이 돌기만 했습니다. 그렇게 몇 시간이 지난 뒤 파브르는 개미가 돌고 있는 원 가운데 개미가 좋아하는 먹이를 가득 놓아 보았습니다. 그러나 개미들은 먹이를 가까이 두고도 앞의 동료만 따라갈 뿐 먹이에는 관심을 갖지 않았습니다. 그렇게 밤낮으로 돌기만 하던 개미들은 결국 7일째 되던 날 푸짐한 음식을 가운데 두고 굶주림과 탈진으로 모두 죽고 말았습니다.

쉬지도 않고 열심히 걸었던 개미들이 음식을 가까이 두고도 굶어 죽은 이유는 무엇일까요? 그것은 자기가 어디를 가고 있고 무엇을 하고 있는지 모른 채 그저 맹목적으로 걷기만 했기 때문입니다.

우리시대 보통사람이며 주식시장에서 개미로 불리는 서민들은 월급만으로는 모자라는 돈을 벌기 위해 주식투자를 하게 됩니다. 그렇게 주식시장에 뛰어든 서민들은 고수들이 썼다는 책을 탐독하고 그들이 제시하는 투자기법을 따라 하기만 하면 자신도 머지 않아 인생역전의 주인공이 될 수 있으리라 기대합니다.

그러나 수많은 개미 중 주식투자에 성공하여 부자가 된 개미보다 감당할 수 없을 만큼 큰 손실을 보고 주식시장에서 영원히 퇴출당하는 개미들이 훨씬 많은 것이 현실입니다.

그렇다면 열심히 노력했음에도 개미들이 주식투자에 실패하는 이유는 무엇일까요? 열심히 걷고도 굶어 죽었던 개미와 열심히 공부하고도 주식투자에 실패한 개미가 한 가지 간과했던 것이 있습니다. 그것은 비로 지기가 하고 있는 행위의 "본질"입니다.

화분 주위를 열심히 걷다가 굶어 죽은 개미는 자기가 걷고 있는 행위의 본질을 몰랐고, 주식투자에 성공하기 위해 많은 노력을 하고도 실패한 개미는 자기가 행하고 있는 주식투자의 본질에 대한 이해가 부족했습니다. 이렇듯 주식투자의 본질에 대한 고민 없이 부자가 되기 위해 무턱대고 주식시장에 뛰어드는 개미들은 희생양이 되기 쉽습니다. 주식투자의 비법과 필살기를 찾는 것도 중요하지만 그에 앞서 투자의 본질에 대한 명확한 이해가 있어야 합니다.

투자의 두 얼굴, Income Gain과 Capital Gain

투자의 본질을 알아보기에 앞서 "투자를 왜 하려 하는가?" 하는 투자의 목적부터 살펴야 할 것 같습니다. 우리가 살고 있는 사회시스템은 자본주의입니다. 자본주의의 정의에 대해 고상한 언어를 나열하며 그럴듯한 설명을 할 수도 있겠지만 굳이 어려운 수식어는 필요 없을 듯 합니다. 다소 냉소적으로 들릴지 모르지만 "돈이면 안 되는 것 빼고 다 되는 세상"이 바로 자본주의 사회입니다.

우리가 살고 있는 이 시대는 "유전무죄 무전유죄"가 통하고 돈의 힘에 의해 삶의 질이 크게 달라집니다. 부자 부모를 만난 젊은이는 특별히 하는 일 없이 대낮부터 미인을 옆에 끼고 외제차를 몰고 놀러 다닐 수 있지만, 가난한 부모를 만난 젊은이는 등록금을 벌기 위해 여름방학 내내 아르바이트를 해야 합니다. 어쨌든 21세기 지구촌은 돈으로 안 되는 것보다 돈이면 되는 것이 더 많은, 조금은 서글픈 시대입니다.

상황이 이렇다 보니 남녀노소 할 것 없이 누구나 많은 돈을 획득하려 합니다. 돈만 많으면 어지간한 욕망은 채울 수 있다 보니 요즘 사람들은 그야말로 물불을 가리지 않고 돈을 벌려고 합니다. 물론 돈을 벌기 위해 우리는 일을 해야 합니다.

그러나 월급을 많이 받는 사람이나 적게 받는 사람이나 언제나 돈이 넉넉지 않다고 합니다. 왜냐하면 인간의 욕망은 용량 제한이 없기 때문입니다. 그래서 내가 일해서 돈을 획득하는 것 말고 다른 방법을 찾게 됩니다. 그것은 바로 돈을 일하게 만들어서 돈을 버는 방법으로 우리는 그것을 "투자"라고 합니다.

투자는 내가 직접 일을 하지는 않지만 투자 대상에 돈을 배팅해서 투자 대상이 열매를 맺었을 때 투자한 것에 비례해서 열매를 가져가는 것을 말합니다.

예를 들어 시골에서 사과 농사를 짓는 후배가 있다고 가정해보겠습니다. 그 후배는 명문대 농과대학을 졸업해서 농사짓는 실력이 뛰어날 뿐만 아니라 근면 성실하고 정직하기까지 합니다. 그러나 후배는 자금이 부족해서 사과나무를 백 그루만 키우고 있습니다. 후배의 농사짓는 실력과 근면 성실함을 믿고 있는 나는 후배의 사과 농사에 100만 원을 투자하기로 했습니다. 후배는 내가 투자한 돈 100만 원으로 사과나무 열 그루를 더 샀습니다. 출중한 농사 실력과 성실함을 겸비한 후배는 그 해 가을 내가 투자한 돈으로 샀던 사과나무에서 사과 열 상자를 수확했습니다. 그

수익과 자본이득

Income Gain	Capital Gain
수익	자본이득
이자, 배당금	시세차익

  수확에 대해 농사를 지은 후배가 다섯 상자를 가져갔고, 돈을 투자한 내가 다섯 상자를 가져갔습니다.

  이처럼 투자 대상의 과실을 가져가는 것을 "수익" 즉 Income Gain이라고 합니다. 투자의 형태 중 Income Gain에 해당하는 대표적인 예는 이자와 배당금이 있습니다. 이는 WIN-WIN 게임이 가능합니다. 투자한 사람이 나 말고 몇 명이 더 있더라도 농사가 잘 되어 열매만 많이 맺으면 투자 비율에 따라 투자자 모두에게 이익이 돌아가기 때문입니다.

  투자의 또 다른 형태도 있습니다. 사과 농사를 짓는 후배에게 똑같은 이유로 100만 원을 투자하고 투자증을 받았다고 가정해보겠습니다. 사과 농사에 투자한 후로는 날씨가 늘 관심거리였습니다. 그러던 어느 날 뉴스를 보다가 올 가을에 태풍이 많이 온다는 일기예보를 듣게 되었습니다. 만약 가을에 태풍이 과수원을 그냥 지나쳐간다면 문제가 되지 않지만 과수원을 강타하면 큰 피해를 입게 되고 자칫 투자한 돈을 몽땅 날려버릴 수도 있습니다.

- 나는 **싸게** 사서 누군가에게 **비싸게** 판다.
- **똑똑한** 나와 **멍청한** 상대방이 존재해야 한다.
- **승자**가 있기 위해 반드시 **패자**가 존재해야 한다.
- 돈을 **버는** 사람이 있으면 반드시 돈을 **잃는** 사람이 있어야 한다.

이런 이유로 고민 끝에 100만 원을 투자했다는 투자증을 홍길동이라는 친구에게 110만 원을 받고 팔았습니다. 그런데 홍길동이 100만 원짜리 투자증을 110만 원에 샀던 이유는 따로 있었습니다. 그는 태풍이 오든 말든 상관이 없었습니다. 그는 110만 원짜리 투자증을 다른 누군가에게 120만 원을 받고 팔면 10만 원의 이득을 본다는 사실에 주목했던 것입니다. 굳이 사과나무가 열매를 맺는 가을까지 기다리지 않아도 싸게 사서 비싸게 팔면 돈을 벌 수 있기 때문입니다.

이렇듯 투자 대상이 만들어내는 이득에 상관없이 싸게 사서 비싸게 팔아 얻는 이득을 "자본이득" 즉 Capital Gain이라고 합니다. Capital Gain은 싸게 사서 비싸게 팔아 얻는 이득으로 이는 곧 "시세차익"을 의미합니다.

주식시장은 제로섬 게임을 하고 있다

이제 많은 사람들이 돈으로 돈을 벌 수 있는 기회로 삼고 있는 투자판을 살펴보겠습니다.

투자의 기회를 얻을 수 있는 곳으로는 펀드투자나 주식투자를 할 수 있는 주식시장, 아파트투자로 대변되는 부동산시장, 프로선수들이 참여하는 외환시장 등 매우 다양합니다.

이렇듯 투자의 기회를 주는 시장이 다양한데 투자 주체들은 과연 무엇을 노리고 투자를 하고 있을까요? 투자에 성공하여 부자가 되었다는 사람들은 무엇으로 큰돈을 벌었을까요? 이자를 받고 배당금을 챙겨서 큰돈을 벌었을까요? 주식시장에 참여하는 투자자들이 배당금을 받기 위해 주식투자를 하고 있을까요? 과연 월세를 받기 위해 억대의 빚을 지고 한 달에 100만 원이 넘는 이자를 내면서까지 아파트에 투자를 했을까요?

그렇지 않습니다. 오늘날 이뤄지고 있는 다양한 투자 행위는 결국 자본이득Capital Gain을 노리는 시세차익 먹기 게임이 주류를 이루고 있습니다. 서민들이 손쉽게 참여할 수 있는 주식시장 역시 배당금보다 시세차익을 노리는 투자자들이 훨씬 많습니다. 그런데 시세차익 먹기 게임에서는 게임참여자 모두가 승자가 될 수는 없습니다. 승자가 있으려면 반드시 패자가 있어야 합니다.

주식투자는 제로섬 게임과 매우 흡사합니다. 그런데 주식투자가 제로섬 게임과 비슷하다는 사실을 모르는 개미는 겁이 없습니다. 그는 주식시장을 아주 낭만적인 곳으로 생각합니다. 주식투자를 잘해서 대박을 터트리면 인생역전이 가능하다고 생각하며 들떠서 덤벼듭니다. 그러나 안타깝게도 이런 순진한 개미들은 투자판 승냥이들의 먹이가 되기 쉽습니다.

물론 주식투자를 제로섬 게임으로 인식하는 것에 논란이 있을 수도 있습니다. 주식시장은 제로섬 게임이 아니라 파이가 커지면 모두에게 이익이 돌아가는 WIN-WIN 게임으로 봐야 한다는 의견도 많습니다.

맞습니다. 주식시장은 제로섬 게임을 하라고 만들어 놓은 곳이 아니고, 투자자들이 100% 제로섬 게임을 하는 것도 아닙니다. 그러나 주식시장에 참여하고 있는 많은 투자자들은 실질적으로 제로섬 게임처럼 투자를 하고 있습니다.

기업들이 돈을 많이 벌어올 때는 배당금을 두둑이 챙겨주기도 하지만 주식시장이 만들어내는 열매인 배당금은 줘도 그만 안 줘도 그만인 기업의 선택사항입니다. 간혹 은행이자보다 높은 배당금을 주는 경우도 있긴 하지만 대개 배당금을 주더라도 그리 넉넉하게 주지는 않습니다. 주가에 비해 배당금이 어느 정도 되는지를 나타내는 배당수익률(주당배당금÷주가×100%)은 대부분 은행이자보다 적습니다.

2010년 코스피시장 대표 200대 기업의 평균 배당수익률은 1.21%였고, 2000~2009년까지 10년 평균 배당수익률도 1.68%에 불과했습니다. 이 말은 100만 원짜리 주식을 사면 배당금으로 1년에 2만 원도 못 받는다는 의미로 배당금만으로는 주식에 투자하는 것이 연이율 2%짜리 정기예금보다 못하다는 뜻이 됩니다.

그렇지만 주식시장에서 배당금을 적게 준다고 투자자들이 데모하는 경우는 거의 찾아볼 수 없습니다. 왜냐하면 대부분의 투자자들은 배당금만 기대하는 것이 아니라, 싸게 사서 비싸게 팔아 큰 시세차익을 먹으려는 게임을 하고 있기 때문입니다. 따라서 주식시장을 제로섬 게임을 하는 곳으로 인식하는 것이 보다 합리적입니다.

 핵심 Point

1. 투자의 종류에는 투자의 열매를 기대하는 Income Gain과 시세차익을 노리는 Capital Gain이 있다.
2. 주식시장의 투자자들은 배당금을 얻기보다 시세차익에 더 큰 기대를 하고 있다.
3. 시세차익은 제로섬 게임과 흡사하고 주식시장은 실질적으로 제로섬 게임을 펼치는 곳이다.

> **패자의 피로
> 승자의 축배를 만든다**
>
> 먹이가 전혀 없는 곳에서 살아남은 피라냐 떼.
> 다이버는 이 사실에 대해 의아하게 생각하며 한참 동안 생각에 잠겼습니다.
> 그러다 갑자기 깜짝 놀라게 됩니다. 왜냐하면 먹이가 없는 곳에서 생존하기 위해서는
> 서로 잡아먹는 방법밖에 없다는 사실을 깨달았기 때문입니다.

주식시장의 기원

오늘날 주식투자자들이 배당수익을 얻기보다 시세차익을 얻는 것에 포커스를 두고 있다는 것은 부인할 수 없는 사실입니다. 그러나 처음부터 그랬던 것은 아닙니다.

주식시장의 기원은 17세기까지 거슬러 올라갑니다. 네덜란드는 16세기까지만 해도 어중간한 어촌에 불과했고 강대국 스페인의 지배를 받던 유럽의 약소국이었습니

다. 그러나 스페인이 영국과 전쟁을 치르며 국력을 소진하는 틈을 타 해상 무역을 장악하면서 서서히 무역강국으로 성장하게 됩니다.

"영국은 동인도회사로 성장했다"는 말이 있는데 사실 동인도회사의 원조는 네덜란드로, 전성기를 누린 시기는 영국보다 200년이나 빨랐습니다. 17세기 네덜란드 동인도회사는 19세기 영국 동인도회사보다 무려 열 배나 컸습니다. 네덜란드 동인도회사가 1670년 전성기를 누릴 때 보유한 무역선의 숫자는 당시 영국, 프랑스, 독일, 포르투갈, 스페인의 것을 모두 합친 것보다 많았고 아시아에 무려 30여 개의 무역항을 소유하고 있었습니다. 네덜란드 동인도회사는 세계 최초로 중산층을 사업에 끌어들여 대기업으로 성장하게 되는데 그 과정은 다음과 같습니다.

동인도회사가 무역선을 아시아에 보내 향신료나 귀금속 등 값비싼 물건을 많이 싣고 오면 큰돈을 벌 수 있지만 폭풍우를 만나 배가 난파하거나 해적에게 털리면 큰 손실을 입기도 했습니다. 그래서 리스크를 분산할 수 있는 방법을 고안하게 됩니다. 그것은 회사의 권리를 나눠 파는 방식으로 주식을 발행하는 것이었습니다. 주식 소유자들이 리스크를 떠안는 대신 성공하면 주식의 지분만큼 이득을 나눠 가질 수 있었습니다. 즉, 위험을 부담하는 대신 열매를 나눠 가졌던 것입니다.

이렇듯 네덜란드 동인도회사가 최초로 개발한 리스크 분산 모델이 주식회사이고 네덜란드가 만든 금융자본주의 모델은 오늘날 현대 자본주의의 기초가 되었습니다. 또한 리스크는 존재하지만 열매를 나눠 가질 수 있는 징표인 주식을 서로 사고팔 수 있는 시장이 생겨나게 되는데 그것이 오늘날 주식시장의 모태가 됩니다.

주식을 소유하고 있는 주주들은 큰 수익을 기대하고 있었지만 손실의 불안감도 함께 존재했습니다. 무역선이 아무 탈없이 돌아와 대박을 안겨다 줄지 폭풍우나 해적을 만나 쪽박을 차게 될지 정확히 알 길이 없었기 때문입니다.

하지만 곧 회사 소유권인 주식을 싸게 사서 비싸게 팔아도 수익이 난다는 "자본이득"의 원리에 눈을 뜨게 됩니다. 자본이득에 재미를 들인 네덜란드 사람들은 그 후 튤립뿌리를 가지고도 시세차익 먹기 게임을 하게 됩니다. 그것이 바로 그 유명한 튤립버블입니다. 튤립버블의 절정기 때는 튤립뿌리 하나가 암스테르담의 집 한 채 가격과 맞먹었다고 합니다.

제로섬 게임의 살벌한 실체

오늘날 우리가 경험하는 주식시장은 열매 먹기 게임보다 시세차익 먹기 게임을 하고 있습니다. 주식시장이 태어난 초창기부터 이미 주식투자는 시세차익을 기대하는 행위로 변질했습니다. 스스로에게 물어보면 그 답을 쉽게 알 수 있을 것입니다. 내가 주식투자를 하면서 시세차익을 먹으려 하는지 배당금을 먹으려 하는지를 말입니다.

주식시장에 뛰어드는 선수들은 대부분 시세차익을 노립니다. 그들은 주식시장의 열매에 해당하는 배당금을 보너스나 간식으로 생각합니다. 시세차익을 "자본이득"이라는 말로 그럴듯하게 표현하고 있지만 우리는 이 말이 얼마나 무서운 말인지 뼈저리게 깨달아야 합니다.

〈피라냐〉라는 영화가 있습니다. 피라냐는 뭐든지 씹어먹는 식인 물고기입니다. 이 영화 초반부에 아주 인상적인 장면이 나옵니다. 어느 날 경치 좋은 호수에서 낚시를 즐기던 아저씨가 실종되었습니다. 경찰은 시체를 찾기 위해 호수 주변을 수색했지만 시체를 찾을 수 없었습니다. 그래서 수중 다이버를 투입해 호수를 조사하게 했습니다. 호수를 샅샅이 살피던 다이버는 호수 밑바닥을 조사하다가 어마어마한 수중 지하 동굴을 발견하게 되는데 그곳에 화석으로만 존재하는 줄 알았던 물고기떼가 서식하고 있었습니다. 바로 피라냐였습니다.

그런데 그곳에는 피라냐가 먹을 만한 먹이가 없었습니다. 다이버는 이 사실에 대해 의아하게 생각하며 한참 동안 생각에 잠겼습니다. 그러다 갑자기 깜짝 놀라게 됩니다. 먹이가 없는 곳에서 생존하기 위해서는 서로 잡아먹는 방법밖에 없다는 사실을 깨달았기 때문입니다. 이것이 바로 제로섬 게임의 살벌한 실체입니다.

예를 들어 피라냐 백 마리를 양어장에 방사했다고 가정해보겠습니다. 주인이 주는 먹이로는 하루에 열 마리도 배불리 먹지 못합니다. 이런 환경에서 3일이 지났습니다. 어떤 녀석은 포식을 하지만 어떤 녀석은 지느러미가 뜯기고 꼬리를 뜯기고, 어떤 녀석은 뼈만 남고, 며칠 굶은 녀석은 그 뼈마저도 씹어 먹습니다. 1주일 후 새로운 피라냐 열 마리를 또다시 양어장에 넣습니다. 여전히 미량의 모이를 주기 때문에 먹이는 모자라지만 그중에 포식하는 놈은 언제나 존재합니다. 이것이 우리가 하고 있는 투자판의 모습입니다.

주식시장이 만들어 내는 과실은 미비합니다. 배당금으로 팔자 고쳤다는 소리는 들어보지 못했을 것입니다. 그러나 개인투자자일수록 배당금에는 크게 신경을 쓰지 않습니다. 상대를 잡아 먹는 것에나 관심이 있지, 주인이 던져주는 쥐꼬리만 한 모이에는 그다지 관심이 없는 것과 비슷한 이치입니다.

패자의 피로 승자의 축배를 만든다

주식투자로 큰 부자가 되었다는 사람들은 많습니다. 100만 원으로 시작해서 10억을 만들었다는 사람도 있고, 본인이 사용한 필살기를 이용하면 인생역전이 가능하다는 책도 널려 있습니다. 어떤 책은 단타치기로 하루에 40만 원을 벌 수 있다고 소개합니다. 아무튼 주식시장에 대단한 사람은 정말 많습니다. 그런데 그들이 벌었던 그 돈은 도대체 어디서 왔을까요?

우리가 부러워하는 투자의 영웅들이 누렸던 축배의 잔은 사실 우리 이웃이 흘린 눈물로 채워졌습니다. 시장이 만들어 내는 열매로 그들이 배불리 먹었던 것이 아닙니다. 투자의 달인들이 100만 원으로 10억을 벌며 감격의 눈물을 흘릴 때, 딸 시집갈 돈으로 투자하다 몽땅 날려 먹은 옆집 아저씨는 피눈물을 흘렸을 것입니다.

지난 외환위기 당시 종합주가지수가 500도 안 될 때 들어왔던 외국인 투자자들은 2007년 종합주가지수가 2,000일 때 보따리를 싸서 본국으로 떠났습니다. 그들은 그동안 간식으로 배당금을 먹으며 기회를 노리다가

승자의 이득 = 패자의 손실	승자의 환희의 눈물 = 패자의 피눈물
승자의 대박 = 패자의 쪽박	승자의 축배 = 패자의 피

　서민들이 탐욕에 눈이 어두워 너 나 할 것 없이 달려들 때 폭탄을 몽땅 그들에게 떠넘기고 화려한 파티를 하며 샴페인을 터트렸습니다.
　투자판에서 큰 수익을 가져다 주는 것은 결국 돈의 이동이고 돈의 주인이 바뀌는 것입니다. 주식투자를 하기 전에 이 사실을 반드시 알고 있어야 합니다. 주식시장을 먹고살기 힘든 이 세상에서 내 인생을 역전시켜 줄 낭만적 곳으로 생각하는 서민들이 의외로 많습니다.
　그러나 투자판은 개미들이 팔자 고치라고 존재하는 곳이 아닙니다. 우리가 경험하고 있는 투자라는 판의 본질은 상대의 살을 베어먹고 적의 피로 축배를 드는 살벌한 곳임을 잊지 말아야 합니다.

핵심 Point

1. 오늘날 주식투자자들은 배당수익을 얻기보다 시세차익을 기대하고 있다.
2. 시세차익은 패자의 손실로 승자의 이익을 만들어 내는 것이다.
3. 주식시장은 돈을 벌 수 있는 기회와 돈을 잃을 수 있는 위험이 상존하는 살벌한 곳이다.

돈을 벌려 하기 전에
판의 본질을 보라

도박으로 큰돈을 잃은 사람들의 비극은 무엇 때문이었을까요?
그들이 운이 없거나 머리가 나빠서 돈을 잃었을까요? 그렇지 않습니다.
그들이 큰돈을 잃은 이유는 바로 판의 본질을 착각했기 때문입니다.

그들은 왜 망했을까?

뉴스를 보다 보면 연예인 도박 스캔들이 심심치 않게 나옵니다. 유명 가수나 개그맨 등 예능계에 혜성처럼 등장해 두각을 나타내던 인기 연예인들이 출연료로 큰돈을 버는데도 불구하고 해외 원정도박으로 구설수에 올라 순식간에 퇴출당하기도 합니다. 한 달에 수천만 원을 번다는 사람이 왜 그렇게 어리석은 선택을 하는지 한심하다 생각할지 모르지만 우리도 그만한 돈이 있으면 그렇게 할지도 모릅니다.

비단 연예인뿐만 아니라 주변을 둘러 보면 틈만 나면 경마장이나 카지노에 돈을 퍼다 나르는 사람들을 종종 보게 됩니다. 그러나 열이면 열 돈을 벌기는커녕 큰돈을 잃게 됩니다. 카지노에는 스트레스를 푼다는 마음으로 놀러 가야지, 배팅을 잘해서 큰돈을 벌려 덤벼들면 99%는 말아먹습니다.

카지노나 경마장은 무조건 판을 벌이는 판 주가 돈을 벌게 되어 있습니다. 카지노에는 수많은 게임이 있지만 게임을 세팅할 때 참여자가 돈을 벌 수 있는 확률은 무조건 낮게 해놓습니다.

돈을 벌기 위해 카지노에 갔다가 돈을 잃게 되면 그 돈을 만회하기 위해서 다시 뛰어들게 됩니다. 100만 원으로 1,000만 원을 번 사람 역시 대박을 맛본 후 탐욕에 눈이 어두워져 자기가 딴 돈인 1,000만 원과 장롱 속에 숨겨놓은 돈 1,000만 원까지 합쳐 2,000만 원으로 2억 원을 벌려고 덤벼듭니다. 그러나 결국 다 털린 후 나가떨어집니다. 그렇게 털리고도 자기가 왜 털렸는지 죽을 때까지 모르는 사람도 많습니다.

도박으로 큰돈을 잃은 사람들의 비극은 무엇 때문이었을까요? 그들이 운이 없거나 머리가 나빠서였을까요? 그렇지 않습니다. 그들이 큰돈을 잃은 이유는 바로 판의 본질을 착각했기 때문입니다. 카지노나 경마장은 정부가 관장하는 국책사업입니다. 수익금은 국가 복지사업에 쓰입니다. 카지노나 경마장은 기가 막히게 배팅을 잘해서 집 사고 차 사라고 만들어 놓은 곳이 아닙니다. 그저 내가 찍은 말이 이기라고 고함 한 번 크게 지르고 스트레스 풀라고 만들어 놓은 곳입니다.

그러니 돈을 잃었다 해도 그리 기분 나빠하지 말고, 우리 사회에 소외

된 사람들에게 기부한다는 마음으로 그냥 재미있게 놀다 가라고 만들어 놓은 국가공인 오락실인 것입니다. 그러나 판의 본질을 착각하고 돈을 벌 겠다며 무턱대고 덤벼들면 패가망신까지 할 수 있습니다.

앞서 살펴보았듯이 투자판은 이미 오래 전부터 시세차익을 노리는 곳으로 변모했습니다. 주식투자로 돈을 번다고 표현하는데 사실은 돈을 번 것이 아니라 돈을 땄다고 하는 것이 보다 솔직한 표현일지도 모릅니다.

내가 큰돈을 벌었다는 것은 누군가 퍼다 날라준 돈을 내가 받아먹은 것이고, 내가 돈을 잃었을 때 그 돈은 누군가의 배를 두둑하게 채워줬을 것입니다.

명절 때 오랜만에 일가 친척들이 한자리에 모이면 삼삼오오 둘러앉아 고스톱을 칩니다.

아버지, 삼촌, 큰형이 하는 "메이저리그"가 있고, 엄마, 이모, 고모가 하는 "마이너리그"도 있습니다. 삼촌이 "쓰리고" 부르고 아버지가 "피 바가지" 쓸 때면 삼촌이 돈을 따게 되고, 고모가 고도리에 홍단, 청단을 하면 고모가 돈을 땁니다. 가끔 기분이 좋으면 조카들에게 치킨도 사주고 술 심부름한 꼬맹이에게 용돈도 줍니다.

그렇게 3시간쯤 실컷 놀다 보면 어느덧 파장 분위기가 됩니다. 결국 막내 삼촌이 30만 원 땄고, 둘째 고모가 20만 원 땄습니다. 그동안 고스톱 선수들은 맥주를 실컷 마셨고, 애들은 용돈도 벌고 치킨까지 배불리 얻어 먹었습니다.

그런데 그 돈은 모두 어디에서 났을까요? 삼촌과 고모가 딴 돈, 애들이

삼촌이 딴 돈?	→	아버지가 잃은 돈!
고모가 딴 돈?	→	이모가 잃은 돈!
치킨, 맥주, 애들 용돈은?	→	고스톱 판돈

투자는 돈의 이동이다

받은 용돈, 고스톱 치면서 먹고 마셨던 맥주 값, 치킨 값 등 이 모든 것은 결국 고스톱 게임에 참여한 선수들의 호주머니에서 나온 돈입니다. 그리고 삼촌이 딴 돈은 아버지가 잃은 돈이고, 고모가 딴 돈은 이모가 잃은 돈입니다. 즉 돈의 주인이 바뀌고 돈이 이동하면서 누구는 돈을 벌고 누구는 돈을 잃은 것입니다.

투자의 승패는 돈의 이동이다

이제 서민들이 가장 손쉽게 투자의 기회를 찾을 수 있는 주식시장을 보겠습니다. 주식시장에는 수많은 주식이 있고 투자자들은 아껴둔 돈을 들고 와서 마음에 드는 종목에 배팅을 합니다.

그런데 주식시장에 뛰어드는 사람 중에 '나도 호구가 될 수 있다'는 생각을 하는 사람은 그리 많지 않습니다. 특히 주식시장에 처음 발을 들여놓는 개인투자자들은 더더욱 그렇습니다.

개미로 불리는 개인투자자들은 시장을 아주 만만하게 봅니다. 주식 책

서너 권 읽고 운 좋게 몇 푼 벌고 나면 쓴웃음 한번 짓고는 주식시장을 얕잡아 보기 시작합니다. 그러나 호된 신고식을 치르는 데는 그리 오랜 시간이 걸리지 않습니다.

　주식시장은 도박판과 비슷합니다. 주식시장을 "국가공인 카지노"로 비유하는 말이 괜히 나온 것이 아닙니다. 주식시장은 우량 기업들이 배당으로 주식시장에 돈을 부어 주기도 하지만 가끔 망하는 기업에 의해 주식이 휴짓조각이 되어 돈이 사라지기도 합니다.

　이처럼 퇴출되는 기업이 있어 사라지는 돈도 있지만 주식시장에 기대어 먹고사는 사람들에게로 많은 돈이 새어나가기도 합니다. 펀드매니저나 애널리스트 같이 주식시장에서 떨어지는 돈을 받아먹는 이들의 연봉은 억대가 넘습니다. 몸값이 비싸도 여간 비싸지 않은 그들을 도대체 누가 먹여 살리고 있을까요? 결국 그들에게 월급을 주는 것은 돈을 벌기 위해 주식시장에 들어온 선수들입니다. 고스톱 하우스에서 최후의 승자는 돈을 벌려고 들어오는 도박꾼이 아니라 도박판을 그럴듯하게 차려 놓고 이런 저런 심부름을 하며 수수료를 챙겨먹는 하우스 주인입니다.

　그들에게 중요한 것은 누가 돈을 따고 잃고가 아닙니다. 그들에게 중요한 건 판의 규모입니다. 무조건 판만 커지면 그들에게는 이득이기 때문입니다.

　이렇게 주식시장을 유지하기 위해 빠져나가는 돈을 빼고 남은 돈으로 서로 상대방의 호주머니를 털어서 자기 호주머니로 돈을 가져오는 게임을 벌이는 곳이 주식시장입니다. 내 돈은 안 빼앗기려 하고 상대방의 돈을 빼앗으려 하는 싸움이면 도대체 얼마나 치열한 곳이겠습니까? 상대를 죽여서 그 살을 베어먹고 그 피를 마셔야 내 배가 부를 수 있는 게임이라면 우리는 그것을 무엇이라고 불러야 할까요?

바로 전쟁입니다. 피가 낭자하고 팔 다리가 여기저기 날아다니는 아주 살벌하고 잔인한 전쟁을 치르는 곳이 우리가 참여하고 있는 주식시장의 모습입니다. 평범한 서민이 투자에 뛰어드는 것은 칼 한 자루 들고 산전수전 다 겪은 무림의 고수와 시퍼런 칼을 든 사무라이들이 우글거리는 전쟁터에 나가는 것과 마찬가지입니다.

핵심 Point

1. 도박을 통해 큰돈을 따려다가 자산을 탕진한 사람들이 실패한 근본적인 이유는 판의 본질을 착각했기 때문이다.
2. 시세차익이란 결국 돈이 이동하는 것으로 돈의 주인이 바뀌면서 이익과 손실이 결정되는 것이다.
3. 주식시장은 그 경쟁의 치열함이 상대를 죽여야 자신이 생존할 수 있는 전쟁터와 같다.

주식시장은 체급 제한이 없는 격투장이다

서민들은 "한국 시리즈"도 봐야 하고 주말에 마트도 가야 하고 가끔 직장 동료들과 술도 한잔 마셔야 합니다. 한 달에 책 몇 권 읽기도 힘들고, 출퇴근시간에 경제 신문 하나 챙겨 보기도 버거운 서민들은 주식시장에서 그야말로 최하수입니다.

지피지기 백전불태

동서양을 통틀어 가장 위대한 병법서 중 하나는 나폴레옹도 즐겨 봤다는 〈손자병법〉입니다. 그리고 손자병법에서 가장 유명한 말은 아마도 지피지기 백전불태 知彼知己 百戰不殆 일 것입니다. 이 말의 의미는 "상대를 알고 나를 알면, 백 번 싸우러 나가도 위태롭지 않다"로 해석할 수 있습니다. 전쟁은 혈기로 하지 않습니다. 전쟁에 이기기 위해서는 먼저 적을 알아야 하고, 그 적과 싸우는 나도 알아야 합니다. 전쟁에 임하는 장수가 적군과 아군의 상태를 파악도 하지 않은 채 싸움에서 이기면 차지하게 될 전리품만 생각하며 꿈에 부풀어 있으면 제대로 된 전투를 할 수 없습니다.

투자에 임하는 투자자 역시 마찬가지입니다. 앞서 말씀드렸다시피 투자 행위는 상대방의 주머니에 있는 돈을 뺏어와야 하는 21세기형 "쩐의 전쟁"입니다. 아득한 옛날에는 일해도 모자라는 식량과 농사지을 때 부족한 노동력을 획득하기 위해 옆 동네에 쳐들어가서 식량을 뺏고 사람을 잡아오는 전쟁을 치렀다면, 21세기를 사는 요즘 사람들은 월급만으로 모자라는 돈을 획득하기 위해 투자를 통해 상대방의 주머니를 털어오는 전쟁을 치르고 있는 것입니다.

주식시장에 뛰어드는 개인투자자 중에 내가 누구와 경쟁해야 하는지는 생각지도 않고, 투자에 성공해서 차 사고 집 사고 내친 김에 인생역전까지 꿈꾸는 이들이 많습니다. 그러나 이는 매우 순진한 생각이며 출발이 잘못돼도 한참 잘못된 것입니다.

개인투자자들이 주식시장에 처음 발을 들여놓을 때의 행동 패턴은 대부분 비슷합니다. 평소에는 주식시장에 관심이 없다가 주가가 이미 오를 만큼 오른 상황에서 주변에 주식투자로 돈을 벌었다는 사람이 나타나기 시작하면 그제서야 부랴부랴 뛰어드는 경우가 많습니다. 그렇게 얼떨결에 주식시장에 발을 들여놓게 되면 주식시장이 어떤 곳이고 내가 누구와 경쟁을 해야 하며 투자의 본질이 무엇인지를 알려 하기보다 주식투자를 잘해서 빠른 시일 내에 큰돈을 버는 것에만 관심을 갖게 됩니다.

2007년 가을, 종합주가지수가 2000을 돌파하고 주식시장이 매일 새로운 역사를 쓰던 어느 날이었습니다. 결혼을 얼마 남겨두지 않은 직장 후배가 비장한 표정으로 상의할 것이 있다며 필자를 찾아왔습니다. 그동안 결혼자금을 마련하기 위해 주식형 펀드와 정기적금을 들어 왔는데 펀드 수익률이 50%가 넘는다고 했습니다. 그래서 5% 남짓한 답답한 이자를 주는 정기적금을 해지하고 그 돈으로 직접 주식투자를 하겠다는 것이었습니다. 어떻게든 주식투자로 돈을 빨리 모아 신혼 집을 구할 때 전세 평수를 넓혀야 한다는 것이 그 이유였습니다.

그동안 개인투자자들이 어떤 계기로 주식시장에 발을 들여놓고 어떤 절차를 밟으며 주식시장에서 사라지는지 너무도 많이 봤기에 주식시장의 구조와 투자의 본질에 대해 이야기해주고, 주식시장에서 만나게 될 경쟁자들이 그리 만만한 상대가 아님을 강조했습니다. 그러나 당장 대박을 터트릴 필살기를 찾는 후배와 주식시장이 무서운 곳이라고 겁주는 필자와의 대화는 계속 겉돌기만 했습니다.

아무리 설득하고 말려보았지만 소용없었고 대화가 끝나갈 때쯤 왠지 불길한 예감마저 들었습니다. 그런데 그 염려가 현실로 나타나는 데는 그리 오랜 시간이 걸리지 않았습니다. 신혼 집의 전세 평수를 넓히려 의기양양하게 주식시장에 뛰어들었던 후배는 결국 신혼살림을 월세로 시작해야 했고 "앞으로 주식투자는 절대로 하지 않는다"는 각서와 함께 돈 관리에 대한 주도권을 모두 아내에게 넘겨주고서야 겨우 파혼의 위기를 모면했습니다.

이처럼 주식투자가 전쟁이라는 사실을 망각한 채 나와 싸울 상대도 모르는 상태에서 무턱대고 주먹부터 휘두르려 하다가 힘 한번 제대로 써보지 못하고 나가 떨어지는 경우가 너무도 많습니다.

그렇다면 개미라 불리는 개인투자자는 누구와 경쟁을 해야 하고 누구의 주머니를 털어와야 하는지 한번 살펴보도록 하겠습니다.

주식시장의 선수들

주식시장 참여자 중에 가장 막강한 실력을 갖춘 상대는 역시 외국인투자자입니다. 외국인투자자가 우리나라 주식시장에서 차지하고 있는 비중은 대략 30%입니다. 이들은 몽골이나 방글라데시 같은 금융후진국에서 오는 자들이 아니라 자본주의 사회에서 자본 그 자체를 쥐고 흔드는 국제 금융엘리트들입니다.

전 세계 자본을 손아귀에 쥐고 이리저리 휘두르는 이들은 도대체 누구일까요? 굳이 음모론을 들먹이지 않더라도 가장 큰손을 "유대자본"이라고 보면 큰 무리는 없습니다.

세계의 경제대통령으로 불리는 미연방준비제도이사회FRB 의장, 세계은행 총재, IMF 총재, 미 재무장관 등 세계경제에 막강한 영향력을 행사하는 주요 요직은 대부분 유대인이 차지하고 있습니다. 베어스턴스, 리먼 브러더스, AIG 같이 한때 잘나가다 망한 금융회사와 그 회사들을 인수한 현재 잘나가는 금융회사 또한 대부분 유대인이 지배하고 있습니다. 또한 그들은 유일신을 믿고, 그들의 생각 근저에는 유대인이 세계를 리드해야 한다는 시온주의가 깔려 있기 때문에 서로 강력한 네트워크로 얽혀 있습니다.

이러한 유대자본뿐만 아니라 중동의 오일머니[1], 중국의 국부펀드[2] 등의 막강한 자금력과 실력을 갖춘 국제 스마트 머니Smart Money가 우리나라에 들어와서 우리와 경쟁을 하고 있습니다. 그야말로 외국인투자자는 주식시장에서 자타가 공인하는 "넘버 원"입니다.

주식시장의 "넘버 투"로는 기관투자자가 있습니다. 외국인투자자와의 경쟁에서는 열세를 면치 못하지만 기관투자자들의 실력 또한 만만치 않습니다. 해외에서 최첨단 금융기법을 배우고 돌아온 유학파도 많고, 펀드매니저가 되기 위해 밤잠 안 자가며 공부한 실력파도 많습니다.

또한 각종 연기금의 규모가 점차 커지면서 이들이 운영하는 자금의 규모는 천문학적으로 늘어나고 있습니다. 이들은 돈의 흐름과 시장상황을 온종일, 1년 365일 손바닥 쳐다보듯이 보고 있습니다. 증권회사마다 리서치 센터가 존재하고 각 파트별로 분업화, 전문화되어 있어 실력 또한 막강합니다. 이들 역시 자기 돈은 안 빼앗기고 남의 돈을 빼앗으려 눈에 불을 켜고 있습니다.

이뿐만이 아닙니다. 슈퍼개미라 불리는 큰손들도 있고, 온종일 모니터 앞에 살면서 차트만 들여다보고 있는 전업투자자도 많고, 수십 년 동안 산전수전 다 겪은 재야의 고수도 널려 있습니다. 이들은 모두 자기 돈은 지키려 하고 남의 주머니에 있는 돈을 이동시키려 하고 있습니다. 여러분 중에 혹시 이 범주에 속하시는 분이 계시나요? 아마 그런 분은 이 책을 읽지도 않을 것입니다.

1. 오일머니 - 산유국이 석유수출대금으로 받은 달러
2. 국부펀드 - 적정 수준 이상의 보유 외환을 따로 떼어 투자용으로 모아놓은 자금

그렇다면 그들과 경쟁해야 하는 서민들의 수준은 어느 정도일까요? 직장을 다니든 장사를 하든, 해야 할 본업이 있는 평범한 서민들의 실력은 그들과 비교조차 되지 않습니다. 하지만 내가 맞지 않기 위해 상대를 먼저 쳐야 하는 살벌한 금전의 격투를 벌이고 있는 주식시장은 이상하게도 체급 제한이 없습니다. 금융시장에서 잔뼈가 굵은 베테랑 펀드매니저와 이제 막 대학에 입학해 주식 동아리에서 차트 책을 옆에 끼고 폼 잡고 다니는 주식 초보가 같이 뒤섞여 경쟁을 하고 있습니다. 이런 말도 안 되는 게임을 하는 곳이 주식시장 말고 또 있을까요?

그렇다면 개미의 경쟁자들은 개미를 어떻게 생각할까요? 과연 그들은 누구의 주머니에 있는 돈을 자기 주머니로 옮기려 할까요? 아마 그들은 개미들을 주요 먹잇감으로 염두에 둘 것입니다.

한 달에 경제 책을 두 권 정도 보고, 출퇴근 시간에 경제 신문을 짬짬이 챙겨보는 실력으로 이들과 정면승부하려 들면 승산이 별로 없습니다.

경제의 진검 승부가 펼쳐지는 주식시장은 단편적인 지식이 아니라 입체적인 통찰로 싸우는 곳입니다. 그러나 서민들은 "한국 시리즈"도 봐야 하고 주말에 마트도 가야 하고 가끔 직장 동료들과 술도 한잔 마셔야 합니다. 한 달에 책 몇 권 읽기도 힘들고, 출퇴근 시간에 경제 신문 하나 챙겨 보기도 버거운 서민들은 주식시장에서 그야말로 최하수입니다. 어쩌면 "나는 그 정도는 아니야" 하고 반문할 지도 모릅니다.

딴 사람은 몰라도 나는 하수가 아니라는 마음이 들었다면 이미 하수임이 드러난 것입니다. 내가 하수인 것을 모르기 때문에 하수인 것입니다.

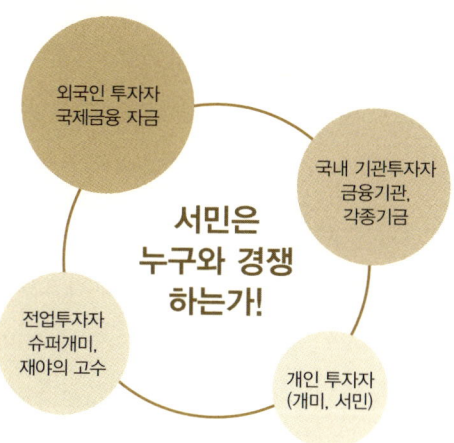

주식시장은 체급 제한이 없다

투자 전쟁에서 평범한 서민인 내가 얼마나 하수인가를 모르면 진짜 하수가 됩니다. 안타깝게도 우리가 참여하고 있는 시장은 1,000명 중에 한 명이 1,000만 원으로 1억 원을 벌 수 있도록 만들어 주는 곳이 아닙니다. 1,000명 중에 한 명이 1,000만 원으로 1억 원을 벌게 해주는 시장은 존재하지 않습니다. 학교 다닐 때 고만고만한 또래 친구들하고 경쟁하면서도 50명 중에 1등 하기가 어려운데, 개미들은 날고 긴다는 주식고수들과 경쟁하면서 1,000명 중에 한 명도 나오기 힘든 대박을 목표로 하고 있습니다. 한두 번은 몰라도 지속적으로 20% 이상의 수익을 내는 사람들은 지구상에서 몇 명 되지도 않습니다.

"100만 원으로 주식투자해서 1년 후에 110만 원을 만들 수 있다면 만족 하느냐"고 물어보면 열이면 열 대부분 시시하다고 합니다. 이들은 연수익률 10%를 아주 우습게 생각합니다. 100만 원으로 시작했다면 3개월 후에 300만 원 정도로 불리고, 그게 성공하면 똑같은 식으로 해서 1년 후에는 적어도 500만 원, 1,000만 원 정도는 되야 하지 않느냐고 말합니다. 물론 한두 번은 그럴 수 있습니다.

그러나 계속 그런 환상적인 수익률을 목표로 하고 투자를 하면 오래 버티지 못하고 시장의 쓴맛을 보게 될 것입니다. 왜냐하면 투자판의 구조나 속성이 개미들이 큰 수익이 나는 구조가 아니기 때문입니다. 상대의 손실로 나의 이익을 만들어가는 치열한 경쟁을 하고 있는 주식시장에서 개미로 불리는 서민들은 외국인투자자, 기관투자자 등 많은 경쟁자들에 비해 비교조차 할 수 없을 정도로 실력이 뒤쳐지는 약자입니다. 서글픈 현실이기는 하지만 이 사실을 겸허히 받아들이고 시장에서 나의 위치를 분명히 인식하는 것이 주식투자의 시작임을 잊지 말아야 할 것입니다.

핵심 Point

1. 전쟁과도 같은 주식시장에서 자신의 실력을 객관적으로 파악하는 것이 그 무엇보다 중요하다.
2. 주식시장에는 외국인투자자, 기관투자자, 전업투자자, 재야의 고수 등 다양한 투자자들이 있다.
3. 서민은 자신이 주식시장에서 가장 나약한 존재임을 명확히 인식해야 한다.

투자는 돈을 버는 것이 아니라, 돈의 가치를 지키는 것이다

그들은 투자를 "자산을 크게 불리기 위한 수단"이라기보다 "자산의 가치를 지키기 위한 방편"으로 이해합니다. 그러다 보니 투자 목표는 물가상승률을 조금 넘는 플러스 알파의 수익을 내는 것입니다. 다시 말해 부자들의 투자수익 목표는 연 10%를 크게 넘지 않습니다.

투자를 통해 큰돈을 벌려는 개미

개인투자자가 주식시장에서 치열한 경쟁을 이겨내고 큰돈을 벌기란 여간 어려운 일이 아닙니다. 물론 개인투자자 중에 주식투자로 큰 수익을 내고 부자가 되었다는 사람은 분명히 있습니다. 그들의 성공 스토리를 들어 보면 처음에는 멋 모르고 투자에 뛰어들었다가 큰 손실을 보고 패가망신 직전까지 갑니다. 그러나 그렇게 산전수전을 겪으며 어느 순간 득도하게 되고 그동안 입었던 손실을 모두 만회한 뒤 큰돈을 벌었다고 합니다.

어떤 이는 자신의 성공 스토리를 소개하며 자기가 개발한 필살기와 비법을 익히면 누구나 인생역전이 가능할 것처럼 말하기도 합니다.

이처럼 주식투자로 돈을 크게 버는 경우도 있지만 큰돈을 벌려다 더 크게 말아 먹는 경우도 허다합니다.

역사상 가장 위대한 주식투자자를 꼽으라면 "추세매매의 아버지"로 불리는 제시 리버모어 Jesse Livermore를 꼽는 이들이 많습니다. 1877년 미국의 가난한 농부의 아들로 태어난 제시 리버모어는 14세 때 보스턴 증권회사에서 잔심부름을 하면서 일을 배우기 시작했고 철저히 현장에서 잔뼈가 굵은 사람입니다. 어릴 때부터 주식시장 주변에서 일어나는 다양한 일들을 목격하고 수많은 경험을 쌓을 수 있었던 그는 타고난 감각과 뛰어난 실력을 바탕으로 1920년대 "주식황제"라는 소리를 들어가며 막대한 돈을 벌어 들였습니다.

어린 시절 가출할 때 5달러에 불과했던 그의 자산은 전성기 때 1억 달러까지 불어 났는데 이는 오늘날 돈의 가치로 대략 20억 달러가 되고, 원화로 환산하면 2조 원이 넘는 돈입니다. 이렇듯 주식투자로 어마어마한 돈을 벌어들인 그였지만 역시 주식투자로 어마어마한 돈을 까먹고 비참한 최후를 맞이하게 됩니다. 주식시장에서 영원한 승자로 남을 것 같았던 그는 결국 1만 달러짜리 허름한 부동산 하나만 달랑 남기고, 투자 실패에 대한 좌절로 인해 1940년 권총 자살로 생을 마감하게 됩니다.

제시 리버모어는 한때 5달러로 1억 달러를 벌었을 만큼 위대한 투자자였지만 동시에 주식투자로 1억 달러나 까먹은 위대한 실패자이기도 합니다.

그러나 그가 죽은 지 반세기가 훨씬 지난 오늘날까지도 그는 여전히 위대한 투자자로만 기억되고 있습니다. 아이러니한 대목이 아닐 수 없습니다.

제시 리버모어의 경우처럼 주식시장의 밝은 면은 화려한 조명을 받지만 어두운 면은 무시되거나 외면당하는 경우가 많습니다. 그중에서도 개인투자자들은 주식투자의 낭만적인 면만 보려는 경향이 많습니다.

여기 인생역전을 가능하게 해준다는 투자비법을 소개한 책이 있습니다. 만약 이 책을 만 명의 개인투자자가 읽었다면 그들 중 과연 몇 퍼센트가 그 비법으로 큰돈을 벌 수 있을까요? 아무리 기가 막힌 투자비법이 개발되더라도 개인투자자가 주식투자를 통해 큰돈을 벌 수 있는 확률은 매우 낮을 것입니다. 시세차익으로 돈을 버는 투자의 세계에서 누군가 큰돈을 벌기 위해서는 누군가는 큰돈을 잃어야 하기 때문입니다.

이런 상황에서 대박을 뻥뻥 터트리고 인생역전까지 할 수 있는 큰 수익을 목표로 하게 되면 자기도 모르게 무리수를 두게 됩니다. 여유자금으로 투자하려 해도 이것저것 쓸 거 다 빼고 나면 몇 푼 되지도 않아 왠지 시시해 보입니다. 그래서 있는 돈, 없는 돈을 다 끌어모으고, 정기적금을 깨고, 순진한 여동생의 쌈짓돈까지 빌리고, 그것도 모자라면 신용거래까지 해가며 배팅을 합니다.

투자를 통해 큰돈을 벌려고 덤벼들면 수익이 날 때는 탐욕에 눈이 멀게 되고, 돈을 잃게 되면 공포에 질려버려 중심을 잡을 수 없게 됩니다. 이 종목 저 종목을 수도 없이 갈아타게 되고, 이 말 들으면 이 말이 맞는 것 같고 저 말 들으면 저 말이 맞는 것 같아 보입니다. 큰돈을 투자할수록 세

45

상은 온통 차트로만 보이고 하루에도 수십 번씩 천당과 지옥을 넘나들며 정신을 차릴 수 없게 됩니다. 그러나 탐욕과 공포의 감정을 극복하지 못하면 주식시장에서는 별 재미를 볼 수 없습니다.

주식투자라는 이종격투기 게임에서 개미들의 실력은 한참이나 뒤떨어집니다. 그러나 개미들의 목표수익률은 투자자 중에서 가장 높습니다. 몸집도 작고 실력도 시원찮은 개미들은 돈을 뻥튀기하려 투자에 임하지만, 덩치도 크고 실력도 출중한 선수들은 그렇지 않습니다.

투자를 통해 돈의 가치를 지키려는 큰손

100억 원이 있는 자산가는 그 돈을 뻥튀기해 200억 원을 만들려고 투자에 임하지 않습니다. 100억 원이 있어도 평생 못다 쓸 돈인데 그 돈을 두 배 세 배 키우기 위해 매번 살 떨리는 투자를 할 필요는 없기 때문입니다. 큰손들은 투자를 할 때 돈을 뻥튀기하겠다는 마음보다 돈을 지킨다는 마음으로 접근합니다.

여기서 한 가지 의문이 생길 것입니다. "돈을 지키려면 은행에 맡기면 될 것이지 돈을 지키기 위해 투자에 뛰어든다는 것은 말이 안 되지 않느냐"고 생각할 수 있습니다. 물론 맞는 말입니다. 투자를 하는 사람들은 돈을 벌려고 투자를 하지, 돈을 지키려고 투자를 하지는 않습니다. 그러나 여기서 말하는 "돈을 지킨다는 것"은 세종대왕 그림이 그려진 종이돈의 "수치"를 말하는 것이 아니라 그 돈의 "가치"를 말하는 것입니다. 오늘의 만 원이면 천 원짜리 새우깡 열 봉지를 살 수 있지만, 10년 후에는 돈의 가치가 떨어져 만 원으로 새우깡 열 봉지를 사기는 힘들 것입니다.

현재 우리가 사용하고 있는 지폐는 과거 금화나 은화처럼 그 자체만으로 돈의 가치를 저장하는 기능이 없습니다. 이렇듯 지폐는 국가가 신용으로 보장하는 화폐일 뿐 고유한 가치가 없기 때문에 돈의 유통량에 따라 그 가치는 변합니다.

그렇다면 앞으로 돈의 가치는 어떻게 변해갈까요?

"시간의 흐름에 따라 돈의 가치는 지속적으로 떨어진다"라고 생각하면 90점 이상은 맞는 말이 됩니다. 왜냐하면 돈의 유통이 줄어들어 디플레이션이 발생하는 것은 재앙에 가까운 일이기 때문입니다.

디플레이션이 되면 물가가 내려가기 때문에 좋을 것도 같지만 돈의 유통이 줄어들고 돈의 흐름이 원활하지 않게 되면 마치 사람의 몸에 피가 통하지 않아 세포가 죽고 말듯이 경제가 활력을 잃고 극심한 경기침체가 되어 많은 고통이 따르게 됩니다.

따라서 어느 국가든 정부의 경제정책 목표는 물가가 전혀 오르지 않는 상태가 아니라, 경제성장과 템포를 맞춰 적당한 인플레이션이 유지되는 것입니다.

만약 유통되는 돈이 금화라면 10년 후가 아니라 100년 후라도 그 가치를 유지할 수 있지만 우리가 쓰고 있는 지폐는 시간과 비례하여 그 가치를 상실하기 때문에 뭐가를 하지 않으면 돈의 가치는 눈 녹듯이 사라지게 될 것입니다. 날강도는 대낮에 칼을 목에 들이대고 생명을 위협해서 돈을 뺏어

가지만, 인플레이션은 쥐도 새도 모르게 내 주머니 속의 돈을 털어갑니다.

따라서 돈이 많은 사람일수록 인플레이션에 민감합니다.

이제 금융자산이 100억 원이 있는 사람의 입장이 되어보겠습니다. 그 100억 원이 부동산 평가금액이 아니라 언제라도 쓸 수 있는 금융자산의 형태로 있다면 이 사람은 대한민국에서 큰 부자에 속할 것입니다. 그런데 100억 원이 있는 큰손의 관심은 돈을 버는 것보다 돈의 가치를 지키는 것입니다.

돈의 가치를 지키는 부자들의 관심은 물가상승률과 금리입니다. 물가상승률은 돈의 가치가 떨어지는 비율이고, 금리는 리스크 없이 안정적으로 돈의 가치를 지켜낼 수 있는 비율입니다. 예를 들어 물가상승률이 연 4%라면 돈의 가치는 매년 복리의 개념으로 4%씩 떨어집니다. 따라서 금리가 최소 4% 이상은 되어야 돈의 가치를 유지할 수 있습니다. 만약 물가상승률이 4%인데 금리가 7%라면 굳이 다른 것을 할 필요는 없습니다. 리스크 없이 매년 자산의 가치가 3%씩 늘어나니 자산이 늘어나는 것을 즐기면 되는 것입니다.

그들은 투자를 "자산을 크게 불리기 위한 수단"이라기보다 "자산의 가치를 지키기 위한 방편"으로 이해합니다. 그러다 보니 투자 목표는 물가상승률을 조금 넘는 금리 플러스 알파의 수익을 내는 것입니다. 다시 말해 부자들의 투자수익 목표는 연 10%를 크게 넘지 않습니다.

부자들에게 1%는 결코 작은 수치가 아닙니다. 1,000만 원의 1%는 10만 원으로 별것 아니지만 100억 원의 1%는 1억 원으로 적은 돈이 아닙니다. 따라서 돈이 많은 부자일수록 금리에 민감하고 금리 0.1%의 차이로 은행을 바꿔버리기도 합니다.

사실 투자를 하면서 매년 꾸준히 10% 이상의 수익을 올리는 것은 쉬운 일이 아닙니다. 선수들은 이 사실을 잘 알고 있습니다. 그렇기 때문에 투자를 악이나 깡으로 하거나 매번 "모 아니면 도"식의 무리한 배팅은 하지 않습니다.

투자의 진짜 선수들은 투자 행위가 남의 돈을 털어먹는 피 말리는 경쟁이라는 사실을 잘 알고 있기에 매번 목숨을 걸어가며 큰 덩치를 더 크게 키우려 무리한 탐욕을 부리지는 않습니다.

주식시장에서 피라미와 같은 개인투자자들은 대박을 터트려 덩치를 두 배 세 배로 키우려 탐욕을 부리지만, 고래와 같은 큰손들은 돈의 가치를 지키려는 것에 포커스를 두기 때문에 물가상승률과 금리를 비교해가며 경제의 순리대로 움직이는 것입니다.

비록 월급 쪼개고 푼돈 아껴서 투자하는 개미라 하더라도 부자의 마음을 가져야 합니다. 부자의 마음을 가져야 투자를 하다 옆길로 새지 않고 경제의 순리대로 움직이게 됩니다.

투자의 본질은 돈을 크게 부풀리는 것이 아니라 돈의 가치를 지켜내는 것입니다. 투자를 기가 막히게 잘해서 인생역전하고 부자가 되려 하기보다 열심히 일해서 벌어 놓은 돈의 가치를 지키려는 부자의 마음가짐으로 투자에 임해야 합니다.

투자의 본질을 생각하며 순리대로 움직이다 보면 왠지 둘러 가는 것 같고 답답하다는 생각이 들 수도 있습니다. 그러나 자신의 환경과 수준을 객관적으로 바라보며 그에 맞는 바른길을 걸어가야 주식시장에서 불쌍한 개미가 아닌, 주식시장의 호랑이도 함부로 할 수 없는 무서운 개미가 될 수 있음을 기억해야 할 것입니다.

 핵심 Point

1. 개인투자자들은 큰 수익을 목표로 하다 보니 무리한 투자를 하게 된다.
2. 주식시장의 큰손들은 주식투자를 자산의 가치를 지키는 방편으로 생각한다.
3. 주식투자를 할 때 내가 벌어놓은 돈의 가치를 지키겠다는 마음을 먹으면 부자의 마음을 얻게 되어 경제의 순리에 따라 투자를 할 수 있게 된다.

손해 볼 수밖에 없는 이유
개미의 한계 **2**

기계의 마음을 획득하라

남의 말 듣기 좋아하고 전망을 구걸하며 천성적으로 귀가 얇다고 생각되면 주식시장에서 멀리 떠나 있어야 합니다. 또한 수익이 났을 때 날아갈 듯이 흥분하고 조금만 손실이 나도 쉽게 화가 나고 억울해 한다면 승산이 별로 없습니다.

미야모토 무사시의 기발한 전략

미야모토 무사시는 일본의 전설적인 사무라이로 쌍칼을 쓰는 이도류二刀流를 창시한 검의 달인이자 검신劍神으로까지 추앙받던 인물입니다. 그는 검술뿐만 아니라 〈오륜도〉라는 명저를 남기기도 했고 그림과 공예에도 조예가 깊어 도인 같은 삶을 살았습니다. 물론 결투에서 단 한 차례도 지지 않았습니다.

한편 무사시의 명성에 가려 우리에게 잘 알려지지 않은 사사키 코지로라는 인물이 있습니다. 사사키 코지로 역시 검술에 대해서는 둘째가라면 서러워할 정도로 실력이 뛰어난 검객이었습니다. 사사키 코지로는 3척 1촌의 장검을 사용했으며 실력이 얼마나 빼어난지 날아가는 제비를 칼로 벨 정도였다고 합니다. 물론 무사시와 싸우기 전에는 단 한 차례도 패한 적이 없었습니다.

당시 사람들에게 빅 이벤트였던 이들의 결투는 "간류"라는 작은 섬에서 동이 트기 전에 치르기로 되어 있었습니다. 결전의 날이 되자 코지로는 경호무사와 의사를 대동하고 약속시간보다 미리 나와 결투를 준비하고 있었습니다. 분위기는 엄숙했고 긴장감이 감돌았습니다. 시간이 흐르면서 서서히 여명이 밝아왔고 드디어 운명의 결투시간이 되었습니다. 그러나 무사시는 약속시간에 나타나지 않았습니다. 무사시가 나타나기를 초조하게 기다리던 코지로는 화가 나기 시작했습니다.

약속시간이 한참 지난 후에야 수평선 너머 떠오르는 태양과 함께 작은 돛단배가 나타났습니다. 무사시가 탄 배였습니다. 무사시를 초조하게 기다리던 코지로는 태연하게 돛단배를 타고 뒤늦게 나타난 무사시를 보자 굉장히 화가 났습니다.

뿐만 아니라 쌍칼을 쏜다던 무사시는 칼은 가져오지 않고 배 젖는 노를 깎아 만든 목검 하나만 달랑 들고 왔습니다. 무사시의 쌍칼 전략을 대비하고 왔던 코지로는 적지 않게 당황했습니다. 그것으로 그치지 않고 무사시는 코지로의 감정을 자극하는 결정적인 도발을 하게 됩니다. 긴 칼이 주 무기였던 코지로는 칼집을 옆에 차고 싸우기가 힘들어 언제나 칼집을 던져 두고 싸움에 임했습니다. 무사시는 이런 코지로를 보고 "코지로 네가 졌군! 너에게는 승리 후에 칼을 집어넣을 칼집이 없어. 넌 이미 나에게 이길 수 없음을 스스로 알고 있는 거야"라며 그를 자극했습니다. 코지로는 모욕을 당했다는 생각에 극도로 흥분한 상태로 싸우게 되었고, 결과는 우리가 아는 그대로입니다. 무사시는 전설이 되었고 코지로는 잊혀진 인물이 되었습니다.

무사시는 과연 어떤 전략을 썼던 걸까요? 무사시의 전략은 상대의 날 렵한 칼을 피하고 상대방의 염통을 어떻게 찌르냐가 아니었습니다. 무사시는 날아다니는 제비까지 벤다는 코지로와의 싸움에서 정면승부로는 이기기 힘들다는 사실을 잘 알고 있었습니다. 실제로 당시 많은 사람들은 코지로가 이길 것으로 예상했다고 합니다. 무사시가 세운 전략의 핵심은 코지로의 평정심平靜心을 무너뜨리는 것이었습니다.

무사시는 철저한 계산 속에 일부러 늦게 나타나 코지로를 심리적으로 불안하게 만들었습니다. 배 안에서 노를 깎아 목검을 만든 것은 예상 밖의 무기를 사용함으로써 상대방이 준비한 전략을 무력화시키려는 의도도 있었지만 가장 큰 이유는 적이 초조하게 기다리는 동안 자신은 목검을 깎으면서 마음을 추스르기 위해서였습니다. 날아가는 제비를 벨 정도로 검술이 신의 경지에 이른 코지로가 목검을 든 무사시에게 패한 것은 검술이 부족했기 때문이 아니라 평정심을 잃었기 때문입니다. 사무라이가 목숨을 걸고 싸울 때 냉정함을 잃는 것은 치명적입니다. 흥분하고 들떠 있으면 기술이 먹히지 않고 오판하게 되어 알면서도 어이 없이 당하게 되기 때문입니다.

주식시장 하수들의 특징

주식투자 역시 사무라이들이 칼을 들고 싸우는 것과 별반 다르지 않습니다. 주식시장에서 투자자의 수준을 평가하는 방법은 의외로 간단합니다. 바로 그 사람의 자산 포트폴리오를 보는 것입니다. 투자를 하면서 자신을 어떤 투자 환경에 집어넣었는지 그 사람의 자산 포트폴리오를 보면 대충 답이 나옵니다. 예를 들어 "투자를 잘해서 빨리 부자가 돼야겠다"며 지나친 욕심을 부리는 사람의 포트폴리오는 매우 극단적입니다.

만약 투자를 위해 최대한 모을 수 있는 돈이 3,000만 원인 사람이 그 돈을 모두 주식에 투자했다면, 과연 그 사람은 주식을 사면서 무슨 생각을 했을까요? 아마도 3,000만 원이 5,000만 원으로 뻥튀기 되는 것을 상상하며 탐욕에 빠졌을 것입니다. 또한 그 사람은 3,000만 원이 5,000만 원이 되었다 해도 만족하지 않고 5,000만 원이 8,000만 원 되는 것을 기대하게 될 것입니다. 반대로 주식에 3,000만 원을 투자했는데 타이밍을 못 맞춰서 주식평가금이 2,000만 원이 되고 1,000만 원이 되면 그는 완전히 공포에 질려버릴 것입니다.

투자를 하면서 탐욕과 공포에 휘둘리면 평정심을 잃은 사무라이와 같은 꼴이 됩니다. 날아가는 제비를 칼로 벨 정도의 실력을 갖췄어도 평점심을 잃으면 검술이 제대로 먹히질 않듯이 투자를 할 때도 평정심을 잃으면 아무리 현란한 투자기술이라도 그 기술이 제대로 먹히지 않습니다.

감정이 없는 기계가 되어라

투자를 하면서 냉정함과 차가움을 잃으면 큰 손실을 보게 됩니다. 투자를 하는 사람은 철저히 기계가 되어야 하고 기계의 마음을 획득해야 합니다. 기계는 감정이 없습니다. 오직 프로그래밍된 원칙에 따라 실행하고 입력된 원칙과 조건이 맞으면 움직일 뿐입니다.

투자자는 자신만의 투자원칙이 뇌리에 각인되고 몸에 체득이 된 상태에서 원칙에 따라 기계적으로 움직여야 합니다. 투자의 원칙이 없다면 투자를 하지 말아야 합니다. 남의 말 듣기 좋아하고 전망을 구걸하며 천성적으로 귀가 얇다고 생각되면 주식시장에서 멀리 떠나 있어야 합니다. 수익이 났을 때 날아갈 듯이 흥분하고 조금만 손실이 나도 쉽게 화가 나고 억울해 한다면 승산이 별로 없습니다.

시장이 주는 탐욕과 공포의 감정은 반드시 이겨내야 합니다. 아니 완전히 초월하고 자유로워야 합니다. 탐욕과 공포에 휘둘리는 인간이 아니라 아무런 감정도 없고 아무 것도 느낄 줄 모르고 오직 프로그래밍된 원칙에 따라 움직이는 기계가 되어야 합니다. 복잡하고 어려운 원칙이 아닌 단순하고 쉬운 원칙으로 무장한 기계의 마음을 획득하는 것이 투자자가 갖춰야 할 첫 번째 덕목입니다.

 핵심 Point

1. 주식투자자가 공포와 탐욕이라는 감정에 휘둘리면 투자의 기술을 제대로 발휘할 수 없다.
2. 주식시장에서 최하수는 자신의 투자 환경을 공포스러운 상황에 몰아넣는 것이다.
3. 서민들이 그 한계를 이겨내기 위한 첫 번째 관문은 원칙대로 움직이는 기계의 마음을 획득하는 것이다.

합리적인 포트폴리오로 투자의 공포를 제거하라

훌륭한 사령관이 있는 군대는 적은 병사로도 많은 적군을 무찌를 수 있지만 시원찮은 사령관을 둔 군대는 수적으로는 우세할지라도 어설픈 전략 탓에 용감한 병사들을 오합지졸로 만들어 버립니다.

공포에 휩싸이면 오합지졸이 된다

고대사회에서 전쟁은 회전會戰이라 하여 주로 넓은 평지에서 했습니다. 양쪽 군대는 넓은 평지에서 대치하다가 총사령관의 전략에 따라 전진하기도 하고 후퇴하기도 하면서 치열한 공방전을 벌였습니다. 이때 병사 수가 많고 무기가 우수하면 승리하고, 전투력이 비슷하면 전사자가 비슷하게 나올 것 같지만 꼭 그렇지는 않았습니다.

마케도니아의 알렉산더는 이수스 전투에서 5만 명도 되지 않는 병력을 이끌고 이보다 4배나 많은 20만 명의 페르시아 군을 궤멸시켰습니다. 로마의 카이사르는 파르살로스 전투에서 적군 6천 명을 전사시키고 포로를 2만 4천 명이나 생포하는 전과를 올렸지만 전사자는 고작 200여 명에 불과했습니다.

도대체 무슨 방법을 썼기에 이들은 이토록 일방적인 승리를 거둘 수 있었을까요? 알렉산더가 수적으로 열세임에도 불구하고 수많은 전쟁에서 승리할 수 있었던 비결은 막강한 기마병을 이용하여 포위하는 전법을 구사해 적군을 혼란에 빠뜨렸기 때문입니다.

앞만 보고 정신없이 싸우던 병사들이 뒤쪽에서 느닷없이 돌진해오는 적군의 기마병들을 보게 되면 공포에 휩싸여 전열이 무너지게 됩니다. 전열이 무너진 군대는 순식간에 전투력을 상실하여 오합지졸이 되고 맙니다. 아무리 군사 수가 많고 무기가 좋다 해도 전열이 무너지면 그 모든 것이 의미가 없습니다.

투자 행위는 전쟁 행위와 흡사합니다. 적을 죽여야 내가 사는 곳이 전쟁터이듯 투자의 승자와 패자가 쌍으로 존재해야 하는 주식시장 역시 21세기 버전의 전쟁터입니다.

투자를 전쟁이라는 등식으로 두고 보면 "전략"이 있고 "전술"이 있습니다. 전술은 총알이 빗발치고 폭탄이 터지는 현장에서 적용되는 전쟁의 기술을 뜻합니다. 전투 현장에서는 병사들이 어떤 무기를 사용하고 얼마나 용감하며 현장 지휘관이 어떤 전술을 쓰느냐가 중요합니다. 그러나 이런 전술보다 훨씬 상위의 개념이 있습니다. 바로 "전략"입니다.

전략은 전쟁의 판을 짜는 것이라 할 수 있습니다. 아무리 병사 수가 많고 훈련을 잘 시켜도 총사령관이 전략을 어설프게 짜놓으면 전쟁에서 패하게 됩니다. 알렉산더가 오리엔트를 휩쓸고 나폴레옹이 유럽을 접수할 수 있었던 이유는 그들이 장비나 관우처럼 1대1 싸움에 능해서가 아닙니다. 전략을 잘 짰고 부대를 유기적으로 잘 운영했기 때문에 천하무적이 될 수 있었던 것입니다. 훌륭한 사령관이 있는 군대는 적은 병사로도 많은 적군을 무찌를 수 있지만 시원찮은 사령관을 둔 군대는 수적으로는 우세할지라도 어설픈 전략 탓에 용감한 병사들을 오합지졸로 만들어 버립니다.

투자도 전쟁 행위와 같이 전략과 전술로 구분할 수 있습니다. 그러나 주식시장에서 개미로 불리는 서민들은 투자전략이 부재한 가운데 투자전술만 익히려는 습성이 있습니다. 비록 평범한 서민이라도 투자를 할 때만큼은 전쟁의 큰 그림을 보고 전략을 짜며 군대를 유기적으로 통솔하는 총사령관의 마인드를 가져야 합니다.

투자전략의 핵심, 포트폴리오 전략

주식투자에서 좋은 종목을 선택하고, 사고파는 투자기술을 익히는 것은 반드시 필요합니다. 그러나 그건 어디까지나 투자의 전술입니다. 그렇다면 주식투자에서 전략이란 무엇일까요? 총사령관의 마음으로 자신의 자산을 지휘할 때 반드시 갖춰야 할 전략의 핵심은 바로 "포트폴리오 전략"입니다.

투자를 할 때는 자신의 자산을 상황별로 어떻게 배치해야 하는지 자신만의 자산배분 매뉴얼이 있어야 합니다. 군대에 가면 신병 때 암기사항을 외웁니다. 고참 서열부터 근무수칙까지 달달달 외웁니다. 일주일만 지나도 고참이 툭 치면 외운 것들이 그냥 입에서 줄줄 나옵니다. 완전히 머릿속에 박혀서 각인이 되었기 때문입니다.

투자에 대한 포트폴리오 전략 또한 마찬가지입니다. 누가 툭 치면 바로 나올 정도로 자신의 자산배치에 대한 명확한 기준이 있어야 합니다. 그러나 주식투자를 치열하게 하는 개인투자자 중에 포트폴리오 전략을 확보한 사람은 의외로 적습니다. 포트폴리오 전략이 어설프거나 아예 없는 경우도 많습니다.

합리적인 포트폴리오 전략이 없으면 자신도 모르게 투자를 할 때마다 공포에 질려버리는 환경에 놓이게 됩니다. 그러나 포트폴리오 전략을 잘 짜 놓으면 투자를 즐기면서 시장이 어떻게 요동치든 상관없이 언제나 마음의 평온을 유지할 수 있습니다.

자산을 분배하고 배치하는 것을 흔히 "포트폴리오를 짠다"라고 말하곤 합니다. 그런데 여기에서 말하는 포트폴리오는 주식투자를 할 때의 종목 분산을 의미하는 것이 아닙니다. 이것은 나의 전 재산인 총자산을 가지고 판을 짜는 것입니다. 그런데 투자를 논할 때 자산배분, 포트폴리오를 시시하게 생각하는 사람들이 많습니다. 투자의 경험이 적은 개인투자자일수록 다 알고 있는 뻔한 얘기보다 뭔가 화끈하고 기가 막힌 비법과 필살기를 찾게 됩니다.

저 역시 투자를 많이 해왔고 그 누구보다 절박하게 공부하며 살 떨리는 투자도 해봤습니다. 처음에는 조심조심, 정말 소심하게 투자하다가 몇 번 운이 좋아 수익이 조금 나면 서서히 시장이 만만하게 보이면서 간은 점점 커집니다. 한 종목에 1년치 연봉을 배팅하여 천당과 지옥을 수시로 넘나들기도 했습니다. 수많은 강좌를 듣고 책장을 재테크 책으로 도배도 해봤지만 머리가 나빠서인지 운이 없어서인지 생각처럼 잘 되지 않았습니다. 그렇게 수많은 시행착오를 거치고 뼈저린 경험을 한 뒤에야 비로소 그 어떤 투자기술보다 더 중요한 것이 있다는 것을 깨달았습니다.

그것은 바로 돈을 합리적으로 배치하여 투자 환경을 공포에서 자유롭게 만드는 것입니다. 돈의 성격을 분류하고, 생명주기를 따져보고, 투자해야 할 돈과 투자를 하지 말아야 할 돈을 구분하는 아주 간단한 작업이 그 어떤 투자기술보다 훨씬 더 중요합니다. 누구나 다 알고 있는 당연한 상식임에도 필자는 그것이 얼마나 중요한지를 깨닫는데 적지 않은 시간이 걸렸습니다.

부채가 없을 때만 투자하라

주식투자를 위한 포트폴리오 전략을 짜기에 앞서 확인해야 할 사항이 있습니다. 그것은 "부채가 있는가 없는가"입니다.

만약 어떠한 형태로든 부채가 있다면 주식투자를 하지 말아야 합니다. "주식투자로 돈 벌어 부채를 갚으려는데 무슨 소리냐"고 반문할 수도 있습니다. 그러나 빚이 있는 상태에서 그 빚을 갚으려고 투자에 뛰어들면 승률이 아주 희박한 게임이 됩니다. 두려움과 공포라는 폭탄을 짊어지고 불 속으로 뛰어든 격이기 때문입니다.

재일교포이자 "극진 가라데"의 창시자인 최배달은 우리나라보다 일본에서 더 유명합니다. 그는 산에서 수도 생활을 하며 무술을 연마한 뒤 일본열도를 순회하면서 당대 고수들을 모두 격파하고 가라데의 일인자로 등극했습니다. 그 후 세계 곳곳을 돌아다니며 무술 장르를 가리지 않고 고수들을 차례로 쓰러뜨리며 무림의 세계에서 전설이 되었습니다.

당시 최배달은 세계에서 그 누구보다 강한 사나이였습니다. 그런데 최배달이 죽은 뒤 그의 아들이 재미있는 증언을 했습니다.

"천하에 무서울 게 없을 것 같던 아버지도 시합 전날에는 두려움 때문에 머리카락이 한 주먹씩 빠졌습니다."

최배달은 세상에서 가장 강한 사나이였지만 그 역시 인간이었기 때문에 공포의 감정을 100% 극복하지는 못했습니다. 이렇듯 인간은 아무리 강하고 훈련을 많이 해도 공포스런 환경에 놓이면 공포를 느끼게 됩니다. 부채가 있는 상태에서 부채를 갚기 위해 주식투자를 하는 것은 스스로 최악의 투자 환경에 몰아넣는 어리석은 짓입니다. 이런 상태에서는 겁을 안 먹으려 해도 시장이 조금만 나의 예측에서 어긋나고, 돌발 변수로 순식간에 마이너스 10%, 20%가 되면 안절부절 못하게 됩니다.

천하의 최배달도 공포스런 환경에서는 머리털이 빠졌다는 사실을 기억해야 합니다. 공포를 완전히 초월해야 승산이 있는 곳이 투자의 세계입니다. 그리고 그 공포를 초월하는 것은 마인드 컨트롤이 아니라 자신의 투자 환경입니다.

부채가 있다면 무조건 갚아야 합니다. 몸에 상처가 나서 피가 나면 붕대를 감고 피를 멈추게 해야지 피가 철철 나는데 몸짱이 되겠다고 역기를 들고 런닝머신에서 뛰고 있으면 정신 나간 사람이라는 소리를 듣습니다. 부채가 있는 상태에서 그 부채를 갚기 위해 주식투자를 하는 사람도 정신없기는 매한가지입니다.

앞으로 나오는 투자의 포트폴리오는 부채가 없는 상태를 말합니다. 그리고 투자에 임하면서 공포를 완전히 제거하는 것에 포커스가 맞춰져 있습니다.

 핵심 Point

1. 투자자는 자신의 총자산을 합리적으로 배치하는 포괄적 의미의 포트폴리오 전략이 필요하다.
2. 투자자가 느끼게 되는 공포의 감정은 합리적인 포트폴리오 전략을 세워야 제거할 수 있다.
3. 부채가 있는 상태에서는 부채를 갚는데 총력을 기울이고 그 어떤 위험자산에도 투자하지 말아야 한다.

포트폴리오 3원칙을 지키면 주식시장에서 "갑"이 된다

천안함이 침몰하고 연평도가 포격당하고 미국의 신용등급이 강등되는 등의 돌발상황에서 마음이 어땠나요? 혹시 일이 손에 잡히지 않고 두려운 마음이 들지는 않으셨나요? 만약 그때 두려운 마음이 들었다면 한 번쯤 자신의 포트폴리오를 점검해 볼 필요가 있습니다.

포트폴리오 원칙 1. 비상자금을 배치하라

이제 부채가 없다는 가정하에 포트폴리오를 짜보도록 하겠습니다. 우선 3개월 정도의 비상 생활자금을 배치합니다. 살다 보면 예기치 못한 일이 생길 수 있습니다. 갑자기 자녀가 아플 수도 있고 회사가 어려워져 원치 않은 실직을 당할 수도 있습니다. 이렇듯 비상사태가 생기면 당장 현금이 필요합니다.

비상자금은 우리 삶에 예기치 않은 일이 닥쳤을 때 충격을 최소화해주는 삶의 완충작용을 하게 됩니다. 이런 비상자금의 액수는 개인 사정에 따라 다르겠지만 대략 3개월 정도의 생활비가 적당합니다. 이런 돈은 언제라도 필요할 때 바로 빼서 사용해야 하므로 MMF[3]나 CMA[4]같이 입출금이 자유롭고 단기간을 맡겨도 시장이자를 받을 수 있는 안전한 자산에 배치하는 것이 좋습니다.

만약 이런 비상자금 없이 여유자금을 무조건 주식이나 펀드 같은 투자자산으로 배치시켜 놓으면 비상시에 대책이 없게 됩니다. 당장 팔 때가 아니고 환매할 타이밍이 아니더라도 어쩔 수 없이 펀드를 깨야 하고 주식을 매도해야 하는 황당한 상황이 발생하기 때문입니다.

포트폴리오 원칙 2. 사용 기한이 정해진 돈은 배제하라

비상자금을 배치하고도 여유자금이 있다면 이제는 그 돈의 생명주기를 살펴봅니다. 지금 당장은 아니더라도 1년 후에 전세인상금을 1,000만 원 정도 준비해야 한다면 이때는 주식이나 펀드 같은 위험자산에 배치하는 것은 피해야 합니다. 삼성전자가 아니라 삼성전자 할아버지라도 투자해서는 안 됩니다. 시장은 내가 예측한 대로 흘러가지 않기 때문입니다.

이처럼 특정한 날에 반드시 써야 할 돈으로 투자를 하면 투자의 전투력이 떨어집니다. 1년 후 전세인상금으로 준비했던 돈으로 투자를 했는

---

3. MMF - 예탁금을 단기금융상품에 투자하여 그 수익을 고객에게 되돌려주는 실적배당 금융상품
4. CMA - 예탁금을 어음이나 채권에 투자하여 그 수익을 고객에게 돌려주는 실적배당 금융상품

데 시장이 나의 예측과 다르게 폭락하기 시작하면 덜컹 겁부터 나게 됩니다. 이런 살 떨리는 돈으로 투자해서 큰돈을 벌려고 덤비면 대부분 비극으로 끝납니다. 물론 공부를 많이 하고, 운도 좋고, 시장상황까지 좋아서 살 떨리는 돈으로 투자했음에도 100% 뻥튀기할 수도 있습니다. 하지만 이게 과연 좋은 것일까요? 그렇지 않습니다. 차라리 처음에 실패하는 것이 더 좋습니다.

만약 살 떨리는 돈으로 성공해서 1,000만 원이 2,000만 원이 되었다면 그것으로 만족하는 것이 아니라 "내 예측이 역시 정확했어, 그때 마이너스 통장이라도 만들어서 3,000만 원을 투자했으면 지금은 6,000만 원일 텐데, 아깝네" 하며 탐욕을 부릴 것입니다.

그렇게 극단적으로 투자하는 사람들의 눈빛은 대부분 탐욕으로 이글거립니다. 그러나 이렇듯 타오르는 뜨거운 마음으로 투자에 뛰어드는 사람을 주식시장에서는 "호구"라고 부릅니다. 몇 번 흔들어주면 다 털리기 때문입니다. 따라서 돈의 생명주기가 정해져 있는 돈으로는 그 기간에 맞고 원금이 보장되는 금융상품 이외에는 그 어떤 투자자산에도 발을 담그지 말아야 합니다.

포트폴리오 원칙 3. 여유자금 중에서도 50%는 남겨두라

이렇게 자산을 배치한 뒤 투자를 할 수 있는 여유자금이 1,000만 원 있다고 가정해보겠습니다. 이 1,000만 원은 투자에 실패해 다 잃어 버리더라도 속이 쓰릴 뿐이지 당장 생활이 막막해지거나 가정이 파탄 나지는 않습니다.

이제 그 1,000만 원을 다시 반으로 쪼갠 뒤 원칙을 하나 더 세웁니다. 투자는 완벽한 여유자금 중에서도 최대 50%만 하고, 나머지 50%는 현금성 자산에 포함시킵니다. 그러면 500만 원으로 주식투자를 하고 500만 원은 언제라도 투자할 수 있는 총알이 됩니다. 이렇게 완전한 여유자금마저도 반을 안전한 자산에 배치하는 이유는 비장의 카드를 준비하고, 시장에서 내가 완전히 "갑"의 위치에 올라가기 위해서입니다.

천안함이 침몰하고 연평도가 포격당하고 미국의 신용등급이 강등되는 초유의 사태가 발생했을 때 주식시장은 순식간에 패닉에 빠졌습니다. 이와 같은 돌발상황에서 마음이 어땠나요? 혹시 일이 손에 잡히지 않고 두려운 마음이 들지는 않았나요? 만약 그때 두려운 마음이 들었다면 한 번쯤 자신의 포트폴리오를 점검해 볼 필요가 있습니다. 투자에 있어서 평정심은 담력 있고 간이 크다고 확보되는 것이 아니라, 포트폴리오를 합리적으로 짜야 얻을 수 있는 것입니다. 합리적인 포트폴리오를 확보하고 이를 실천한다면 개미의 한계를 극복할 교두보를 마련한 셈입니다.

핵심 Point

1. 포트폴리오 원칙 1: 3개월 정도의 생활비에 해당하는 비상자금을 준비하라.
2. 포트폴리오 원칙 2: 사용 목적이 있는 자금은 원금보장형 금융상품에 배치하라.
3. 포트폴리오 원칙 3: 여유자금의 50%는 원금이 보장되는 안전한 자산에 배치하여 비장의 무기로 사용한다.

재정상황표를 만들어
자신의 위치를 파악하라

바다를 항해하는 선장은 그 무엇보다 배의 운행항로를 알아야겠지만
이에 못지않게 배의 현재 위치를 파악하는 것 또한 중요합니다.
마찬가지로 위험한 투자의 항해를 하고 있을 때는 현재 자신의 재정상태를 늘 체크하고 있어야 합니다.

투자의 필수품 재정상황표

주식투자는 험난한 바다를 항해하는 것과 비슷합니다. 바다를 항해할 때는 보물섬을 발견해 큰돈을 벌 수 있는 행운과 암초에 걸려 난파당할 수 있는 위험이 상존하듯이, 주식투자 역시 돈을 벌 수 있는 기회도 있지만 감당할 수 없는 큰 손실을 볼 수 있는 위험도 존재합니다. 이렇듯 위험한 투자의 항해를 하고 있을 때는 사고파는 투자의 기술을 익히는 것도 중요하지만 자신의 재정상태를 늘 확인하고 있어야 합니다.

만약 자신의 재정상태를 머릿속에만 간직하고 있고 얼렁뚱땅 대충 파악하고 있으면 즉흥적으로 판단하기 쉽고 결정적인 순간에 착각에 빠지거나 큰 실수를 할 수도 있습니다.

　　따라서 매월 말일이나 월급날을 기준으로 자신의 재정상황표를 보면서 현재 자산배분이 합리적으로 잘 되어 있는지 아닌지, 자산배분 원칙상 투자할 여력이 있는지 없는지, 어떤 자산의 투자포지션을 늘리고 줄여야 하는지 등 현재 무엇을 어떻게 해야 하는지 정확히 인지하는 것이 중요합니다.

　　이제 앞서 소개한 포트폴리오 3원칙을 참고해서 재정상황표를 작성해 보도록 하겠습니다.

재정상황표 작성하기

(단위 : 만 원, %)

구분	비상자금	목적자금		여유자금(투자자금)				자산 종합현황				
종류	MMF	정기예금	정기적금	ETF(주식)	MMF	금펀드		유동자산			고정자산	
상품 년월	H은행	K저축	H은행	KODEX 200	KODEX ChinaH	W은행	K은행	현금	주식	금	전세금	합계
2011.07	500	1,000	300	600	300	800	300	2,600	900	300	7,000	10,800
2011.08	500	1,000	400	580	320	850	310	2,750	900	310	7,000	10,960
2011.09	500	1,000	500	620	300	900	320	2,900	920	320	7,000	11,140
분배 비율				42.9	42.0	14.9		25.1	7.3	4.6	62.8	

재정상황표 작성요령

1. 자산은 우선순위에 따라 순차적으로 배치하라

자산 배치 순서는 중요도에 따라 비상자금 > 목적자금 > 여유자금의 순서로 순차적으로 배치합니다. 아무리 시장 여건이 좋고 투자하고 싶은 마음이 굴뚝같더라도 만일의 사태를 대비한 비상자금과 특정한 날에 반드시 써야 하는 목적자금을 모두 채운 후에 투자를 고려해야 합니다. 이 원칙을 지키고 투자를 하게 되면 시장에 이리저리 끌려다니지 않게 됩니다.

2. 자금의 목적에 따라 금융상품을 분리하라

앞의 표를 보면 MMF가 H은행과 W은행 두 곳에 있음을 알 수 있습니다. 같은 MMF라도 이렇게 분리하는 이유는 그 용도가 다르기 때문입니다. H은행에 있는 MMF는 만일의 사태를 대비한 비상자금이고, W은행에 있는 MMF는 여유자금으로 언제라도 투자에 활용할 수 있는 예비 투자자금입니다. 만약 이 돈이 뒤섞여 있으면 자기도 모르는 사이에 비상자금으로 모아둔 돈을 야금야금 빼서 투자자금으로 쓸 수 있습니다. 따라서 사용 목적에 따라 금융상품을 분리하는 것이 좋습니다.

3. 여유자금 운영자금의 비중을 주기적으로 체크하라

비상자금과 목적자금을 뺀 순수한 여유자금은 곧 투자자금이 됩니다. 이때 여유자금이라도 주기적으로 투자 현황을 체크하지 않으면 자신도 모르는 사이에 한쪽으로 과도하게 쏠릴 수 있습니다. 위의 표에서 표시된 여유자금 중에서도 K은행에 들어있는 금 펀드는 주식과 현금, 그리고 돈의 가치가 떨어지는 것에 대한 보험의 개념으로 보유하고 있는 자산입니다. 투자 시 금 펀드의 비율을 수시로 체크하는 것이 중요합니다. 또한 여유자금 중에서도 위험자산인 주식의 비중은 최대 50%가 넘지 않도록 포지션을 정하면 주식시장이 주는 탐욕과 공포는 웬만하면 극복할 수 있게 됩니다.

4. 주식이나 펀드는 평가금으로 작성하라

주식이나 펀드같이 현금성 자산이 아닌 경우 시장의 상황에 따라 자산의 가치는 수시로 변합니다. 따라서 자산상황을 체크하는 날에는 그날을 기준으로 평가금을 확인한 후 재정상황을 작성합니다. 이렇듯 재정상황을 체크하는 날의 평가금을 기준으로 자산 비율을 체크하게 되면 주식시장에 거품이 끼어 있을 때는 비중을 줄일 수 있고 거품이 빠져 있을 때는 비중을 확대할 수 있어 언제나 적정 수준으로 자산을 배치하게 됩니다.

지금까지 재정상황표를 작성하는 요령에 대해 간략하게 알아봤습니다. 이처럼 재정상황표를 확보하고 있으면 현재 자신의 총자산이 얼마이고, 어디에 얼마의 비율로 배치되어 있는지 한눈에 알 수 있게 됩니다. 또한 데이터가 쌓이면서 자신의 자산이 어떻게 증감되어 왔는지도 쉽게 알 수 있어 자산을 관리하기가 한결 쉬워집니다.

멀리 내다보고
크게 움직여라

늑대가 눈앞의 먹잇감이 어른거려도 현혹되지 않고 기다릴 수 있었던 것은 사냥의 큰 그림을 그릴 수 있었기 때문입니다.
주식투자를 할 때에도 주식시장 전체 그림을 볼 수 있어야 합니다.

장기투자는 시장을 길게 보는 것이다

주식투자를 할 때 주식시장을 바라보는 인식은 매우 중요합니다. 매일 주식시장에 파묻혀 살면서 오늘 벌어지고 있는 주식시장 상황만 쳐다볼 것이 아니라, 최소 10년 이상을 길게 보면서 주식시장의 역사가 지금 어떻게 흘러가고 있는지 큰 그림을 봐야 합니다.

조금은 거창하더라도 주식시장에서 주식을 사고파는 투자자로서의 나뿐만이 아니라 주식역사의 산 증인으로서의 나도 인식해야 합니다. 주식시장을 바라보는 큰 시야를 상실한 채 주식시장에 푹 빠져있으면 당장 내일의 주가가 궁금해지고 일주일 이주일, 한 달 두 달이 아주 긴 시간처럼 느껴집니다. 그러나 주식시장의 큰 사이클은 그보다 훨씬 길고 천천히 움직입니다. 최소 2~3년의 기간을 두고 대세상승과 대세하락을 주기적으로 반복합니다. 물론 주식시장의 큰 패러다임이 바뀌는 것은 그보다 훨씬 긴 사이클로 움직입니다. 따라서 주식시장을 바라보는 시야를 최대한 크게 하고 시장의 큰 흐름을 타는 것이 중요합니다.

그러나 마음이 조급하고 시장을 바라보는 시야가 좁으면 단 며칠 동안의 시장상황에도 마음이 심하게 흔들리고, 시장의 변동성이 클 때는 정신을 차릴 수 없을 정도로 이리저리 끌려다니게 됩니다. 주식시장은 휴일을 빼면 매일 열립니다. 그렇다 보니 하루에도 수십 번씩 이 종목 저 종목 갈아타며 단타매매를 하는 사람도 많습니다.

서점에 가면 단타매매로 하루에 수십만 원씩 벌 수 있다며 개인투자자를 현혹하는 책들이 많은데 이는 결코 올바른 투자방법이 아닙니다. 사고파는 요령을 익혀서 짧은 시간에 많은 돈을 벌려고 하는 것은 "주식도박"이지 "주식투자"라 하기 어렵습니다. 주식시장에서 주가 움직임의 근거가 되는 경제 펀더맨탈과 돈의 흐름은 하루 단위로 바뀌는 것도 아니고, 시간 단위로 바뀌는 것은 더더욱 아닙니다.

미국의 경제학자 조셉 키친Joseph Kitchen이 주장했으며 경기순환 이론 가운데 가장 짧은 주기 중 하나인 키친순환Kitchen cycle도 통화공급이나 재고 변동 등에 따라서 3~5년을 단위로 경기가 변동한다고 설명하고 있습니다.

주가는 경기순환과 돈의 큰 흐름에 영향을 받기 때문에 주식시장을 가까이에서 들여다보면 급격하게 요동치는 것 같지만 시장을 크고 길게 보면 계절의 순환처럼 천천히 움직인다는 것을 알 수 있습니다.

"주가가 어떻게 움직일지는 신도 알 수 없다"라는 말이 있습니다. 그런데 주식시장에서 개미로 불리는 개인투자자가 신도 알지 못한다는 단기간의 주가 흐름을 맞춰보려고 무작정 덤벼들려 하면 곤란합니다. 해야 할 본업이 있는 서민들은 하루하루의 주가 움직임에 민감하게 반응하며 따라갈 처지가 못됩니다. 주식투자에 쏟아부을 시간과 실력이 절대적으로 부족한 서민들이 이런 약점을 극복할 수 있는 방법은 주식시장을 크고 길게 바라보며 큰 흐름이 바뀔 때만 참여하는 것입니다.

주식시장을 바라보는 시야가 좁으면 잦은 매매를 하게 되지만 시야가 넓으면 자주 참여하지 않게 되고 매매횟수도 그다지 많지 않게 됩니다.

"장기투자가 좋다"는 말은 이미 오래 전부터 상식이 되어버렸습니다. 그런데 여기서 말하는 장기투자의 의미는 한 종목을 무조건 오래 붙들고 있으라는 뜻이 아닙니다. 장기투자의 진정한 의미는 시장을 장기적인 안목으로 길게 바라 보고 그에 맞게 크게 대응하라는 것입니다. 시장을 바라보는 시야가 좁으면 주가가 매일 오르고 폭등할 때는 영원히 오를 것 같은 환상에 빠져 자신도 모르게 탐욕을 부리게 됩니다. 반대로 주가가 연일 폭락하고 언론에서 겁을 줄 때는 공포에 휩싸이게 됩니다.

그러나 주식시장을 바라보는 시야가 넓은 사람은 주가가 요동치는 가운데도 주식시장의 큰 순환이 눈에 그려집니다. 시장을 높은 곳에서 내려다

보면 주가가 폭등할 때도 자만하지 않고 폭락할 때도 겁먹지 않을 수 있습니다. 주가는 영원히 오르지도, 영원히 내리지도 않음이 보이기 때문입니다. 좁은 기간을 두고 보면 주가의 움직임이 변덕도 심하고 도저히 예측할 수 없을 정도로 정신없이 움직이지만, 긴 기간을 두고 보면 좁은 기간의 움직임보다 훨씬 단순하고 예측하기 쉬우며 대응하기도 용이합니다.

크게 봐야 크게 보인다

서민들이 주식시장에서 희생양이 되지 않기 위해서는 하루하루 변동하는 시장의 모습에 일희일비하는 개미의 습성에서 빨리 벗어나야 합니다.

몽골초원의 늑대가 겨울철에 가젤을 사냥하는 방식은 매우 독특합니다. 가젤은 늑대보다 빠르기 때문에 어설프게 잡으려 하면 고생만 하게 됩니다. 늑대가 초원을 헤매다 사냥감인 가젤을 발견하면 일단은 기다립니다. 군침만 흘리고 있을 뿐 배고파서 쓰러질 정도라도 자세를 낮추고 목표물만 노려봅니다. 해가 뉘엿뉘엿 지고 밤이 찾아와도 가젤 주위를 맴돌며 기회만 엿볼 뿐 어설프게 덤비지 않습니다. 밤이 되어 가젤이 잠을 자도 늑대는 밤을 꼬박 새며 가젤의 움직임만 살핍니다. 새벽 이슬이 자기 털을 뒤덮을 때도 움직이질 않습니다.

그러다가 가젤이 새벽에 오줌을 누려고 일어날 때 드디어 늑대가 움직이기 시작합니다. 맹렬히 뛰어오는 늑대를 보고 놀란 가젤이 도망가려 하지만 방광에 오줌이 가득 차서 잘 뛰지를 못합니다. 늑대는 바로 이때

[그림 1-1] 2007년 7월부터 11월까지의 일봉차트

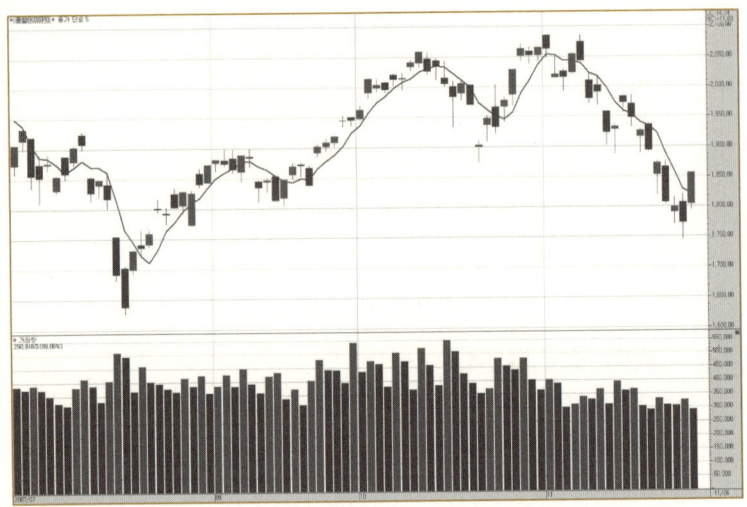

를 노렸던 것입니다. 눈앞의 먹잇감이 어른거려도 현혹되지 않고 기다릴 수 있었던 것은 사냥의 큰 그림을 그릴 수 있었기 때문입니다. 주식투자를 할 때도 당장 눈에 보이는 시장 모습에만 정신이 팔려 있을게 아니라 주식시장의 전체 그림을 볼 수 있어야 합니다.

[그림 1-1]은 2007년 7월부터 그 해 11월까지 매일 주가의 움직임을 표현한 일봉차트[5]입니다. 이 기간은 사상 최초로 종합주가지수가 2000을 돌파하기도 했지만 미국의 서브프라임 모기지[6] 부실문제가 서서히 부각되던 때였습니다. 5개월 동안 많은 사건이 있었으며 일주일이 멀다 하고

5. **일봉차트** - 하루 동안의 주가 변동을 막대 그래프로 표현한 것
6. **모기지** - 신용등급이 낮은 저소득층들을 대상으로 주택자금을 빌려주는 미국의 주택담보 대출상품

[그림 1-2] 2005년 2007년까지의 주봉차트

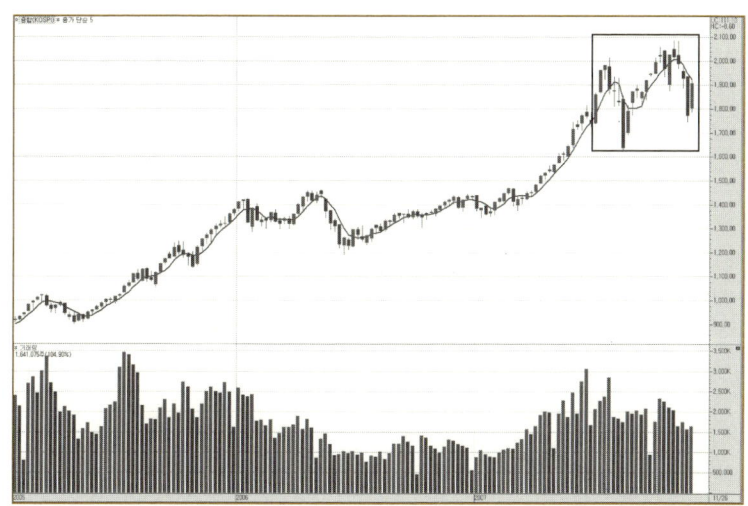

메가톤급 뉴스가 쏟아져 나왔습니다. 그리고 이를 반영하듯 시장 분위기는 매번 바뀌었고 그럴 때마다 주가는 롤러코스터처럼 출렁거렸습니다. 이렇듯 시장이 짧은 구간에서 요동칠 때마다 매번 정확히 주가의 움직임을 포착하고 적절하게 대응하기는 결코 쉽지 않습니다. 그러나 시야를 좀 더 높이면 훨씬 단순한 모습을 볼 수 있게 됩니다.

[그림 1-2]는 2005년부터 2007년까지 약 3년 동안 주 단위의 주가 움직임을 표현한 주봉차트입니다. 일봉차트보다 한결 단순하며 매끈하게 움직인다는 것을 알 수 있습니다. 위의 네모박스 안은 앞서 살펴본 일봉차트 기간을 표현한 것입니다. 일봉차트로 봤을 때는 주가의 향배를 예측하기 힘들고 어떻게 대응해야 할지 감을 잡기도 어려울 것입니다. 그러나

[그림 1-3] 1998년부터 2007년까지의 월봉차트

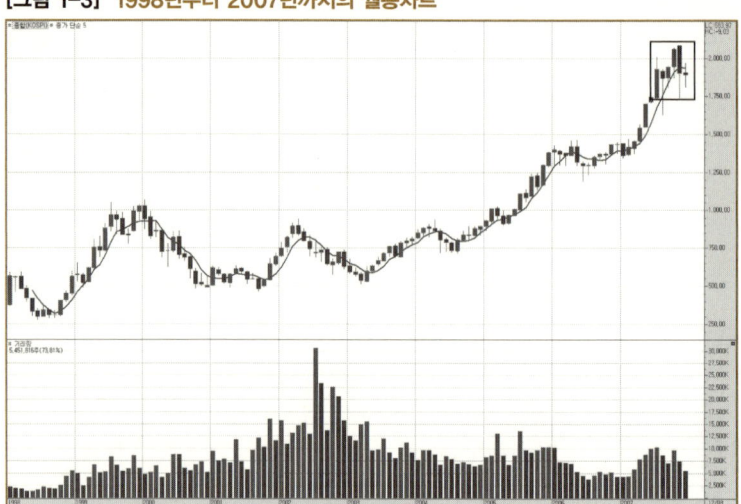

3년의 기간을 두고 주봉차트로 보게 되면 2년 넘게 지속적으로 상승하다가 서서히 고점을 형성하려는 모습임을 알 수 있습니다.

[그림 1-3]은 1998년부터 2007년까지 약 10년 동안 월 단위의 주가 움직임을 표현한 월봉차트입니다. 주식시장에서 가장 높은 시야에서 바라볼 때 사용하는 차트이기도 합니다. 10년의 기간을 두고 보면 처음 살펴봤던 일봉차트의 5개월 간의 모습은 위의 박스 속 모습처럼 상승탄력이 둔화되면서 이제 겨우 조정을 받고 있는 초입임을 알 수 있습니다.

또한 본격적으로 조정을 받게 된다면 최소 1년 이상 하락할 수 있지만 과거 주가가 상승하고 하락하는 패턴을 봤을 때 큰 조정을 받더라도 1~2년이 지나면 또다시 상승장으로 전환할 가능성이 있음을 가늠할 수 있습

니다. 이처럼 수 개월 단위의 짧은 기간의 시장상황만 들여다보고 있으면 시장의 큰 그림이 보이질 않지만 최소 3년 이상 크고 긴 안목으로 시장을 들여다보면 보이지 않던 것이 보이면서 시장의 큰 흐름에 역행하는 실수를 최소화할 수 있습니다.

긴 안목을 확보하기 위해 지켜야 할 3가지 원칙

이제 개인투자자가 주식시장을 장기적인 안목으로 보기 위해서 지켜야 할 3가지 원칙에 대해 알아보도록 하겠습니다.

첫째, 주식차트를 매일 들여다보지 마라

그리스 신화에 메두사라는 머리카락이 뱀으로 된 괴물이 나오는데 누구든지 메두사의 눈을 바라보면 돌로 변해버렸습니다. 주식시장에서의 메두사는 일봉차트입니다. 서민들이 주식차트를 매일 들여다보게 되면 머리가 돌처럼 굳어져 버려 엉뚱하게 판단할 확률이 높습니다. 주식시장은 가까이에서 자세히 들여다보려 할수록 눈이 어두워지고 헛것을 보는 경우가 많습니다. 개인투자자가 주식시장에서 살아남기 위해서는 주식시장을 역설적으로 대해야 합니다. 주식투자를 잘하기 위해서는 주식투자를 많이 하지 말아야 하고, 똑똑한 투자자가 되기 위해서는 단순해져야 하며, 주식시장을 제대로 보기 위해서는 가까이에서 쳐다보지 말아야 합니다. 서민투자자라면 평소에는 해야 할 본업에만 충실하고 일봉차트는 자주 들여다보지 않는 것이 좋습니다.

둘째, 주봉차트를 보며 매매시기를 정하라

주식시장에 대응할 때 개인투자자들은 일봉차트는 멀리하고 일주일에 한두 번 주봉차트를 보며 중심을 잡는 것이 유리합니다. 주봉차트를 보면서 최소 2~3년의 기간을 두고 큰 시각에서 시장을 바라보면 주가 움직임이 경기순환 주기와 유동성[7]의 영향을 받으며 움직이기 때문에 예측하기도 한결 용이하고 대응하기에도 훨씬 수월합니다. 따라서 평소에는 본업에 충실하고 경제지표와 함께 주봉차트를 활용하여 주식을 매매할 시기라고 판단될 때에만 일봉차트를 보면서 매매의 세밀한 포인트를 잡아내면 됩니다.

셋째, 매매횟수를 1년에 10회 이하로 줄여라

자신이 주식시장을 바라보는 시야가 어떠한지를 알 수 있는 바로미터 중 하나는 주식을 사고파는 횟수를 세어보는 것입니다. 시장을 바라보는 시야가 좁을수록 매매횟수가 많아집니다. 그러나 시장을 크게 보며 긴 안목을 확보하고 있으면 매매횟수가 그다지 많지 않게 됩니다. 주식시장의 큰 주기에 맞춰 매매를 하게 되면 1년에 매매횟수가 10회를 크게 넘어가지 않습니다.

---

[7]. **유동성** - 기업·금융기관 등 경제주체가 갖고 있는 자산을 현금으로 바꿀 수 있는 능력

이상의 세 가지 원칙은 매우 단순하면서도 실천하기 쉬운 원칙입니다. 이런 간단한 원칙만 잘 지켜도 좁은 범위에서 분주하게 움직이며 혼돈에 빠지는 것을 방지할 수 있기 때문에 시장을 바라보는 시력이 약한 서민들도 주식투자를 충분히 해볼만하게 됩니다.

　다시 한번 강조하지만 주식시장을 정확하고 세밀하게 보기 힘든 서민들이 그 한계를 뛰어넘을 수 있는 방법은 주식시장을 멀리 내다 보고, 주식시장은 크게 움직이는 것임을 잊지 않는 것입니다.

 핵심 Point

1. 개인투자자는 긴 안목을 확보하고 시장의 큰 흐름에 맞게 움직이는 것이 유리하다.
2. 서민들이 주식시장에서 큰 시야를 확보하기 위한 3원칙
    - 주식차트를 매일 들여다보지 마라.
    - 주봉차트를 일주일에 한두 번 보며 큰 흐름을 살펴라.
    - 매매횟수를 1년에 10회 이하로 줄여라.

지식의 단계를 넘어서는
통찰력을 키워라

고수들의 대화는 화려한 언어를 나열하지 않지만 몇 마디 선문답으로
서로의 수준을 간파하기도 하고 공격도 하고 방어도 합니다.
이들의 언어 역시 지식보다 통찰의 영역입니다.

군대에서 만난 장기의 고수

군대에 있을 때의 이야기입니다. 어느 날 신병이 새로 왔는데 자기 소개를 해보라고 하자 군기가 바짝 들어서 내무반이 떠나갈 듯 큰소리로 자기 소개를 하기 시작했습니다. 나이와 가족관계 등을 소개한 뒤 취미와 특기를 소개하는 부분에서 갑자기 내무반이 발칵 뒤집혔습니다. 바둑은 3단이요 장기도 무슨 대회에서 1등을 했다고 말했기 때문입니다.

그 말이 떨어짐과 동시에 장기판이 펼쳐졌고 즉석 장기 대국이 벌어

졌습니다. 당시 내무반은 장기 붐이 일고 있었고 부대원 전체의 랭킹까지 매겨져 있었습니다. 처음에 신병은 랭킹 3위인 병사와 한 판 붙었는데 "넘버 쓰리"가 이리저리 휘둘리더니 순식간에 박살 나고 말았습니다.

그 후 2등은 건너뛰고 내무반 랭킹 1위인 베테랑 말년 병장이 덤볐는데 그 역시 아주 싱겁게 끝나고 말았습니다. 결국 소대원 전체가 빙 둘러서서 신병 한 명을 상대로 덤볐지만 단 한 판도 이기지 못했습니다. 나중에 경계근무를 같이 서면서 비법이 뭐냐고 물어보니 비법 같은 것은 따로 없지만 머릿속에 장기판 다섯 개 정도가 떠다닌다고 했습니다. 그렇게 의미심장한 말을 하고 알 수 없는 미소를 짓던 모습이 지금도 생생합니다.

바둑의 세계도 마찬가지입니다. 바둑 1급 100명이 아무리 힘을 합쳐도 바둑 9단 한 명을 이기기 힘듭니다. 그러나 바둑 1급이 알고 있는 지식과 바둑 9단이 알고 있는 지식은 별반 차이가 없습니다. 바둑 1급 정도만 되도 바둑을 정석대로 두지 않을 정도로 정석기술을 완전히 꿰차고 있습니다. 바둑의 고수들은 지식보다는 통찰로 싸웁니다. 저차원의 게임은 기술의 차이로 승패가 갈리지만 고차원의 게임일수록 통찰에서 승패가 갈립니다.

주식투자는 고차원 게임이다

그렇다면 주식투자는 어디에 속할까요? 아마 이 세상에서 가장 변수가 많고 복잡하며 치열한 경쟁을 하는 고차원 게임에 속할 것입니다. 바둑 9단들이 대국하는 것을 지켜보면 아무 말 없이 바둑판만 뚫어지게 쳐다보다가 바둑알을 하나 들고 포석을 합니다. 그러나 그 20여 초의 짧은 시간 동안 9단들의 머릿속 뉴런 세포들은 엄청난 스파크를 일으키며 사무라이들이 칼을 휘두르듯 치열한 싸움을 벌이고 있는 것입니다.

나뭇가지 위에 개미가 있다고 가정해보겠습니다. 이제 개미의 입장이 되어보겠습니다. 개미는 앞뒤, 좌우로만 갈수 있습니다. 나뭇가지는 둥근 3차원이지만 개미의 눈에는 평면인 2차원으로 보입니다. 개미의 눈에는 하나의 차원이 숨어 있어 3차원은 보이지 않는 것입니다. 또한 2차원 종이 위를 걷고 있는 개미가 세상 끝을 바라보면 선밖에 없습니다. 3차원에서 인간이 개미를 바라볼 때는 2차원 종이 위를 걷고 있는 개미가 보이지만 막상 2차원의 평면을 걷고 있는 개미의 눈에는 전후좌우 어디를 보나 1차원의 선만 보일 뿐입니다.

개미의 눈으로는 자기가 어떤 세상에 살고 있는지 제대로 파악이 되질 않습니다. 2차원의 평면을 걷고 있는 개미는 차원을 높여서 3차원의 시각으로 자신을 내려다봐야 비로소 자신의 모습을 제대로 볼 수 있게 됩니다.

투자를 잘하기 위해서도 인식의 차원을 높이는 과정이 필요합니다. 물론 차트 분석을 잘하고 지표를 잘 해석하는 것이 중요하고 경제지식과 투자 테크닉을 익히는 것도 필요합니다. 그러나 그보다 더 중요한 것은 입체적으로 생각할 수 있는 통찰력을 키우는 것입니다. 그런데 통찰력을 키우기 위해 반드시 필요한 과정은 다방면의 독서와 사색의 훈련입니다.

지식을 숙성시켜야 통찰이 된다

우리는 투자를 잘하기 위해 많은 정보를 구하려 합니다. 기가 막히게 경제분석을 잘하는 고수의 글을 찾아 읽으려 하고 기발한 논리와 화려한 언어로 도배한 글을 보며 감탄하고 그의 내공에 박수를 보내곤 합니다. 그러나 그렇게 머릿속에 정보를 집어넣고 배우려고만 하면 통찰력은 키워지지 않습니다. 통찰력을 얻기 위해서는 반드시 사색의 과정을 거쳐 지식을 숙성시켜야 합니다.

사색思索의 사전적 의미는 "어떤 것에 대하여 깊이 생각하고 이치를 따지는 것"입니다. 깊이 생각하고 이치를 따지는 훈련이 되어야 생각의 차원이 높아지게 됩니다. 생각의 차원이 높아져 통찰력이 일정 수준에 도달하게 되면 어느 순간 보이지 않던 것이 보이게 되고, 아무것도 아닌 작은 정보로도 수많은 사실을 알 수 있게 될 것입니다.

지식은 통찰을 이기지 못한다

투자의 실력을 높이기 위해서는 생각의 차원을 달리해야 하고 인식의 고도를 높여야 합니다. 지식으로만 접근하면 일정 수준 이상 넘어설 수 없습니다. 따라서 주식에 많은 돈을 투자하기 전에 독서와 사색에 많은 시간을 투자해야 합니다.

독서와 사색은 투자와 전혀 상관없는 것 같지만 개미의 한계를 뛰어넘어 시장의 승자가 되기 위해서는 결코 소홀히 여길 수 없는 영역입니다. 경제나 투자관련 책만 보는 것이 아니라 인문, 사회, 과학, 역사할 것 없이 다방면의 책을 많이 보고 여러 사람과 다양한 주제로 대화도 많이 나누고 스스로 곰곰이 생각하는 시간도 가져야 합니다.

바쁜 일상 가운데 사색하는 시간을 갖는다는 것이 사치처럼 보일지 몰라도 조금 빨리 자고 1시간만 일찍 일어나도 시원한 새벽 공기를 마시고 산책을 하거나 모닝커피를 마시며 차분하게 생각할 수 있는 시간이 생깁니다.

독서를 하고 사색하는 시간을 갖는 것은 그 어떤 투자공부보다 훨씬 효과적입니다. 가끔 주식투자에 도움이 되는 추천 도서를 말해 달라는 부탁을 받곤 하는데 그럴 때면 추천도서 목록을 말하기보다 책은 반드시 내 돈을 주고 사서 보라는 것과 10권 사서 3권 정도 괜찮은 책을 고르는 실력을 갖추면 웬만해서는 투자로 돈을 잃는 경우는 없을 것이라는 말을 하곤 합니다. 다시 한번 강조하지만 투자의 진검 승부는 지식의 영역이 아닙니다. 서민의 한계를 뛰어넘기 위해서는 지식의 단계를 뛰어넘어 통찰의 영역에 들어가야 함을 잊지 말아야 할 것입니다.

핵심 Point

1. 주식시장에서의 승부는 투자지식에서가 아니라 입체적으로 생각하는 통찰력에서 갈린다.
2. 통찰력을 키우기 위해서는 다방면의 독서와 사색하는 시간을 가져야 한다.
3. 독서와 사색에 많은 시간을 투자하는 것은 그 어떤 투자공부보다 중요하다.

3 손해 볼 수밖에 없는 이유
시장의 게임 원리

시장의 게임 원리

조훈현 9단이 9살짜리 꼬마 이창호를 제자로 삼고 귀한 시간을 쪼개서 바둑을 가르쳐 준 것은 어린 꼬마에게서 바둑의 거목이 될 만한 싹수를 발견했기 때문입니다. 다시 말해 미래의 이창호 모습을 꿰뚫어 보고 현재의 이창호에게 투자한 것입니다.

주가는 어떤 원리로 움직이는가

자동차가 귀하던 시절, 미국의 어느 시골 마을에 평범하게 살던 인디언 노인이 있었습니다. 그런데 어느 날 그가 소유한 땅에 엄청난 유전이 발견되는 바람에 그는 하루아침에 벼락부자가 되었습니다. 더는 일할 필요가 없어진 노인은 최고급 여행용 자동차를 구입한 뒤 예비 타이어까지 부착하고 먼 여행을 떠났습니다. 언제나 큼직한 담뱃대를 물고 다니던 그는 자동차를 은근히 자랑하고 싶어 이 사람 저 사람에게 말을 건네곤 했습니다.

그런데 그가 지나갈 때마다 사람들은 배를 잡고 웃었습니다. 그 이유는 인디언 복장에 이상한 담뱃대를 물고 다녔기 때문이 아니라, 자동차의 사용법을 몰라서 엔진 좋고 힘 좋은 자동차를 두 마리의 말이 끌고 다니도록 했기 때문입니다.

주식시장에도 이 노인과 비슷한 사람들이 많습니다. 주가가 어떤 원리로 움직이는지 모른 채 무조건 앞만 보고 달리는 투자자들이 그렇습니다. 자동차를 운전하는 사람은 부품의 세세한 기능까지는 몰라도 최소한 자동차가 휘발유로 움직인다는 것쯤은 알고 있습니다.

주가가 달려주길 바라는 투자자 역시 주식투자의 방법과 기술을 논하기 전에 주가가 무엇을 근거로 움직이고 어떻게 오르내리는지 핵심 원리만큼은 파악하고 있어야 합니다. 기능만 알고 원리를 모르면 돌발상황이 발생할 때 당황하게 되고 천방지축 예측불허로 날뛰는 주식시장에서 오래 살아남기 어렵습니다.

주가 움직임을 설명하는 사람들의 주장을 들어보면 크게 두 부류로 나뉩니다. 수많은 이야기를 한 끝에 결론적으로 주가는 정확히 예측할 수 없다며 꼬리를 내리는 사람이 있는가 하면, 전문용어를 섞어가며 어떻게든 주가 움직임을 예측하는 공식이 있다고 빡빡 우기는 사람도 있습니다. 만약 주가 움직임을 정확히 맞추는 공식이 있다면 주식투자로 부자가 되었다는 사람이 우리 주변에 널려 있어야 합니다. 하지만 그렇지 않는 걸로 봐서 주가 움직임을 정확히 예측하는 공식이 없는 것은 분명한 듯합니다.

사실 지금까지 소개된 수많은 분석법과 노하우를 적용해도 주가 움직임을 정확히 맞추는 것은 여전히 어렵습니다. 왜냐하면 주가 움직임을 잘 맞추고 못 맞추고는 공식을 알고 모르고의 차이가 아니라 철저히 개인의 감각 차이이기 때문입니다. 여기서는 쉽고 간단한 핵심적인 원리 세 가지만 짚고 넘어가도록 하겠습니다.

첫째, 주가는 기업실적을 먹고 움직인다

이 말은 주식시장이 존재하는 한 영원불변의 진리가 될 것입니다. 주가가 올라가기 위해서는 그 주식을 발행한 회사의 가치가 올라가야 합니다. 주식시장에서 가치 있는 회사란 다름아닌 돈을 잘 벌어오는 회사입니다. 사람의 가치를 평가할 때는 그 사람이 어떤 일을 하고 어떤 인격을 갖추고 있느냐가 중요한 요인이 될 것입니다. 그러나 주식시장에서 회사의 가치를 평가하는 요인은 오직 "돈"입니다. 사람을 죽이는 무기를 만드는 회사가 되었든, 청소년에게 해로운 중독성 강한 게임을 만드는 회사가 되었든 이런 문제는 주식시장에서 그다지 중요하지 않습니다. 주식시장에서 정말 나쁜 회사는 돈을 못 벌어오는 회사입니다.

기업실적이 주가에 오늘 반영되느냐 내일 반영되느냐, 실적보다 과하게 반영되느냐 미비하게 반영되느냐의 차이일 뿐이지 어쨌든 주가는 기업실적이라는 연료를 먹고 달립니다. 주가가 움직이는 원동력은 기업실적이기 때문에 주가가 오르기 위해서는 기업들이 돈을 많이 벌어올 수 있는 펀더맨탈[8] 즉, 경제적 토양이 좋아야 합니다.

기업들이 좋은 실적을 내기 위해서는 일단 경제 환경이 좋아야 합니다.

경기가 호황이고 소비자들의 주머니 사정이 좋아져서 돈을 펑펑 쓰고 물건을 많이 사줘야 기업실적이 올라가고 그로 인해 주가도 같이 올라가게 됩니다. 반면 아무리 망할 리 없는 우량회사라도 경기가 침체되어 실업자가 늘어나고 소비심리가 위축되어 있으면 기업실적이 예전만 못하게 되고 이를 반영해서 주가도 같이 힘을 못쓰게 됩니다.

따라서 경제 펀더맨탈을 살펴본 후 기업들이 돈을 많이 벌어올 수 있는 타이밍에 참여하고, 돈벌이가 시원찮을 것 같으면 빠져나오는 것을 원칙으로 해야 합니다. 요즘과 같은 글로벌 시대에 주식투자를 잘하기 위해서는 시야를 좀 더 넓혀야 합니다. 21세기 비즈니스 세계는 국경이 따로 없습니다. 본사는 한국에 있고, 공장은 중국에 있고, 물건은 미국에서 파는 시대입니다.

우리나라 경제가 불황을 겪고 있어도 주식시장에 상장된 기업들이 중국이나 미국에 물건을 팔아 수익을 많이 내고 있다면 우리 집 앞 포장마차 아저씨가 울상을 짓고 택시기사 아저씨의 한숨 소리가 깊어져도 주가는 올라가게 되어 있습니다.

우리나라는 구조적으로 부존자원賦存資源[9]이 부족하기 때문에 수출로 먹고사는 기업들이 많습니다. 따라서 우리나라 주식에 투자한다고 해서 우리나라 경제 사정만 볼 것이 아니라 수출에 의존하는 기업들의 실적에 큰 영향을 주는 세계경제 상황에도 관심을 가져야 합니다.

---

8. 펀더맨탈 - 경제성장률, 물가상승률, 경상수지, 실업률 등 경제의 기초적인 요건
9. 부존자원(賦存資源) - 경제성장률, 물가상승률, 경상수지, 실업률 등 경제의 기초적인 요건

우리나라 주식시장에 투자하는데 세계경제 상황까지 파악해야 한다니 조금은 복잡하게 느껴지기도 하고, "그렇다면 경제 펀더맨탈을 알기 위해서는 무엇을 봐야 하는가" 하는 의문이 들기도 할 것입니다. 이 부분은 실전의 문제를 다루는 2부에서 좀 더 구체적으로 알아보기로 하고 여기서는 "주가를 움직이는 핵심 원동력은 기업실적이다"라는 사실만 명확히 인식하면 됩니다.

주식시장은 하루가 멀다고 온갖 종류의 호재와 악재가 쏟아져 나옵니다. 주식투자자라면 주식시장과 연관된 수많은 소문과 뉴스를 접하게 될 것이고, 그때마다 마음이 이리저리 흔들릴 테지만 그럴 때는 "그 원인에 의해 결과적으로 기업실적이 좋아 질 것인가 나빠질 것인가?" 라는 질문을 던져보며 중심을 잡아야 합니다.

이 질문에 애매한 답이 나오면 단기적인 영향으로 그치겠지만 분명한 이유와 확실한 증거가 있다면 주가는 기업실적이 말해주는 방향으로 크게 움직일 것입니다.

둘째, 주가는 미래의 가치를 보고 미리 움직인다

주가가 기업실적에 따라 움직인다면 실적 발표가 있는 날 실적이 좋은 회사의 순서대로 주식을 사면 될까요? 주식투자가 이렇게 쉽다면 좋겠지만 현실은 그렇지 않습니다.

주식투자가 어려운 이유는 주식투자가 기업의 미래 가치를 맞춰야 하는 게임이기 때문입니다. 당장 눈으로 확인 할 수 있는 기업의 현재 모습이 아닌 알 수 없는 미래의 모습을 보는 혜안이 있어야 주식투자로 돈을 벌게 됩니다. 물론 기업의 미래 모습을 꿰뚫어보는 통찰력은 쉽게 얻어지지 않고 누구에게 배운다고 쉽게 익혀지는 것도 아닙니다.

그러나 기업의 미래 모습을 꿰뚫어보는 통찰력이 부족하다면 최소한 기업의 오늘 모습만 쳐다보고 오판하는 실수만큼은 피해야 합니다. 조훈현 9단이 9살짜리 꼬마 이창호를 제자로 삼고 귀한 시간을 쪼개서 바둑을 가르쳐 준 것은 어린 꼬마에게서 바둑의 거목이 될만한 싹수를 발견했기 때문입니다. 다시 말해 미래의 이창호를 꿰뚫어보고 현재의 이창호에게 투자한 것입니다.

간혹 사상 최대의 실적을 냈다는 뉴스를 보거나 지인들로부터 "너만 알고 있으라"는 류의 정보를 접하고 잘 알지도 못하는 기업에 거금을 투자하는 사람들이 있습니다. 이런 식으로 투자를 하면 돈을 벌기보다 잃을 확률이 더 많습니다. 왜냐하면 주가가 움직이는 핵심 원리를 놓쳤기 때문입니다. 특정 회사의 주식에 투자할 때는 "이 기업이 얼마의 돈을 벌었는가"라는 오늘 확인된 사실만 볼 것이 아니라, "이 기업이 오늘보다 앞으로 얼마를 더 벌 것인가"라는 미래의 가능성을 봐야 합니다.

또한 개인투자자에게 전달되는 정보는 알만한 사람은 다 아는 정보이고 이미 주가에 모두 반영되어 있다고 판단해야 합니다. "소문에 사고 뉴스에 팔아라"라는 말도 같은 맥락입니다. 어떤 기업이 "사상 최대의 실적을 냈다"는 발표는 전혀 중요하지 않습니다. 사상 최대의 실적을 낸 그 기업의 실적은 이미 주가에 그대로 반영되어 있기 때문입니다.

주식투자를 할 때는 항상 "다음"을 생각해야 합니다. 기업상황이 오늘 최악이라면 주가 역시 최악의 평가를 받고 있겠지만 미래가 오늘보다 좋아질 것이라 판단되면 최악이라도 매수해야 합니다. 왜냐하면 오늘이 치고 올라갈 바닥이기 때문입니다.

또한 오늘 사상 최대의 영업이익을 발표한 회사라면 주가는 이미 사상 최고치를 갱신하고 있을 것입니다. 그러나 "미래는 이보다 더 높은 수익을 낼 수 있는가"라는 질문에 의문이 든다면 오늘 최고의 실적을 발표한 기업이라도 미련 없이 주식을 던져야 합니다. 미래가 오늘보다 더 좋다는 근거가 보이지 않으면 그때는 꺾여 내려갈 꼭짓점이기 때문입니다.

주식시장에서는 어떤 현상을 바라보든 "미래의 실적이 지금보다 더 좋아질까 나빠질까"라는 필터를 한번 거친 후에 판단하고 행동해야 뒷북치는 일이 없습니다. 뒷부분에서 자세히 다루겠지만 경제 펀더맨탈을 볼 때 "경기선행지수"를 주목해야 하고, 차트를 통해 기술적 분석을 해야 하는 이유도 주가가 이와 같은 선행적 특징이 있기 때문입니다.

셋째, 결국 돈의 힘으로 움직인다

앞서 주가를 결정하는 근본적인 원인은 기업이익이며 주가 움직임을 맞추기 위해서는 기업의 현재 이익을 정확히 파악하는 것보다 미래 이익을 근사치라도 가늠하는 것이 중요하다고 강조했습니다.

그런데 기업의 이익이 많아지고 적어짐에 따라 주가가 얼마나 오르고 얼마나 내릴지는 또 다른 문제입니다. 경기가 회복되어 기업실적이 뚜렷이 좋아져도 이를 보고 최종적으로 돈이 움직여야 주가가 오르게 됩니다.

주가가 오를 만한 원인이 충분한데 시중에 돈이 부족하고 투자자들 주머니 사정이 시원찮으면 주가는 원래 가치보다 덜 오르게 됩니다. 반면 주가가 오를 만한 원인이 별로 없는데 금리가 너무 낮아 돈이 주식시장으로 피난 오게 되면, 주가는 주식의 원래 가치보다 더 많이 오르게 됩니다. 기업이익이 10% 성장했다고 주가가 10% 올라가고, 10% 감소했다고 주가가 10% 떨어지는 것은 아닙니다.

기업이익이 주가를 결정짓는 근본적인 원인이긴 하지만 주가가 오르고 내리는 최종적인 원인은 결국 돈의 힘에 의해서고, 주가의 방향을 정하는 것 역시 돈이 흘러가는 방향입니다.

따라서 돈이 어떻게 움직이고 어디를 옮겨 다니는지 모르는 상태에서 주식투자를 하는 것은 게임의 규칙을 모르고 게임에 임하는 것과 같습니다. 주식투자를 하는 사람이면 기업실적에 영향을 주는 경제 펀더맨탈에 관심을 가져야 함은 물론이고 그 펀더맨탈에 반응하여 돈이 어떻게 움직여 줄 것인가를 생각할 수 있어야 합니다. 그럼 이제부터 주식투자 게임을 이해하기 위해 반드시 알아야 할 돈의 흐름에 대해 알아보도록 하겠습니다.

 핵심 Point

1. 주가를 움직이는 기본 원동력은 기업실적이다.
2. 주가는 오늘의 실적이 아니라 미래의 기업실적을 보고 움직인다.
3. 주가는 기업실적의 영향을 받지만 최종적으로 돈의 힘에 의해 움직인다.

투자를 하기 전에 돈의 흐름을 보라

바닷물이 어떻게 흘러가는지 모르는 고기는 똑똑한 고기들이 움직이는 방향으로 따라가면 됩니다. 물의 흐름은 보지 않고 먹이 하나 더 주워 먹으려 욕심만 부리면 예기치 않은 역류를 만날 수도 있고 쥐도 새도 모르게 급류에 휘말려 떠내려 갈수도 있습니다.

주식시장의 피라미와 고래

세월의 흐름에 따라 주식시장에 참여하는 선수들은 늘 바뀌어 왔지만 언제나 일방적으로 당하는 투자 주체는 개미라 불리는 서민들입니다. 안타깝고 애석하게도 주식시장이 존재하는 한 앞으로도 계속 그럴 것입니다.

바다에 상어도 살고 가물치도 살고 피라미도 산다고 가정해보겠습니다. 1톤짜리 상어가 배고플 때마다 1톤의 먹이를 먹으려면 또 다른 상어를 잡아먹어야 합니다. 그런데 자기들끼리 서로 물어뜯고 싸우면 서로가 다칩니다. 그래서 서로 적당히 눈치 보며 분위기를 살피다가 피라미들이 자기들도 큰 고기가 되겠다고 멋모르고 몰려올 때 그들을 노립니다. 피라미는 자기가 큰 물고기의 먹잇감인 줄도 모르고 용감하게 들어오지만 대부분은 먹이를 별로 먹지도 못하고 오히려 상어에게 먹히고 맙니다. 이것은 대개 주식시장 대세상승의 끝물에 나타나는 현상입니다.

비록 "작은 손"일지라도 주식투자를 할 때는 "큰손"의 마인드를 가지고 그들이 어떻게 움직이는지를 유심히 관찰한 뒤 그들처럼 움직여야 합니다. 바닷물이 어떻게 흘러가는지 모르는 고기는 똑똑한 고기들이 움직이는 방향으로 따라가면 됩니다. 물의 흐름은 보지 않고 먹이 하나 더 주워 먹으려 욕심만 부리면 예기치 않은 역류를 만날 수도 있고 쥐도 새도 모르게 급류에 휘말려 떠내려 갈수도 있습니다. 주식시장에서 큰손들이 어떻게 움직이는지를 보면 시장의 흐름을 어느 정도 감지할 수 있습니다.

선수들은 돈의 움직임을 살핀다

주식시장에서 초보들은 주식투자를 할 때 "어떤 종목을 고를까"를 먼저 생각합니다. 만약 주식투자를 하면서 "어떤 종목을 골라야 대박을 터트릴 수 있을까"를 고민하고 있다면 스스로 아직 갈 길이 멀다고 생각해야 합니다. 주식시장의 선수들은 돈이 시장으로 몰려오는지 빠져나가는지 돈의 방향과 돈의 양을 제일 먼저 살핍니다. 시세차익 먹기 게임에서는 돈의 수급이 가장 중요하다는 사실을 알고 있기 때문입니다.

시세차익은 돈의 수위가 변할 때 발행하는 이득의 에너지입니다. 돈이 빠져나갔다가 들어오면서 수익이 발생하고, 시장에서 돈이 빠져나가기 전에 시장을 먼저 빠져나오면서 이익을 실현하게 되는 것입니다. 따라서 주식투자에 성공하기 위해서는 돈의 방향에 민감해야 합니다. 물론 돈의 움직임을 알아내는 방법은 쉽지 않습니다. 돈이 움직이는 공식은 단순한 이차방정식이 아니라 변수가 수십 가지가 넘는 다차 방정식이고, 가끔 화학반응을 일으켜 전혀 뜻밖의 결과를 내기도 합니다. 이처럼 돈의 움직임을 잡아내는 것은 어렵고 복잡한 일이기는 하지만 장기나 바둑을 두는 것처럼 재미 있기도 합니다.

주식시장에서 돈의 수급이 보이기 시작하면 투자의 급수가 달라집니다. 예전에는 "현재 좋은 종목이 뭐지?"하며 잘나가는 종목이 궁금했었는데 어느 순간 "현재 돈이 어디로 움직이지?"하며 돈의 움직임이 궁금해지기 시작했다면 그 후로는 주식시장에서 어이없이 당하는 경우는 거의 없다고 생각해도 좋을 것입니다. 주식투자의 맥을 잡았기 때문입니다. 이렇듯 가격의 차이에 의해 이익과 손실이 발생하는 구조에서는 그 무엇보다 돈의 움직임을 눈여겨 봐야 합니다.

그러고 보면 주식시장에서 돈을 벌 수 있는 이치는 아주 간단합니다. 주식시장에 돈이 가장 적을 때 들어가서 돈이 가장 많을 때 빠져나오는 것입니다. 물론 이것을 제대로 하는 개인투자자는 그리 많지 않습니다.

주식시장 격언 중에 "공포에 사고 탐욕에 팔라"라는 말이 있습니다. 투자의 귀재 워런 버핏도 "남들이 탐욕을 부릴 때 공포에 떨고, 남들이 공포에 떨 때 탐욕을 부려라"라는 말을 했습니다. 이 말이 심오한 뜻을 내포한 대단한 말 같지만 사실 알고 보면 이것은 지극히 상식적인 이치입니다.

투자의 맥을 돈의 흐름으로 생각해보면 이치만으로도 투자의 핵심을 간파할 수 있습니다. 모든 사람이 탐욕을 부릴 때는 앞으로 주식시장에 돈을 들고 들어올 선수들이 줄어들기 때문에 이제 주식시장은 돈이 빠져나가는 일밖에 없습니다. 그래서 꼭지가 됩니다. 반면 주식시장이 공포스러우면 주식시장에서 빠져나갈 사람은 이미 다 빠져나간 상태라 주식시장에 돈이 바싹 마르게 됩니다. 더 이상 주식을 팔 사람이 없을 때는 주가가 바닥을 치게 됩니다.

2007년 가을, 국내 한 증권사에서 출시한 "인사이트"라는 펀드를 사기 위해 번호표를 뽑고 몇 시간씩 줄을 서며 기다리는 진풍경이 벌어졌습니다. 그 당시 종합주가지수는 사상 처음으로 2000을 돌파했고 시가총액은 1,000조 원을 돌파하는 기염을 토했습니다. 그야말로 펀드열풍에 주식광풍이 불었습니다.

주식투자를 할 때는 내 주변 사람들의 눈이 탐욕으로 불타오를 때를 특히 조심해야 합니다. 대개 이때가 막차인 경우가 많기 때문입니다. 이처럼 투자를 할 때 그 무엇보다 가장 먼저 봐야 하는 것은 시장으로 돈이 들어오느냐, 빠져나가느냐를 살피는 것입니다. 돈의 움직임을 간파하는 것이 투자의 알파와 오메가이기 때문입니다.

돈은 머물러 있지 않고 옮겨 다닌다

벼농사를 짓는 시골에 가면 크든 작든 대부분 저수지가 하나 정도는 있습니다. 벼농사의 핵심은 물이기 때문입니다. 그런데 저수지는 우리 동네에만 있는 것이 아니고 윗동네도 있고 아래 동네도 있습니다. 윗동네 저수지에서 우리 동네 저수지로 물을 보내주기도 하고, 우리 동네 저수지에서 옆 동네 저수지로 물을 보내주기도 합니다.

한편 저수지의 수위는 오르락내리락하며 매번 바뀝니다. 봄에 모내기 할 때는 논에 물을 대야 하기 때문에 저수지의 수위는 내려갑니다. 반면 장마철이나 물이 필요 없는 가을에는 수위가 올라갑니다. 이렇듯 저수지의 수위는 농사 절기와 계절에 따라 늘 변합니다.

만약 저수지의 수위가 가장 높을 때를 맞추는 게임을 한다면 어떻게 해야 할까요? 이때에는 물이 어디에서 어디로 움직이는지 물의 길목을 살피는 것이 중요합니다. 우리 동네 저수지에 물이 들어오고 빠져나가는 데는 여러 이유가 있습니다. 윗동네 저수지에서 물을 보내줘서 수위가 올라가기도 하고 봄철 모내기를 많이 하는 시기라 물의 수요가 많아서 수위가 내려가기도 합니다. 또한 장마철에는 물의 공급이 많아 수위가 올라갈 것입니다.

이 저수지 비유에는 대단히 중요한 포인트가 하나 숨어 있습니다. 이것을 이미 간파했다면 수급을 이해하고 있는 것입니다. 그러나 아직 필자가 무슨 말을 하려는지 눈치채지 못했다면 지금부터 유심히 보셔야 합니다.

우리 동네 저수지의 수위를 맞추는 게임을 할 때 잊지 말아야 할 것은 "우리 동네 저수지만 들여다봐서는 안 된다"는 사실입니다. 윗동네 저수지 사정도 봐야 하고, 옆 동네 저수지 상황도 알아야 합니다. 또한 지금이 모내기를 할 때인지 추수를 할 때인지 농사짓는 순서를 알아야 하고 지금이 장마철인지 가뭄 때인지 계절도 알아야 합니다. 물이 어디서 어디로 들어오고 빠져나가는지 물의 흐름을 파악하고 있어야 우리 동네 저수지의 수위가 어떻게 변할지 알 수 있게 됩니다.

주식투자 역시 마찬가지입니다. 저수지가 주식시장이라면 물은 돈으로 표현할 수 있고 물의 높이인 수위는 주가가 됩니다. 저수지의 수위를 맞추는 게임에서 우리 동네 저수지만 쳐다보면 안 되었듯이, 주식투자자 역시 주식시장만 쳐다봐서는 돈의 이동이 잘 보이지 않습니다.

돈이 이동하는 곳은 여러 곳이 있습니다. 은행권에 머물다 채권시장으로 가기도 하고, 주식시장에 있던 돈이 부동산시장으로 갔다가 석유, 원자재, 식량과 같은 실물자산으로도 옮겨 다닙니다. 또한 우리나라에서 태어난 돈도 있지만 미국의 스미스 돈도 들어오고, 사우디의 압둘라 돈도 들어옵니다. 따라서 주식시장의 앞뒤좌우 주변 상황을 살펴보고 그곳에서 주식시장으로 돈이 들어오려 하는지 빠져나가려 하는지를 유심히 살펴봐야 합니다.

돈이 여기저기 옮겨 다니는 데는 이유가 있는데 투자를 하려면 그 이유를 알아야 합니다. 그러나 개인투자자들은 대부분 주식시장만 눈이 뚫어져라 쳐다봅니다. 어떤 종목이 상한가를 치고 있는지, 어느 종목이 작전[10]을 하는지, 따끈한 호재를 가득 담고 있는 종목이 있나 없나 하고 열심히 살핍니다. 있는 돈 없는 돈 아껴가며 리스크가 큰 주식에 투자를 하면서도 돈의 이동에 결정적인 영향을 미치는 금리나 환율에는 무관심하고 주식시장과 무슨 상관이 있는지도 모르는 사람이 의외로 많습니다.

이는 주식투자라는 게임의 룰을 이해하지 못하고 있기 때문입니다. 게임을 할 때 게임의 룰을 이해하지 못하면 오해를 하게 되고, 이로 인해 그릇된 판단을 하게 됩니다. 주식투자에서 그릇된 판단은 곧 쪽박을 의미합니다.

주식투자자는 "어떤 종목을 고르고 어떻게 투자할까"를 고민하기 전에 일단은 돈의 움직임부터 살펴봐야 합니다. 그야말로 최전방 철책에서 근무하는 군인의 마음으로 눈에 불을 켜고 돈의 움직임을 유심히 파악해야 함을 잊지 말아야 합니다.

 핵심 Point

1. 주식시장의 큰손들은 돈의 수급이 중요하다는 사실을 알기 때문에 돈의 흐름을 유심히 살핀다.
2. 돈은 한곳에 머물러 있지 않고 주식시장, 채권시장, 부동산시장 등 이익을 쫓아 이리저리 옮겨 다닌다.
3. 돈이 움직이는 메커니즘을 알아야 비로소 주식투자 게임의 룰을 알게 된다.

10. **작전** – 주식에 대한 수요와 공급을 인위적으로 조절하는 행위

자본시장의 바로미터, 금리의 방향을 살펴라

금리가 오르면 주식시장에 악재가 되고 금리가 내리면 주식시장이 호재로 받아들인다고 생각하는 경우가 많습니다. 하지만 금리가 발표될 때의 시장반응은 단발성 이벤트로 끝나는 경우가 많습니다.

금리의 방향과 투자의 메커니즘

돈은 은행권, 주식시장, 채권시장, 외환시장 등 여러 곳을 돌아다닙니다. 그런데 돈이 옮겨 다니는 기준은 무엇일까요? 여러 변수가 있겠지만 가장 중요한 것은 금리입니다.

금리를 다른 말로 표현하면 "돈의 값"이 됩니다. 이자가 높다는 것은 돈의 값이 비싸다는 것이고, 이자가 낮다는 것은 돈의 값이 싸다는 의미입니다. 돈의 값이 높을 때는 돈이 안전한 은행에만 들어가 있어도 높은 이자를 받으며 귀한 대접을 받습니다. 그러나 돈의 값이 낮을 때는 돈이 푸대접을 받는 시기라 이자가 낮기 때문에 안전하다고 은행에만 들어가 있으면 이자가 물가상승률에도 못 미쳐 손해를 보게 됩니다.

또한 금리가 움직이는 방향에 따라 이익의 규모가 커지거나 작아지기 때문에 돈은 금리가 움직이는 방향을 보고 유리한 쪽으로 옮겨 다니게 됩니다. 예컨대 금리가 물가상승률보다 낮은 시기에는 부자들의 고민이 이만저만이 아닙니다. 정부가 발표하는 물가상승률은 대개 3~4%대이지만 체감하는 물가상승률은 이보다 훨씬 높습니다.

만약 금리가 물가상승률보다 한참 떨어지는 상황에서 돈이 은행권에 그대로 머물러 있으면 태양 아래 눈이 녹듯 자산의 가치는 녹아 내리게 됩니다. 금리가 현저히 낮은 수준에 있을 때는 은행권에서 돈이 빠져나오려 합니다. 여기서 금리가 낮다는 말은 금리의 바닥권을 의미합니다.

그런데 금리의 바닥은 몇 %를 말하는 것일까요? 2%? 아니면 3%? 금리 바닥권의 의미는 금리가 몇%라는 금리의 수준을 말하는 것이 아닙니다. 금리가 2%일 때 바닥권일 수도 있지만 금리가 5%여도 바닥권이 될 수 있습니다. 금리가 7%에서 내려오다가 4%에서 더 이상 내리지 않으면 4%가 바닥권이고, 5%에서 내려가기 시작해서 2%에서 더 이상 내려가지 않으면 2%가 바닥권이 됩니다.

금리와 채권가격은 반대로 움직이기 때문에 금리가 바닥일 때 채권가격은 꼭지가 됩니다. 따라서 금리가 바닥을 다지다가 상승으로 방향을 바꾸려 할 때는 채권가격이 꼭지이기 때문에 채권시장에 있던 돈이 슬금슬

금 기어나오는 것을 모색하게 됩니다.

금리가 바닥을 찍고 상승추세를 타는 원인은 크게 두 가지가 있습니다. 돈의 수요가 많아져서 시장금리가 오르는 경우와 정부가 기준금리를 올려 시장금리가 올라가는 경우가 그것입니다. 정부가 기준금리를 올리는 것은 물가를 잡기 위한 의도도 있지만 그만큼 경제상황이 좋다는 자신감의 표현이기도 합니다.

경기가 좋아지면 자연히 기업이익이 증가하여 주가도 같이 오르게 됩니다. 즉 금리가 바닥을 다지고 상승으로 방향을 틀 때면 경기가 좋아지는 시기라 기업실적이 좋아지고, 채권시장에 있던 돈이 주식시장으로 흘러 들어가게 되면서 주식시장의 수급이 개선되어 주가를 끌어 올리는 경우가 많습니다.

반면 금리가 더 이상 오르지 않고 정체되어 있으면 시장참여자들 사이에 조만간 금리가 하락할 것이라는 공감대를 형성하게 됩니다. 금리가 꼭지일 때는 채권가격이 바닥이기 때문에 채권이 매력적일 때입니다.

금리가 내려간다는 것은 돈의 수요가 떨어진다는 것이고 이는 경제의 탄력이 둔화된다는 의미가 됩니다. 또한 금리 수준이 다른 때에 비해 상대적으로 높기 때문에 이미 상당 수준 오른 주식을 매도하여 이익을 실현하고, 주식보다 상대적으로 안전한 정기예금이나 채권으로 갈아타려는 움직임을 보이기 때문에 주식시장의 수급에 부정적인 영향을 끼칩니다.

금리의 수준(Level)보다 추세(Trend)를 보라

주식시장에 큰 영향을 끼치는 요인은 금리가 몇%인가 하는 수준Level 보다 금리가 오르고 내리는 방향과 추세Trend입니다.

예를 들어 금리가 오르는 추세라면 향후 채권가격이 계속 떨어지기 때문에 금리가 바닥권일 때 채권시장에 있는 돈은 미리 빠져나와 불황으로 저평가되어 있는 주식시장으로 흘러가게 됩니다. 또한 금리가 하락을 멈추고 상승으로 방향을 튼다면 이는 경기회복의 신호탄으로 해석할 수 있기 때문에 경기회복에 따른 주가 상승을 기대하고 주식시장으로 흘러가는 돈이 많아집니다. 정부가 금리를 올릴 때는 시장에 충격을 주지 않는 범위에서 대략 0.25~0.5% 정도의 수준으로 조금씩 올리게 됩니다. 금리 인상이 무조건 주식시장에 악재로 작용한다고 생각하기 쉬운데 실제로는 그렇지 않습니다.

금리가 2%에서 2.25%로 올랐다고 해서 주식시장에 있던 돈이 예금으로 옮겨갈까요? 향후 금리가 4%까지 오를지 6%까지 오를지 모르기 때문에 섣불리 움직이지 않습니다. 금리가 어디까지 오르는지 지켜보다 오를 때까지 오르는 것을 보고 이쯤 해서 꼭지다 싶으면 그때서야 은행권으로 움직입니다. 반대로 금리가 7%에서 6.5%로 되었다고 가정해보겠습니다. 금리가 조금 내렸다고 예금을 깨고 주식시장으로 쉽게 옮겨 타지는 않습니다. 오히려 금리가 내려가면 이를 경기침체의 신호로 받아들이기 때문에 향후 주식시장이 별 재미가 없을 것이라고 생각하는 투자자들이 늘

어나게 됩니다. 그리고 금리가 꼭지를 찍고 내려오면 채권가격이 올라가기 때문에 결국 주식시장에서 채권시장으로 이동하는 돈이 많아집니다.

지금까지 금리의 움직임이 주식시장에 어떤 영향을 주는지 원리와 이치에 대해 알아봤습니다. 투자에서는 공식을 외우는 것보다 원리와 이치를 깨우치는 것이 훨씬 중요합니다. 원리와 이치를 터득한 상태에서 때와 상황에 따라 유연성 있게 판단하고 대처하는 것이 투자자들이 갖춰야 할 중요한 덕목임을 기억해야 할 것입니다.

 핵심 Point

1. 주식시장에 큰 영향을 끼치는 것은 금리의 수준보다 금리가 움직이는 방향이 바뀌는 것이다.
2. 금리가 꼭지를 형성할 때 주식시장에 있던 돈이 은행권이나 채권시장으로 옮겨가면서 주식시장에 부정적인 영향을 준다.
3. 금리가 바닥을 다질 때 은행권이나 채권시장에 있던 돈이 주식시장으로 흘러가면서 주식시장에 긍정적인 영향을 준다.

채권의 핵심 개념을 알면
돈의 물길이 보인다

채권은 누구한테 돈을 빌려줬다는 차용증이라고 생각하면 됩니다.
그 이상도 아니고 그 이하도 아닙니다.

채권의 개념을 모르면 청개구리가 된다

평소 재테크에 관심이 많던 30대 중반의 홍길동은 어느 날 신문을 보다가 향후 채권수익률이 오를 것이라는 뉴스를 접하고 눈이 번쩍 뜨였습니다. 안 그래도 그동안 모아둔 종잣돈을 어디에 투자할까 고민하던 차에 이거다 싶어 알뜰히 모아둔 돈 3,000만 원을 몽땅 채권형펀드에 투자했습니다. 채권수익률이 오르는 기간에 채권형펀드에 투자했던 홍길동은 그 후 큰돈을 벌었을까요?

결론부터 말하자면 홍길동은 큰돈을 벌기는커녕 손해를 맛보았습니다. 홍길동은 그 후 손해를 만회하기 위해 주식시장에 관심을 가지게 되었습니다. 그러던 어느 날 이번에는 채권수익률이 많이 하락할 것이라는 뉴스를 접하게 됩니다. 그는 채권수익률이 하락하면 채권시장에 있던 돈이 주식시장으로 갈 것으로 판단하고 채권형펀드를 환매한 후 그 돈으로 주식을 샀습니다.

홍길동은 채권형펀드로 손해 본 것을 만회했을까요? 안타깝게도 이번에는 더 큰 실수를 했습니다. 채권수익률이 하락할수록 주식은 더 크게 하락했고 채권형펀드의 기준가는 오히려 더 올랐습니다.

이처럼 홍길동이 두 번이나 엉뚱한 판단을 했던 이유는 채권에 대한 개념을 전혀 못 잡고 있었기 때문입니다. 사실 금융권에 종사하는 사람이 아니라면 채권의 메커니즘을 정확히 이해하기란 결코 쉽지 않습니다. 그러나 주식투자를 하고 있다면 채권의 개념은 반드시 알고 있어야 합니다. 그렇다고 금융전문가들이 공부하듯 공부할 필요는 없습니다. 채권의 핵심 개념만 알고 있으면 됩니다.

채권의 다른 이름은 차용증이다

채권은 누구한테 돈을 빌려줬다는 차용증이라고 생각하면 됩니다. 그 이상도 아니고 그 이하도 아닙니다. 채권은 발행주체에 따라 기업이 발행하면 회사채, 국가나 지방자치단체 등 정부의 공적인 기관이 발행하면

국공채, 한국산업은행, 중소기업은행 같은 특수금융기관이 발행하면 금융채가 됩니다. 물론 그 외에 여러 분류기준에 따라 수많은 종류의 채권이 있지만 어쨌든 채권이란 돈을 빌려줬다는 차용증입니다.

차용증에는 얼마를 빌렸다는 원금과 언제까지 갚겠다는 기간, 돈을 빌린 대가로 지급하는 이자를 반드시 적게 됩니다. 돈을 빌려 준 뒤 향후 돈을 받게 될 권리인 채권 역시 돌려 받게 될 원금, 만기, 돈을 빌려주는 대가로 약속한 금리가 정해져 있습니다. 그런데 돈을 받을 권리인 채권은 사고팔 수도 있습니다. 주식을 사고파는 곳이 주식시장이듯 채권을 사고파는 곳이 채권시장입니다. 그리고 채권 역시 채권가격이 싸지기도 하고 비싸지기도 합니다. 그런데 채권의 가격은 어떻게 변할까요?

금리와 채권가격의 관계

이제부터가 중요합니다. 이해를 돕기 위해 예를 한번 들어보겠습니다.

은행금리가 7%일 때 액면가 100만 원에 8%의 금리를 주는 채권이 있다고 가정해보겠습니다. 그 채권이 발행된 지 3개월 후 은행금리가 5%가 되었습니다. 그러나 3개월 전에 발행했던 100만 원짜리 채권은 여전히 8%의 이자를 약속받은 상태입니다. 따라서 이 채권을 누군가 100만 원보다 더 높은 가격에 사도 약속받은 금리가 현재 금리보다 3%나 높기 때문에 이득을 볼 수 있습니다. 다시 말해 금리가 내려가면서 채권가격이 올라갔습니다.

반면 은행금리가 3%일 때 원금 100만 원에 4%의 금리를 주는 채권이 발행됐습니다. 그런데 3개월 후 은행금리가 3%에서 6%로 올랐다면 현재 금리는 6%인데 여전히 4%의 이자를 받을 권리가 있는 100만 원짜리 채권은 금리가 오른 만큼 할인해서 100만 원보다 낮은 가격에 팔아야 합니다.

이렇듯 금리가 오르는 추세에서는 채권가격이 내리고, 금리가 내리는 추세에서는 채권가격이 오르게 됩니다. 즉, 금리의 움직임과 채권가격은 반대로 움직인다는 의미가 됩니다.

한편 언론에 소개되는 채권관련 기사를 읽다 보면 채권금리를 표현하는 용어가 제각각입니다. "채권금리가 5%다, 채권수익률이 5%다, 채권할인율이 5%다" 보통 이런 식입니다. 그러나 알고 보면 이 말은 모두 같은 말입니다.

앞서 살펴본 예에서 채권을 발행할 때 얼마를 주겠다는 이자를 표면이자라고 합니다. 그러나 일반적으로 말하는 채권금리는 채권의 액면가, 표면이자, 구입가격 등을 고려해서 계산한 채권의 수익률이 됩니다.

채권의 개념도 파악하기 버거운 서민들이 채권의 수익률을 구하는 공식까지 외우며 살 필요는 없습니다. 채권수익률, 채권할인율, 채권이자율, 채권금리, 이 모든 것은 보는 관점과 쓰이는 곳에 따라 달리 부를 뿐 모두 똑같은 의미입니다.

이제 앞에서 소개한 홍길동의 실수를 분석해보겠습니다. 홍길동은 향후 채권수익률_{채권금리}이 오른다는 뉴스를 듣고 채권형펀드에 가입했는데, 채권을 구매한 후 채권수익률이 오르게 되면 내가 샀던 채권의 가격은 떨어지기 때문에 채권형펀드에 가입하는 것이 아니라 기존에 가입했던 채권형펀드를 환매하는 게 정석입니다.

또한 홍길동은 채권수익률이 떨어질 때 주식을 샀는데, 채권수익률이 떨어지는 시기는 채권가격이 오르는 구간이기 때문에 주식시장에 있던 돈이 채권시장으로 빠져나가게 되어 주식시장의 수급이 악화됩니다. 따라서 채권수익률이 떨어지는 구간에서는 주식시장에 참여하는 것을 최대한 자제해야 하는 것입니다.

채권은 환율만큼이나 서민들이 이해하기에 생소하지만 원리는 크게 어려울 것이 없는 내용입니다. 또한 채권시장은 주식시장의 수급에 큰 영향을 끼치기 때문에 주식투자자들은 채권시장의 기본적인 메커니즘만큼은 반드시 이해하고 있어야 합니다.

 핵심 Point

시중금리	채권금리(수익률)	채권가격	주식시장에 주는 영향
상승추세	상승	하락	긍정적
하락추세	하락	상승	부정적

환율의 움직임을 알아야
외국인의 패가 보인다

요즘에는 1,000여 곡 정도의 음악파일을 저장할 수 있는 MP3 플레이어 가격이 대략 5만원 정도합니다. 그러나 필자는 10년 전, 겨우 20곡을 채울 수 있는 용량의 MP3 플레이어를 거금 20만 원에 샀습니다. 어째서 이런 말도 안 되는 일이 생기는 걸까요?

주가를 결정짓는 요소는 돈의 양이다

재화의 가격은 기본적으로 수요와 공급에 의해 결정됩니다. 주식시장 역시 예외가 아닙니다. 주식시장에서 재화에 해당하는 것은 주식입니다. 그런데 주식시장에 상장된 회사의 수와 그 회사가 발행한 주식의 양은 수시로 바뀌거나 큰 폭으로 변동하지 않습니다. 주식시장에 상장된 회사 중에 망하는 회사도 있고 새롭게 상장[11]되는 회사가 있기도 하지만 하루에 수십 개씩 망하고 수십 개씩 상장되지는 않습니다. 특히 시가총액 순위 상위에 있으면서 시장에서 큰 비중을 차지하고 있는 대형주일수록 주식양의 변동폭은 크지 않습니다. 다시 말해 주식시장에서 재화의 양은 대체로 일정하다고 볼 수 있습니다. 그렇다면 주가를 결정짓는 결정적인 요인은 무엇일까요? 그것은 바로 돈의 양입니다.

주식시장 최고의 격언은 "수급은 재료에 앞선다"입니다. 여기서 말하는 수급 역시 돈의 양을 말합니다. 돈이 주식시장으로 들어오고 빠져나가는 것이 주식의 가격을 결정하는 결정적인 요인이 되는 것입니다.

환율의 움직임에 따라 웃고 우는 외국인투자자

그런데 주식시장에 들어오는 돈은 한국에서 태어난 돈만 있는 것이 아닙니다. 사용되는 돈은 한국 돈이지만 달러의 형태로 들어와서 외환시장에서 원화로 바뀐 뒤 주식시장으로 흘러온 외국자본이 우리나라 주식시장에서 차지하는 비중은 대략 30% 정도입니다. 삼성전자 같은 경우 외국인 지분율이 대략 50% 정도입니다. 이제 삼성전자는 한국만의 기업이 아닙니다. 본사가 한국에 있고 한국 사람들이 경영할 뿐, 삼성전자가 농사짓는 열매의 상당수는 외국인이 가져갑니다.

그런데 이들은 우리나라에 들어올 때 한국 돈이 아닌 달러를 가지고 들어옵니다. 또한 그들의 목적은 한국 돈을 버는 것이 아니라 달러를 버는

---

11. **상장** - 주식을 매매 대상으로 하기 위하여 해당 거래소에 등록하는 일

것입니다. 달러를 들고 와서 외환시장에서 달러를 원화로 바꾼 뒤 채권이든 주식이든 이익이 될만한 한국 자산에 투자했다가, 시간이 지나고 돈을 벌었다 싶으면 다시 한국 돈을 달러로 바꿔서 본국으로 송금하게 됩니다.

이처럼 한국 자산시장에 참여하는 외국인투자자들은 돈의 교환 비율인 "환율"이라는 변수를 하나 더 생각해야 하기 때문에 한국 선수들보다 머리가 좀 더 복잡합니다. 그런데 외국인이 관심을 가지는 것은 "1,000원이다, 1,500원이다"하는 환율의 수준이 아닙니다. 그들의 관심은 환율이 오르는 추세냐 내리는 추세냐 하는 환율의 방향입니다.

왜냐하면 환율이 오르고 내리면서 환차익[12]을 보기도 하고 환차손[13]을 보기도 하기 때문입니다. 이런 이유로 외국인투자자는 주식을 사거나 팔기에 앞서 환율이 어떻게 움직일까를 먼저 생각하게 됩니다. 그러나 대부분의 개인투자자들은 주식투자를 하면서 환율에는 크게 신경을 쓰지 않습니다. 주식시장만 뚫어지게 쳐다보면서 어떤 종목이 상한가를 치나, 어디 따끈한 호재를 가지고 있는 종목이 있나를 살핍니다.

주식투자를 할 때 환율을 고려하지 않으면 차원이 하나 낮은 곳에서 싸우는 것과 같습니다. 2차원 평면밖에 모르는 사무라이와 3차원 입체까지 아는 사무라이가 싸운다고 할 때 3차원이 사무라이는 점프만 해도 2차원 사무라이의 시야에서 사라집니다. 2차원 사무라이는 3차원 사무라이에게 칼을 맞고 죽을 때도 자기가 왜 죽었는지 모릅니다.

12. 환차익 - 환율 변동에 의해 발생한 이익
13. 환차손 - 환율 변동에 의해 발생한 손실

환율을 무시하고 환율의 메커니즘을 모르는 개인투자자는 2차원에서 싸우는 사무라이와 같습니다. 시장에서 큰 손실을 보고 시장에서 퇴출당할 때도 자기가 왜 실패했는지 끝까지 모르는 경우가 많습니다. 열심히 하긴 했지만 운이 없었고, 작전세력이 나를 속였고, 총알이 부족해서 실패했다고 생각하지 투자의 차원이 낮아서 실패했다고는 생각하지 못합니다. 그는 여전히 2차원에 존재하기 때문입니다.

이제 환율이라는 변수를 생각하는 외국인의 입장이 되어보겠습니다. 한국에 달러를 가지고 달러를 벌려고 오는 외국인은 무엇을 가장 먼저 볼까요? 아마 한국 기업들이 현재 달러를 잘 벌고 있는지 아닌지 그리고 현재가 아니더라도 가까운 미래에 달러를 잘 벌어올지 아닐지를 살필 것입니다. 만약 우리나라의 수출 기업들이 달러를 벌어오지 못해 지속적으로 무역수지 적자가 나고 있다면 먹을 것이 별로 없어서 적극적으로 들어오려 하지 않을 것입니다.

지난 금융위기 이후 2009년부터 외국인투자자들은 지속적으로 국내 주식시장에 들어왔습니다. 우리는 그때 외국인들이 왜 그렇게 공격적으로 한국 주식을 매수하는지 잘 몰랐습니다. 그러나 시간이 한참 지난 후에야 비로소 눈치를 채게 되었습니다.

2009년 초 원 달러 환율이 1,500원일 때부터 들어온 외국인투자자는 당시 엔화 강세 현상이 진행되던 시기라 일본기업과 경쟁하는 한국 기업들의 가격 경쟁력이 좋아지기 시작한다는 사실에 주목했습니다. 또한 중국이 과감한 경기부양책을 쓰면서 국내 수출 기업들이 그 수혜를 입게 되면 많은 달러를 벌어들일 것으로 판단했던 것입니다.

실제로 외국인투자자들이 한국 주식을 대량 매수한 이후 우리나라 수출 기업들의 실적이 개선되기 시작했고 얼마 후 역대 최고 실적을 여러 차례 갈아 치우며 엄청난 달러를 벌었습니다. 그 후 무역수지 흑자로 들어오는 달러와 외국인이 투자할 때 가지고 오는 달러가 넘쳐나면서 환율은 지속적으로 내려갔습니다. 이처럼 주가는 올라가고 환율이 내려가면 주식을 들고 있을 때 받는 배당금과 주가가 올라가면서 얻는 시세차익, 고환율_{원화약세}에 들어와서 저환율_{원화강세}에 나갈 때 얻는 환차익이라는 3종 세트를 선물로 받게 됩니다.

환율에 관심을 가져야 하는 이유

주식시장에서 큰 비중을 차지하는 외국인투자자가 환율에 따라 민감하게 움직이기 때문에 개인투자자 역시 환율에 관심을 가져야 합니다.

그렇다고 복잡한 환율이론을 공부해야 하는 것은 아닙니다. 개인투자자가 알아야 할 환율지식은 이치에 관한 것으로 지극히 상식적인 것입니다. 이치에 관한 것은 알고 보면 그리 어렵지도 않습니다. 주식투자를 할 때 환율에 관심을 가져야 하는 이유는 환율이 움직일 때마다 외국인이 손해를 보기도 하고 이익을 보기도 하기 때문입니다. 환율의 움직임이 외국인에게 손해를 보는 구간이라면 외국인이 주식시장에서 빠져나가게 됩니다. 주식시장에서 큰 비중을 차지하고 있는 외국인의 돈이 빠져나가면 수급이 악화되어 주식시장이 재미 없어집니다. 반대로 환율의 움직임이 외국인이 이득을 보는 구간이라면 외국인의 돈이 주식시장으로 들어오기 때문에 수급이 개선되어 주식시장은 전반적으로 강세를 띠게 됩니다.

환율의 방향과 주식시장의 메커니즘

그렇다면 외국인에게 환율은 어느 방향으로 움직일 때 유리할까요?

미국인 투자자 마이클이 1,000달러를 들고 우리나라 주식시장에서 돈을 벌어보려 한국에 왔다고 가정해보겠습니다. 물론 실제로 주식투자를 하기 위해 비행기를 타고 오지는 않지만 이해를 돕기 위해 단순화시켜 보겠습니다. 마이클이 주식시장에서 주식을 사려는데 마이클이 가져온 돈은 달러입니다. 따라서 주식투자를 하기 전에 우선 외환시장으로 가서 달러를 원화로 교환해야 합니다. 달러와 원화의 교환 비율이 곧 원/달러 환율입니다. 이후 환율로 표기

그런데 환율에 따라 손에 쥘 수 있는 원화의 양이 달라집니다. 예를 들어 환율이 1,500원이면 1달러로 1,500원을 바꿀 수 있고, 환율이 1,000원이면 1달러로 1,000원을 바꿀 수 있습니다. 마이클 입장에서는 당연히 환율이 높을 때 달러를 원화로 바꾸려 할 것입니다. 그리고 가급적이면 환율이 꼭지에서 내려가는 추세라 예상될 때 바꾸는게 가장 좋습니다. 환율이 꼭지일 때 샀다가 그 후에 환율이 내려가면 환차익을 먹기 때문입니다.

예를 들어 미국인 마이클이 1,000달러를 환율이 1,500원일 때 원화로

바꿨다면 150만 원이 됩니다. 이렇게 바꾼 150만 원을 들고 주식시장에 가서 주당 15만 원 하는 삼성전자의 주식 10주를 샀다고 가정해보겠습니다. 마이클이 한국 주식에 투자한 순간 마이클의 자산은 1,000달러가 아니라 150만 원이 된 것입니다. 다시 말해 마이클은 주식투자를 하는 동안 한국 돈을 들고 있는 것입니다.

그 후 환율이 지속적으로 내려가서 1년 후에 환율이 1,000원이 되었습니다. 그러나 삼성전자 주가는 여전히 1주당 15만 원입니다. 주가가 오르지 않았기 때문에 마이클의 자산은 여전히 1년 전과 똑같은 150만 원입니다. 그런데 달러로 환산하면 이야기는 달라집니다. 1년 동안 주식이 오르지 않아 삼성전자 10주의 평가액이 여전히 1년 전과 똑같은 150만 원이지만 환율이 1 달러당 1,000원이기 때문에 마이클의 자산을 달러로 환산하면 1,500달러가 됩니다. 주가는 오르지 않았지만 환율이 내려가서 환차익으로 500달러의 이익을 보고 있는 것입니다.

한편 고환율일 때 수출 기업들의 실적은 그리 시원치 않습니다. 닭이 먼저냐 달걀이 먼저냐의 문제와 비슷하지만 고환율이라는 말은 그만큼 우리나라 수출 기업들이 달러를 못벌고 있다는 소리입니다. 따라서 환율이 높을 때는 미비한 기업실적이 반영되어 주가 또한 높은 수준이 아닙니다. 그런데 환율이 점점 높아져서 원화 약세가 될수록 가격 경쟁력이 향상되어 수출 기업들의 실적이 개선되기 시작합니다.

대개 환율이 꼭지일 때의 기업실적은 최악에서 벗어나서 좋아지기 시작합니다. 환율이 꼭지를 찍은 후 수출이 잘 되고 달러를 벌어오면서 환율을 더 끌어내리게 됩니다. 즉, 환율이 내려가는 추세에서는 기업실적의 개선으로 주가도 올라가는 경향이 있습니다.

이를 마이클에게 적용하면 재미있는 결과가 나옵니다. 환율이 1,500원에서 1,000원으로 내려가는 동안 삼성전자 주식이 15만 원에서 20만 원으로 올라갔다면 환차익과 함께 시세차익까지 먹게 됩니다. 1년의 투자 기간에 15만 원짜리 주식이 20만 원이 되었고, 환율은 1,500원에서 1,000원으로 내렸습니다. 이를 달러 자산으로 환산해보면 삼성전자 주식 20만 원 × 10주 = 200만 원이 되고, 1달러에 1,000원이기 때문에 달러로 환산하면 2,000달러가 됩니다. 결론적으로 마이클은 1,000달러를 가지고 와서 주식에서 시세차익을 먹고 환율변동으로 환차익까지 먹어 1,000달러를 벌게 된 것입니다.

지금까지 내용을 정리하면 환율이 내려가는 추세일 때는 우리나라 주식시장에 있는 외국인이 환차익을 보는 구간이라 굳이 주식을 팔고 나갈 이유가 없습니다. 반면 환율이 오르는 추세에서는 외국인이 환차손을 보는 구간이라 새롭게 들어오기보다 빠져나갈 궁리를 하게 됩니다. 따라서 환율이 꼭지를 형성한 후 내려가는 초반부에는 주식투자에 참여할 것을 고려하고, 환율이 바닥을 다지고 올라갈 것 같으면 주식시장을 떠나 있는 것을 고려하는 것이 바람직합니다.

지금까지의 내용은 사실 그리 어렵거나 복잡한 내용은 아닙니다. 그렇지만 쉽게 이해가 안 됐을 수도 있습니다. 그 이유는 내용이 어렵다기보다 낯설어서 생기는 현상입니다. 주식투자자라면 환율에 관한 책을 한두 권 정도 챙겨볼 것을 권해드립니다.

 핵심 Point

1. 외국인투자자는 환율이 내릴 때 환차익을 보고, 환율이 오를 때 환차손을 보게 된다.
2. 환율이 내려가는 추세에서는 외국인투자자들이 주식투자를 하기에 유리해진다.
3. 환율이 올라가는 추세에서는 외국인투자자들이 주식투자를 하기에 불리해진다.

주식의 가치와 적정주가의
상관관계를 파악하라

종합주가지수가 1000일 때 1500일 때 2000일 때가 있습니다.
이중 어떨 때 주식시장이 가장 매력적일까요?

집값보다 비쌌던 전화기

한때 전화기 한 대 값이 서울 시내 50평 대 집값보다 비쌌다면 믿으시겠습니까? 지금은 말도 안 되는 소리지만 이 말도 안 되는 소리가 한때는 말이 되는 소리였습니다. 1955년 우리나라의 전화 가입자 수는 약 3만 9,000명이었습니다. 당시 인구로 환산하면 인구 1,000명당 2대 꼴로 전화기가 보급되어 있었고 장차관급이나 국회의원 그리고 큰 부자가 아니면 구경도 못하는 진귀한 물건이었습니다.

그 후 경제성장과 함께 전화기 수요는 폭발적으로 늘어났지만 공급이 수요를 따라가질 못했습니다. 상황이 이렇게 되자 전화기는 차츰 투기의 대상이 되었습니다. 급기야 전화 매매를 둘러싼 각종 부조리가 사회문제로까지 비화됐고 정부는 전화 매매를 제한하는 조치를 취하는 웃지 못할 상황이 벌어지기도 했습니다. 문제가 심각해지자 정부가 나서서 투기를 막아보려 했지만 탐욕 덩어리인 인간의 광기를 잡기는 쉽지 않던지 1970년대 후반 전화기 한 대 가격은 260만 원까지 치솟았습니다. 당시 서울시내 50평짜리 집값이 230만 원 안팎이었던 걸 감안하면 상상을 초월하는 가격이었습니다.

그 후 40년이 지난 지금! 대한민국의 평범한 서민층인 필자의 집에는 다섯 살 된 딸아이가 장난감처럼 가지고 노는 전화기가 4대나 있습니다. 길거리에서 공짜로 나눠주는 신형 휴대전화기에 밀려나 주인으로부터 외면받는 처량한 신세가 되긴 했지만 이것 역시 장난감이 아니라 개통만 하면 언제라도 전화도 되고, 음악도 나오고, 텔레비전 기능도 있는 진짜 전화기입니다.

전화기는 편리한 물건임에는 틀림없습니다. 먼 거리에 떨어져 있는 연인이나 가족하고 대화를 할 수 있게 해주는 전화기의 그 고유한 가치! 그렇다면 전화기의 가격은 전화기의 그 고유한 가치에 의해 매겨진 것일까요? 안타깝게도 그렇지는 않습니다.

전화기의 "가치"와 전화기 "가격"의 상관관계는 상대적인 개념으로 그것은 수요와 공급에 의해 결정됩니다. 전화기의 놀랍고도 편리한 기능에 근거한 "전화기의 가치"만을 고려해서 그 가치에 맞게 가격을 책정하려 들면 정답일 때보다 오답일 때가 더 많습니다.

가치와 가격의 함수관계

오늘날 대부분의 주식투자자들은 주가가 쌀 때 사서 주가가 비쌀 때 팔아 그 시세차익으로 수익을 내는 게임을 하고 있습니다. 그런데 주식의 가치와 주식의 가격에는 어떤 상관관계가 있을까요? 이 문제에 대해서 0.1초의 고민도 할 필요가 없습니다. 앞서 살펴본 전화기의 사례와 조금도 다르지 않기 때문입니다.

원인이야 어찌됐든 결과는 무조건 수요와 공급, 즉 수급에 의해 결정됩니다. 투자를 하든 투기를 하든 이유여하를 막론하고 주식시장으로 선수들이 돈을 싸 들고 몰려오면 주가는 올라가고, 주식시장에서 돈을 빼내서 도망가면 주가는 내려가게 되어 있습니다.

내가 찍은 종목은 해당 분야에서 세계 1등 하는 회사이고, 절대 망할 리 없고, 업계에서 독점적 위치를 차지하고 있으니 주가가 빠질 리가 없다고 생각했다면 이는 매우 순진한 생각입니다. 왜냐하면 시장에서는 "고유한 가치=고유한 가격"이라는 등식이 성립되지 않기 때문입니다.

수요와 공급이 만나는 지점에서 가격이 매겨지는 곳이 시장입니다. 자본주의 시스템에서 수요와 공급에 의해 가격이 결정되는 이상적인 완전시장Perfect Market에 가장 가까운 시장은 바로 주식시장입니다. 따라서 주식시장으로 돈이 어떻게 들어오고 어떻게 빠져나가는지 그 원리를 꿰차고 있어야 합니다.

상대적인 매력이 중요하다

예를 한번 들어보겠습니다. 어느 날 강남에 VIP 전용 나이트클럽이 생겼습니다. 그런데 그 나이트클럽을 돈 많은 킹카가 한 달 동안 전세를 냈습니다. 날마다 3명의 여자들이 춤을 추러 오는데 킹카는 그 여자 중 가장 아름답고 매력적인 여자 한 명을 골라 데이트를 합니다. 첫째 날은 어느 시골에서 촌스러운 아가씨 3명이 놀러 왔습니다. 킹카는 실망했지만 그나마 제일 괜찮은 여자를 골라 데이트를 즐겼습니다. 둘째 날이 되었습니다. 이번에는 예쁜 여대생 3명이 놀러 왔습니다. 그중 한 명이 눈에 띄게 예뻐서 그 여대생과 데이트를 즐겼습니다. 셋째 날이 되었습니다. 이번에는 미스코리아 대회에 출전하는 최고의 미녀 3명이 놀러 왔습니다. 세 명 모두 마음에 들었지만 이번에도 역시 그중 가장 아름답고 매력적인 여자 한 명을 골라서 데이트를 즐겼습니다.

매일 킹카가 여자를 선택할 때의 기준은 무엇이었을까요? 그는 매번 상황이 바뀔 때마다 3명의 여자를 동시에 비교해보고 그중에서 가장 매력적인 여자를 골랐습니다. 절대 기준이란 없었던 것입니다.

주식시장도 마찬가지입니다. 주식시장으로 돈이 몰려오기 위해서는 주식시장이 다른 자산시장과 비교해서 상대적으로 매력적으로 보여야 합니다. 주식시장이 현재 얼마나 매력적인가를 보기 위해서는 주식시장을 채권시장, 부동산시장과 같은 다른 자산들과 비교해봐야 합니다. 이렇게 비교우위를 따져서 주식시장이 가장 매력적으로 보일 때 비로소 주식시장으로 돈이 몰려오고 주가가 올라갈 근거가 되는 것입니다.

주식의 가치를 측정하는 방법

주식의 가치를 다른 자산의 가치와 비교하기 위해서는 주식의 가치를 측정하는 방법을 알아야 합니다. 주식은 기업의 소유권을 잘게 쪼개놓은 것이라 할 수 있습니다. 따라서 주식의 가치는 기업의 이익에 좌우됩니다. 그런데 한 가지 변수가 있습니다. 기업이익이 고정되어 있을 때 주식 발행 수가 많아지면 주식의 가치는 희석될 수 있습니다. 따라서 주식 하나의 가치를 측정할 필요가 있습니다.

예를 들어 홍길동 주식회사가 주식을 총 100주 발행했는데 이 회사의 1년 순이익이 1,000만 원이라면 주식 하나당 10만 원을 번 셈이 됩니다. 이처럼 당기순이익을 주식발행 수로 나눈 값을 주당순이익earning per share이라고 하는데 이를 EPS라고 합니다.

공식으로 표현하면 EPS = 당기순이익 / 주식 수가 됩니다. EPS라는 말이 왠지 전문용어처럼 보이지만 알고 보면 별 것 아닙니다. EPS는 주식 하나가 1년에 얼마를 벌었는지를 알기 위한 지표입니다. 그리고 주당순이익EPS과 주가와의 비율을 표현한 것을 주가수익비율price earning ratio이라고 하는데 이를 PER이라고 합니다. PER은 주가를 주당순이익EPS으로 나눈 값으로 주가의 수익성지표가 됩니다. 이쯤 해서 머리가 복잡해지는 분도 있을 것입니다. 하지만 복잡하게 생각할 필요는 없습니다.

PER과 기대수익률과의 관계

PER	공식	기대수익률
12	1/12×100	8%
11	1/11×100	9%
10	1/10×100	10%
9	1/9×100	11%

예를 들어 100만 원짜리 소 10마리를 키운다고 가정해보겠습니다. 10마리의 소가 송아지도 낳고 옆집 밭도 갈아주고 짐도 날라주고 해서 1년 동안 총 100만 원을 벌었다면 소 한 마리당 벌어들인 수익은 10만 원이 됩니다. 따라서 이 소의 EPS는 10만 원이 됩니다.

100만 원짜리 정기예금을 가입한 뒤 1년 후에 10만 원을 이자로 받았다면 수익률이 10%가 되듯이, 100만 원짜리 소 한 마리가 1년 동안 10만 원을 벌었다면 소 한 마리의 기대수익률은 10%가 됩니다. 이를 공식으로 표현하면 기대수익률 = (소 한 마리의 1년 수익 / 소 한 마리의 가격)×100이 됩니다. 여기서 괄호 안의 식을 역수로 환산하면 (소 한 마리의 가격 / 소 한 마리의 1년 수익)이 되는데 이것이 PER입니다.

즉 PER = 주가 / EPS, 주식의 기대수익률 = 1 / PER ×100이 됩니다.

예를 들어 삼성전자 주식 하나가 1년에 10만 원을 벌었다면 삼성전자의 EPS는 10만 원이 되고, 삼성전자의 주가가 100만 원이라면 PER은 100만 원주가 / 10만 원EPS, 즉 10이 됩니다. 삼성전자 주식의 기대수익률은 PER의

역수인 1/10 × 100으로 10%가 됩니다. 지금까지의 내용이 어려웠다면 주식의 기대수익률 = 1 / PER × 100이라는 단 하나의 공식만 기억해도 됩니다.

위의 표에서 알 수 있듯이 PER이 낮을수록 주식의 기대수익률이 높아지고 PER이 높을수록 기대수익률이 낮아집니다. 따라서 PER이 현저히 낮을 때는 주식이 저평가되어 있는 것이고, PER이 지나치게 높을 때는 주식이 고평가되어 있다고 볼 수 있습니다.

지금까지의 내용을 정리해보겠습니다. 우리는 지금 주식의 가치를 어떻게 측정하는지 알아보는 중입니다. 주당순이익EPS과 주가수익비율PER은 모두 주식이 현재 투자할 만한 가치가 있는가를 측정하는 주식의 기대수익률을 구하기 위해 필요한 것들입니다. 결국 EPS는 PER을 구하기 위한 것이고, PER은 주식의 기대수익률을 구하기 위한 것입니다. PER만 알면 주식의 기대수익률을 구할 수 있습니다. 주식을 다른 자산과 비교할 때도 PER을 알아내서 주식의 기대수익률을 구하고, 이를 바탕으로 다른 자산과 비교해서 현재 주식이 매력이 있는지 없는지, 현재 주가가 고평가되었는지 저평가되었는지를 측정해볼 수 있습니다.

주식이 매력적일 때의 조건

주식이 매력적인 상태가 되려면 리스크가 사실상 제로인 국고채[14]수익률보다 주식의 기대수익률이 무조건 높아야 합니다. 종합주가지수가 1000일 때 1500일 때 2000일 때가 있습니다. 이 중 주식시장이 가장 매력적일 때는 언제일까요? 만약 이 퀴즈를 풀기 위해 주가지수 수치를 보고 있다면 앞의 글을 다시 한번 읽어야 합니다. 중요한 것은 종합주가지수가 1000이냐, 1500이냐 하는 레벨이 아니라 PER로 환산한 기대수익률입니다.

개인투자자 중에 삼성전자나 현대중공업 같이 주당 몇십만 원 하는 대형주는 비싸다고 외면하고, 코스닥 시장에서 생전 들어보지 못한 몇백 원짜리 주식은 싸다고 덜컥 사는 경우가 있습니다. 주가가 500원이면 싸고, 주가가 50만 원이면 비싼 것이 아닙니다. 주가가 500원이라도 거품이 잔뜩 낀 주식이 있는가 하면 주가가 100만 원이라도 가격이 싼 주식이 있습니다.

이렇듯 주식의 가치와 적정주가를 생각할 때는 주변 자산시장과 상대비교를 해가면서 봐야 합니다. 따라서 주식투자를 하고 있다면 정기적으로 주식시장 전체의 PER을 알아보고 주식의 기대수익률과 국채의 수익률을 비교한 뒤 이를 바탕으로 주식시장이 현재 매력적인 구간인지 매력 없는 구간인지를 주기적으로 확인해야 합니다.

주식시장 전체 PER을 알아보는 방법

한국거래소에 나오는 PER은 EPS를 전년도나 전분기 등 과거 확정치로 계산하기 때문에 현재 진행형으로 달리고 있는 주식의 기대수익률을 측정하는 데는 적절하지 않습니다. 따라서 한국거래소에서 발표되는 PER

14. **국고채** - 정부가 소요자금을 마련하기 위해 발행하는 채권

을 활용하면 시차로 인한 오차가 발생하게 됩니다.

현재 진행형인 주가의 수준을 파악하기 위해서는 모건스탠리 한국 ETF인 MSCI Korea Index와 기업실적 추정기관인 IBES(Institutional Brokers Estimate System)가 제공하는 향후 12개월 EPS 전망치로 계산한 PER을 활용하는 것이 바람직합니다. 실제로 증권사에서도 이들 자료를 활용해서 PER을 산출하고 있습니다. 물론 향후 1년간 상장사의 순이익 전망치를 다소 높이 평가하는 경향이 있긴 하지만 어쨌든 현재 주식의 기대수익률을 가늠하는 데는 향후 12개월 EPS 전망치를 활용해서 PER을 구하는 것이 합리적입니다. 하지만 증권사에서 알아서 PER을 계산한 뒤 여기저기에 자료를 뿌리기 때문에 인터넷 조회로도 간단히 알 수 있습니다. 아무리 바빠도 주식투자를 하고 있다면 한 달에 한 번씩은 현 시장의 PER을 조회하여 국채수익률과 비교하면서 주식시장의 매력도를 가늠해볼 필요가 있습니다.

핵심 Point

1. 주식이 다른 자산에 비해 매력적인 상태이어야 주식시장으로 돈이 몰리면서 주가가 올라간다.
2. 주식의 기대수익률과 국고채금리를 비교하여 주식의 매력 정도를 알아볼 수 있다.
3. 주식의 기대수익률은 PER의 역수로 구할 수 있다.

주식투자로 몰락한 사람들은 무엇을 몰랐기 때문일까?

주식시장에 참여하는 대부분의 사람들은 "나는 투자를 할 때
그 누구보다 합리적이고 이성적으로 판단한다"고 확신할 것입니다.
그런데 과연 주식투자를 하는 사람들은 합리적이고 이성적으로 판단하고 있을까요?

주식투자자는 과연 이성적인가?

한번은 "애덤 알터"와 "대니얼 오펜하이머"라는 두 학자가 주식투자와 관련하여 흥미로운 연구를 했습니다. 주식과 관련된 연구를 했다고 해서 그들이 경제학자는 아닙니다. 그들은 심리학자였습니다.

주식시장은 경제의 최전방과 같은 곳으로 수많은 경제지표와 데이터를 바탕으로 합리적이고 이성적으로 판단해야 성과를 낼 수 있는 분야입니다. 아마도 주식시장에 참여하는 대부분의 사람들은 "나는 투자를 할 때

그 누구보다 합리적이고 이성적으로 판단한다"고 확신할 것입니다. 그런데 과연 주식투자를 하는 사람들은 합리적이고 이성적으로 판단하고 있을까요? 이것은 두 심리학자가 궁금했던 의문이기도 합니다.

그들은 뉴욕 증권거래소에서 발음하기 쉬운 기업과 발음하기 어려운 기업을 무작위로 선정하여 이 기업들의 주식을 추적해보았습니다. 주식투자를 하면서 회사 이름을 보고 투자하는 사람은 아무도 없을 것입니다. 그러나 연구 결과 투자자들은 발음하기 쉬운 기업은 과대평가하고, 발음하기 어려운 기업은 과소평가하는 경향이 있는 것으로 나타났습니다. 발음하기 쉬운 기업들은 발음하기 어려운 기업들보다 상장 첫날 주가가 11.2% 높았고, 6개월 이후는 그 차이가 27%로 벌어졌으며, 1년 후에는 33%나 차이가 났습니다. 물론 그 후 시간이 지나면서 이런 현상은 사라지기 시작했고 주가는 차츰 기업실적과 펀더맨탈의 영향을 받는 것으로 나왔습니다.

이 연구 결과가 말해주는 메시지는 주식투자자들에게 "편향"이 존재한다는 사실입니다. 투자자들은 스스로 매번 합리적이고 이성적으로 판단한다고 확신하겠지만 자신도 모르는 사이에 비이성적인 판단을 내리기도 한다는 것입니다. "때로는 비이성적이고 비합리적으로 판단할 수도 있다"는 자신의 한계를 인지할 수 있어야 비로소 합리적인 투자자가 될 수 있습니다.

보기 싫은 현실도 직시하라

주식투자를 하면서 가장 경계해야 할 비이성적인 "편향" 중 하나는 자신도 모르게 "보고 싶은 현실만 보려 한다"는 것입니다. 예를 들어 어떤 직장인이 한동안 주식투자를 하지 않다가 어느 날 현대자동차 주식을 1,000만 원어치 샀다고 가정해보겠습니다. 이 직장인이 현대자동차 주식을 샀던 이유는 분명히 있었을 것입니다. 본인 스스로 생각을 했건 어디서 무슨 말을 들었건 지금이 주식투자를 하기에 좋은 타이밍이라는 판단했을 것이고, 그중에서도 현대자동차가 가장 매력적인 회사로 보였을 것입니다.

그런데 이 투자자는 향후 경제상황이 시시각각으로 변할 때마다 합리적이고 이성적으로 적절히 판단하게 될까요? 당연히 그럴 것 같지만 실제로는 수많은 "편향"의 위험에 노출됩니다. 경제 신문을 보고 객관적인 데이터를 근거로 도출된 경제지표를 볼 때조차 자신도 모르는 사이에 보고 싶은 뉴스만 보려 하고 보기 싫은 사실은 애써 외면하게 될지도 모릅니다. 시장의 방향을 상승 쪽으로 예측하고 투자 포지션을 상승으로 잡으면 "경제가 호황이다", "주가는 지금보다 최소 20% 더 오를 것이다", "지금이라도 주식투자에 참여하라"는 뉴스에는 눈이 번쩍 뜨이고 자신의 판단에 확고한 신념을 갖게 됩니다. 반면 "시장이 너무 과열 되었다", "상승 여력이 줄어들고 있으니 서서히 투자 비중을 줄여야 한다"는 전문가들의 조언은 애써 외면하는 경향이 생기게 됩니다. 그러나 자신에게 비합리적인 편향이 생겼다는 사실을 알아차리는 투자자는 그리 많지 않습니다.

주식시장에서 실패하는 지름길은 "보고 싶은 것"만 선택해서 보는 것입니다. 주식시장에 발을 들여놓았다면 "보고 싶은 것"을 보려 하기보다 모든 상황을 최대한 객관화시킨 상태에서 "보이는 것"을 있는 그대로 봐야 합니다. 다시 한번 강조합니다. 주식투자에 실패하지 않기 위해서는 보이는 것을 있는 그대로 볼 수 있는 지혜가 필요합니다.

시장은 내가 생각하는 대로 흘러가지 않습니다. 대세상승인줄 알고 주식시장에 뛰어 들었는데 그때부터 꼭지가 될 수 있고, 현대자동차가 주도주[15]인줄 알았는데 LG전자가 주도주가 될 수도 있습니다.

대세상승이 될 것이라 판단을 내려 큰돈을 투자하고 있더라도 대세하락의 근거가 보이면 시장의 움직임에 순응하며 비중을 축소해야 합니다. 현대자동차가 오를 줄 알고 1년 동안 애지중지 들고 있었는데 대세하락의 신호가 보인다면 뒤도 안 돌아보고 내던질 수 있어야 합니다.

내 예측이 틀리고 내 판단이 틀렸다고 해서 내가 능력이 없는 것이 아니고 부끄러운 것도 아닙니다. 바다를 항해할 때는 시시각각 물길이 바뀌고 풍향이 바뀌기 마련입니다. 북동쪽으로 키를 잡고 항해를 하더라도 눈앞에 폭풍이 지나가고 물살이 거칠어지면 방향을 바꿔야 합니다. 시장을 바라볼 때도 보이는 것을 있는 그대로 봐야 합니다. 보이는 것을 보이는 그대로 받아들이는 투자자는 시장에 순응해야 함을 알고 있는 것입니다.

---

15. 주도주 - 주식시장을 선도해나가며 투자수익률이 가장 높은 주식

매몰비용을 모르면 손절매를 못한다

투자자들이 자기도 모르게 비이성적인 판단을 하게 되는 경우가 또 있습니다. 그것은 "매몰비용"에 대한 이해가 부족하기 때문입니다. 고등학교 경제교과서에서나 본듯한 "매몰비용"이라는 경제용어가 주식투자와 무슨 상관이 있는지 의문이 들 수도 있지만 매몰비용을 아는 투자자와 모르는 투자자는 하늘과 땅의 차이가 납니다.

매몰비용은 의사 결정을 내린 뒤 발생한 경비, 노력, 시간 등 많은 비용 중에서 회수할 수 없는 비용을 말합니다. 경제적인 판단을 내릴 때는 과거보다 현재와 미래가 중요합니다. 이미 과거에 쏟아부은 매몰비용에 마음을 빼앗기면 자신도 모르게 불합리한 판단을 내리게 됩니다.

주식투자를 하면서 크게 실패하는 사람을 종종 보게 됩니다. 대부분 그 원인을 추적해 보면 "본전 생각" 때문입니다. 어디서 입소문을 듣고 코스닥시장에서 잘 나가는 종목에 1,000만 원을 투자합니다. 얼마 후 주가가 올라서 10%의 수익이 났습니다. 더 많이 배팅했다면 큰돈을 벌 수 있었으리라 생각하고 한때 소심했던 자신을 원망합니다. 어느새 서서히 탐욕에 전염되어 전세금을 담보로 1,000만 원을 빌려 더 투입합니다. 얼마 후 50%의 수익이 났습니다. 날아갈 듯이 기분이 좋고 곧 부자가 될 수 있다는 희망을 가지게 되었습니다.

그런데 어느 날부터인가 주가가 떨어지기 시작합니다. 처음에는 -1%, -2% 떨어지더니 급기야 하루에 -5%씩 떨어지기 시작합니다. 상황이 이쯤 되면 주가가 가장 높았을 때 팔지 못한 것이 아까워서 매도를 못하게 됩니다. 이러다 또 오르겠지 하며 기다려 보지만 이제 폭락하기 시작합니다. 한때 50% 수익 나던 것이 어느 날 마이너스로 돌아섭니다. 다급한 마음에 마이너스 통장을 만들어서 손해를 만회하기 위해 물타기[16]를 시도합니다. 객관적으로 생각하면 지금이라도 털고 나와야 하지만 한때는 50%까지 수익이 났었다는 생각, 1년 동안 정성을 들였다는 생각, 자식 같은 돈을 잃어버렸다는 본전 생각 때문에 도저히 빠져나올 수 없게 됩니다.

도박을 하다 크게 망하는 사람 역시 마찬가지입니다. 도박으로 수억을 날려 먹는 사람도 처음에는 약간의 돈으로 재미 삼아 도박을 해봅니다. 처음에 몇 푼 벌고 나면 욕심이 생겨나고 그러다 몇 번 실수하게 되면 적지 않은 돈을 잃게 됩니다. 그때부터는 본전 생각이 나서 안 되는 줄 뻔히 알면서도 손실을 만회하기 위해 더 큰 무리수를 두게 됩니다. 이 모든 것이 "매몰비용"에 대한 이해가 부족해서 생긴 불행입니다.

주식투자자라면 손절매[17]라는 말을 들어봤을 것입니다. "손절매"라는 것이 알고 보면 별것 아닙니다. 무조건 현재가 중요한 것입니다. 내가 그동안 얼마나 정성을 들였건, 그 돈이 어떤 돈이건, 얼마를 손실보고 있건, 한때 얼마의 수익까지 났건, 그 모든 것은 이미 매몰비용입니다. 그동안 투입되었던 비용, 시간, 노력은 중요하지 않습니다. 이미 과거가 되어버린 매몰비용을 참고하여 현재를 판단하면 늪에 빠지게 됩니다. 자식이 늪에

---

16. **물타기** - 주가가 하락할 때마다 추가 매입함으로써 매입단가를 낮추는 행위
17. **손절매** - 주가가 떨어질 때 손해를 보더라도 팔아 추가 하락에 따른 손실을 피하는 기법

빠져 내 발을 잡고 있으면 내가 죽을 수 있더라도 자식을 끄집어내야 하지만 주식투자에서는 자식과 같은 돈이 물려 있더라도 빠져나오는 것이 합리적이라 판단되면 자식의 손을 자를 수 있어야 합니다. 또한 나의 손을 자르고 자식의 손을 자르는 잔인한 결정을 하고도 아무런 감정이 없어야 합니다. 이것이 "손절매"입니다.

투자자가 반드시 명심해야 할 투자의 교훈은 "오직 지금 시점에서 가장 합리적인 판단이 무엇이냐"를 가려내고 기계적으로 움직이는 것입니다. 이것이 주식투자라는 게임의 속성입니다. 주식투자에 크게 실패하고 완전히 데어서 다시는 주식시장으로 돌아오지 못하는 사람들에게는 수많은 이유가 있었을 것입니다. 그런데 주식투자로 몰락한 사람들의 실패 원인을 추적해보면 그 종착역에는 다음의 두 가지 이유가 반드시 있습니다. 그들 대부분은 "보고 싶은 현실만 보려"했고 "매몰비용"을 몰랐던 것입니다.

 핵심 Point

1. 투자자들은 자신도 모르는 사이에 다양한 "편향"에 휩싸여 불합리한 판단을 내리게 된다.
2. 믿고 싶은 사실만 보려 하기보다 있는 그대로를 객관적으로 볼 수 있어야 한다.
3. 과거에 어떤 판단을 내렸든 현 시점의 기준에서 가장 합리적인 선택을 해야 한다.

section 2
개미가 주식시장에서 손해 안 보는 3가지 방법

사고 팔고 쉬어라, 쉬는 것도 투자다. _주식 명언

개미를 위한 HOW TO

개별종목을 졸업하고, 시작 평균에 배팅하라

1

서민들에게 최고의 종목은 시장 평균이다

시장이 상승장일 때는 다른 종목보다 더 높이 올라가고,
시장이 하락장일 때는 다른 종목보다 적게 내려가거나 오히려 올라가는 종목은 어떤 순서일까요?

선택의 문제는 시장 평균으로 해결하라

주식투자자들은 대부분 배당금을 바라기보다 시세차익을 노립니다. 시세차익 게임에서 승패를 가르는 요소는 크게 두 가지로 요약할 수 있습니다. 다른 종목보다 많이 오를 종목을 골라내야 하는 "선택의 문제"와 그 종목이 쌀 때 사서 비쌀 때 팔아야 하는 "타이밍의 문제"만 잘하면 주식투자로 부자가 될 수 있습니다. 하지만 이것이 생각보다 쉽지가 않다는 것은 다들 잘 아실 것입니다.

혹시 주변에 주식투자로 부자가 된 사람이 있습니까? 아마 주식투자로 부자가 된 사람보다 주식투자로 큰 곤욕을 치른 사람을 좀 더 쉽게 찾아볼 수 있을 것입니다. 사실 서민 중에는 주식투자로 부자가 된 사람은커녕 꾸준히 수익을 내고 있는 사람조차 많지 않습니다. 그만큼 종목을 고르는 기술과 사고파는 기술은 시장참여자들이 풀어야 할 어려운 숙제입니다.

아무튼 어떤 종목을 고르느냐는 시장참여자들의 주된 관심사 중의 하나입니다. 주식투자를 처음하는 사람들이 가장 많이 물어보는 것은 "어디 좋은 종목 없을까"입니다. 인터넷을 보면 종목을 추천해주고 돈을 받는 사이트가 수십 개가 넘습니다. 그리고 적지 않은 돈을 주고 종목을 추천받으려는 사람 또한 많습니다. 그만큼 좋은 종목을 고르는 것은 시장참여자에겐 중요한 문제입니다.

그렇다면 좋은 종목은 과연 무엇일까요? 아마도 시장이 상승장일 때는 다른 종목보다 더 높이 올라가고, 시장이 하락장일 때는 다른 종목보다 적게 내려가거나 오히려 올라가는 종목일 것입니다. 그런데 이렇게 기가 막힌 종목은 좋은 회사 순서일까요? 수익을 많이 내는 회사 순서일까요? 미래가 밝은 회사 순서일까요? 이것 말고도 회사를 고르는 기준은 수십 가지 아니 수백 가지가 넘을 것입니다.

어쨌든 주식시장에 참여하는 투자자들은 이런저런 이유를 들어 자기가 생각할 때 최고의 종목이라고 판단되는 종목을 고르고 매매를 합니다. 투자자들은 자신의 돈은 잃지 않으면서 상대방의 돈을 따기 위해 치열하게 머리를 쓰고 선택하게 되는데 그 결과가 바로 "시장 평균"입니다.

주식투자를 하는 사람들은 웬만하면 투자 종목이 서너 개 정도는 됩니다. 어떤 사람은 열 종목이 넘기도 합니다. 아마 그 종목을 고를 때는 모두 시장 평균보다 더 높은 수익을 노리고 골랐을 것입니다. 그런데 내가 고른 종목이 시장 평균을 넘어선다는 것이 과연 쉬울까요?

우리가 참여하고 있는 주식시장에서 가장 약자는 개미들입니다. 자금력, 정보력, 투자기법 등 모든 면에서 그야말로 말도 안 되게 차이가 납니다. 외국인투자자, 기관투자자, 전업투자자, 재야의 고수 등 프로선수들 틈바구니 속에서 이들과 싸워 이겨 보겠다고 덤벼드는 개인투자자들이 순수한 실력으로 이들보다 매번 더 좋은 종목을 선택한다는 것은 사실상 불가능에 가깝습니다.

개인투자자들은 종목을 고를 때 많은 것을 참고합니다. 공부를 좀 했다는 사람들은 재무제표[18]는 기본으로 보고, PER, PBR[19] 등 남들 본다는 건 다 보고, 그 회사가 속해 있는 산업 동향과 경쟁업체 상황까지 체크합니다. 출퇴근 시간에 지하철에서 경제 신문을 챙겨보고, 퇴근 후에 TV도 보지 않고 투자 책을 보며, 고3때 대학입시 준비하듯 공부하는 사람도 있습니다. 하지만 그렇게 열심히 노력을 해봐도 어쨌든 자기 본업은 따로 있고 없는 시간 쪼개서 틈틈이 공부하는 수준입니다. 그런데 우리의 경쟁자들인 외국인투자자와 기관투자자는 1년 365일 시장의 상황을 손바닥 보듯 쳐다보는 전문가들입니다. 하다못해 전업투자자, 데이트레이더[20]와 같은

---

18. 재무제표 - 기업의 경영성적과 재정상태를 알 수 있는 여러 가지 서류
19. PBR - 주가가 1주당 순자산의 몇 배로 매매되고 있는가를 나타내는 지표

투자자들조차 주식투자가 직업이다 보니 이들이 쏟아붓고 있는 시간과 노력을 본업이 있는 서민들은 따라가지 못합니다. 그런데도 이들과 정면승부로 이기려 하고 그들보다 더 잘하려 덤벼든다면 승산이 별로 없습니다.

따라서 해야 할 본업이 따로 있는 서민들은 선택의 문제를 간단하게 해결하는 것이 유리합니다. 그 방법은 시장 평균을 따라가는 것입니다. 어떤 종목을 고를까 머리 싸매고 고민하며 선택의 문제로 에너지를 낭비할 필요는 없습니다. 개인투자자들에게 최고의 종목은 시장 평균입니다.

큰 흐름을 놓친 대가

조선시대의 대표적인 성군을 꼽으라면 세종대왕과 함께 정조를 꼽는 이들이 많습니다. 그만큼 정조는 조선의 중흥을 이끈 위대한 지도자였고 훌륭한 군주였습니다. 그런데 조선이 일본에게 추월당하고 완전히 무시당하기 시작하던 때 역시 정조 시대입니다.

당시 일본은 에도 막부시대로 일본의 실권자인 쇼군將軍의 교체시기마다 조선의 통신사가 일본을 방문했습니다. 일본을 방문한 통신사 일행들은 요즘 한류스타 못지않은 환대를 받았습니다. 통신사 일행들이 오늘날 도쿄인 에도까지 가는 동안 각 지역에서 통신사를 위해 막대한 돈을 써가며 성대히 환영을 해줬습니다. 또한 일본의 수도인 에도에 도착한 이후에는 "빙례聘禮"라는 초호화 예물의식을 치르기도 했습니다.

20. 데이트레이더 - 주가 움직임을 보고 하루에도 여러 번 주식을 사고팔며 시세차익을 노리는 단기투자자

그러다 어느 순간부터 일본이 쌀쌀맞아지기 시작합니다. 어느 날 통신사의 방문 일정을 연기해달라고 요청하더니 나중에는 아예 통신사들을 일본 본토에 들여보내지도 않고 대마도에서 대충 접대하고 돌려보내 버립니다. 이것은 이제 더 이상 조선의 도움이 필요 없다는 의사표시였습니다. 이 때문에 조선사회는 일본의 무례함에 이를 갈면서 분개했습니다. 물론 그 후로 통신사는 더 이상 일본을 방문하지 않았습니다.

일본이 막대한 돈을 써가며 조선의 통신사들을 초대하여 환대를 했던 이유는 일본이 대륙과 무역을 하기 위해 조선이 필요했기 때문입니다. 중국의 비단이 조선을 통해 일본으로 들어갔고 일본의 은銀은 조선을 통해 중국으로 흘러갔습니다. 일본은 세계무역에 참여하기 위해 조선이 절대적으로 필요했기 때문에 조선 통신사들을 극진히 환대했던 것입니다. 그리고 더 이상 조선에게 잘 보일 필요가 없어지자 돌변한 것입니다.

당시 국제정세는 급변하고 있었습니다. 15세기 이후 대항해시대가 시작되면서 동서양의 바닷길이 열리자 일본은 해상무역로를 통해 서유럽과 소통하게 되었습니다. 일본의 쌀이 인도와 중동으로 흘러갔고, 인도의 면직물이 일본으로 들어오기도 했습니다. 임진왜란 이후 일본의 도자기 산업은 비약적으로 발전하여 일본산 도자기가 페르시아만과 유럽에까지 수출하게 되었습니다. 이제 일본은 대륙 무역을 위해 조선을 통할 필요가 없어졌습니다.

일본은 바닷길을 통한 무역으로 정조시대에 이르러서는 조선의 국력을 넘어서기 시작했고 청나라를 추격하는 수준으로까지 성장하게 됩니다. 그런데 불행하게도 당시 조선 땅에는 일본을 배은망덕한 놈이라고 욕하는 사람들은 많았지만 일본이 왜 변했고 시대가 어떻게 흘러가고 있는지 국제정세를 제대로 간파하고 있는 사람이 없었습니다. 정조 역시 내부 갈등이 심한 조선을 이끌어야 하는 군주로서 시대의 큰 흐름을 파악하기에는 역부족이었습니다. 당쟁과 권력투쟁에서 살아남기 위해 에너지를 낭비하고 있던 조선후기 정치인들의 눈에는 국제정세의 큰 변화가 보이지 않았습니다.

이렇게 시대의 큰 흐름을 놓쳐 훗날 얼마나 혹독한 대가를 치렀는지는 역사가 잘 말해주고 있습니다. 큰 흐름을 읽는다는 것은 그만큼 중요합니다.

나무보다 숲을 보라

주식투자 역시 마찬가지입니다. 시야를 넓히고 시장의 큰 흐름을 간파하는 안목은 투자의 성공과 실패를 가르는 결정적인 요인이 됩니다. 앞서 주식투자를 할 때 종목 선택의 문제는 시장 평균으로 간소화하자고 했습니다. 이렇게 시장 평균에 배팅하게 되면 선택의 문제에서 자유로워지고 선택의 문제로 에너지를 소비할 필요가 없게 되어 비로소 시장 전체가 눈에 들어오기 시작합니다.

이 종목 저 종목 쳐다보고 있으면 시장전체의 흐름이 눈에 잘 보이지 않습니다. 울창한 숲 속의 수많은 나무 가운데 내 눈에 잘생겨 보이는 소나무 몇 그루와 짝사랑을 하고 있으면 숲 전체가 눈에 들어오지 않습니다. 내가 좋아하는 나무만 쳐다보게 되고 그 주변에서 일어나는 이벤트에만 관심을 갖게 됩니다. 내가 선택한 나무는 시베리아에서 살던 녀석이라 그 어떤 비바람과 눈보라가 쳐도 끄떡없고 언제나 독야청청하리라 확신하기도 합니다. 그러나 내가 선택한 나무가 아무리 튼튼하고 기가 막힌 품종이라도 그 나무 역시 숲 속의 수많은 나무 중 하나일 뿐입니다. 만약 그 숲을 지나가는 강물의 물줄기가 말라버리면 숲 속의 나무들은 시들 수밖에 없습니다. 또한 그 숲 속에 병충해가 유행할 때 내가 선택한 나무만 피해간다는 보장도 없습니다.

주식시장에는 수많은 종목이 있습니다. 다른 종목보다 더 오르는 종목도 있고 다들 내릴 때 거꾸로 올라주는 고마운 종목도 있습니다. 그러나 어쨌든 그 종목도 결국은 전체 중에 하나일 뿐입니다. 혹자는 말합니다. 내가 고른 종목은 정말 좋은 회사이고 우량회사라고 말입니다. 그런데 그렇게 좋은 회사가 아니고 우량회사가 아니면 증권시장에 상장되지도 못합니다. 주식시장에 상장된 종목 중 몇몇 관리종목을 빼면 대부분 우량회사이고 요즘 같은 취업난에 입사하기도 힘든 회사들입니다.

그러나 아무리 좋은 회사라도 경제의 계절을 피할 길은 없습니다. 금리가 오르거나 내리면서 주식시장으로 돈이 들어오기도 하고 빠져나가기도 하며 돈의 물줄기가 마구 바뀝니다. 환율이 오르고 내리면서 외국자본이 밀물처럼 들어오기도 하고 썰물처럼 빠져나가기도 합니다. 경기의 흐름에 따라 기업실적이 좋아지기도 하고 나빠지기도 합니다. 이렇듯 경제 펀더맨탈과 유동성 환경이 변할 때면 그 여파는 쓰나미처럼 시장 전체에 큰 영향을 줍니다. 미국 정부의 금융정책과 중국 지도부의 통치의지에 따라 세계경제의 판 전체가 크게 흔들리기도 합니다.

이렇듯 주식시장이 주변의 환경 변화에 따라 심하게 출렁거리는데 여기에 영향을 받지 않고 독불장군처럼 움직이는 종목은 그리 많지 않습니다. 그럼에도 큰 그림은 보지 않고 개별 종목과 짝사랑만 하고 있으면 시장의 큰 흐름이 눈에 잘 들어오지 않습니다. 특히나 개미들의 시야는 좁기 때문에 숲 전체도 보고, 숲 속의 나무까지 세세히 살피는 것은 굉장히 어렵습니다. 그래서 과감히 미련을 버리고 개별종목에서 졸업하자는 것입니다. 시장 평균을 따라가는 것을 목표로 한 뒤 선택의 문제에 쏟아부을 에너지를 시장의 큰 흐름을 보는데 매진하자는 것입니다. 이렇게 선택의 문제를 단순화시키는 것이 해야 할 본업이 있는 서민들에게는 훨씬 유리합니다.

 핵심 Point

1. 주식투자의 관건은 "선택의 문제"와 "타이밍의 문제"이다.
2. 개인투자자는 시장 평균을 따라감으로써 선택의 문제를 간단히 해결하는 것이 유리하다.
3. 시장 평균을 추종하면 시장 전체의 흐름에 관심을 갖게 되는 장점이 있다.

시장 평균을 따라가는 방법은 무엇인가

주식시장에 참여하는 사람들은 쌀 때 사고 비쌀 때 팔아 그 가격의 차이로 이득을 보는 것을 목표로 하고 있습니다. 만약 이 원리가 수산시장에 적용된다면?

수산시장에 가격지수가 생긴다면?

시장 평균을 추종하고 시장 전체를 봐야 큰 흐름이 보인다고 강조했습니다. 그렇다면 "시장 평균"은 어떻게 따라갈 수 있을까요? 먼저 시장에 대해 생각해보겠습니다.

시장은 재화를 사고파는 곳으로 사는 사람과 파는 사람이 교환에 대한 합의점을 찾게 되면 그 재화에 대한 가격이 매겨집니다. 이제 주식시장으로 눈을 돌려 보겠습니다.

노량진 시장에서 고등어나 갈치 같은 생선을 사고팔듯이 주식시장은 회사의 권리를 잘게 쪼개놓은 "주식"을 사고팝니다. 다시 말해 주식시장에서 물건은 회사의 권리인 "주식"이고 주식을 사고파는 사람들이 교환에 대해 합의가 이뤄지면 주식의 가격, 즉 "주가"가 됩니다. 그러고 보면 생선을 사고파는 "수산시장"이나 주식을 사고파는 "주식시장"이나 크게 다를 바가 없어 보입니다. 그러나 결정적으로 다른 점이 있습니다. 그것은 매매 행위에 참여하는 사람들의 생각입니다.

수산시장에서 고등어 3마리를 5,000원 주고 산 아주머니는 고등어를 저녁 반찬거리로 산 것이지 오전 10시에 5,000원 주고 샀다가 오후 5시에 6,000원에 되팔기 위해 산 것은 아닙니다. 그러나 주식시장에서는 이 논리가 적용됩니다.

주식시장에 참여하는 사람들은 쌀 때 사고 비쌀 때 팔아 그 가격의 차이로 이득을 보는 것을 목표로 하고 있습니다. 만약 수산시장에도 이 원리가 적용된다면 재미있는 일이 벌어질 것입니다. 꽁치를 오전에 2,000원에 샀다가 오후에 3,000원에 팔아서 1,000원을 버는 사람이 있는가 하면 5,000원에 샀는데 4,000원에 팔아 손해를 보는 사람도 있을 것입니다.

이쯤 되면 수산시장에서 생선을 사고파는 시장참여자들은 생선가격이 어떻게 변하는지 생선가격의 변동 추이가 궁금해질 것입니다. 물론 생선별로 가격의 변동폭은 다르겠지만 수산시장 전체를 두고 보면 전반적으로 생선가격이 오를 때도 있을 것이고 내릴 때도 있을 것입니다. 예를 들어 생선이 많이 잡히는 시기에는 생선의 공급이 늘어 가격이 내려갈 것이고, 추석이나 설날 같은 명절에는 수요가 증가하여 가격이 올라갈 것입니다. 아무튼 수산시장 참여자들의 주요 관심사는 생선의 가격변화입니다. 왜냐하면 생선가격의 흐름을 파악해야 싸게 사서 비싸게 팔아 돈을 벌 수 있기 때문입니다.

상황이 이러하면 수산시장 입장에서는 어떻게 해서든 거래가 활발해지면 이득이기 때문에 시장참여자들이 알고 싶어하는 생선가격의 변동 추이를 한눈에 볼 수 있는 생선가격 지표를 만들어 줘야 합니다. 결론적으로 시장참여자들의 편의를 위해 생선가격 변화를 한눈에 볼 수 있는 생선가격지수가 생겨나게 될 것입니다.

만약 생선가격지수를 만들게 된다면 몇 가지 시나리오를 예상해 볼 수 있습니다. 수산시장에는 광어, 참치, 고등어, 명태와 같이 가격이 어느 정도 되고 거래량이 많아 시장 전체 가격에 큰 영향을 주는 생선도 있고, 피라미나 미꾸라지 같이 시장 전체 가격에 큰 영향을 끼치지 않는 생선도 있습니다. 따라서 생선가격의 지표를 만드는 방법은 크게 두 가지가 될 것입니다.

첫 번째로는 수산시장에 팔리는 모든 생선가격을 활용하여 지표를 만드는 방법이 있을 것이고, 두 번째로는 거래량이 많은 대표 생선 30가지 정도를 골라서 이들 생선의 가격을 기준으로 지표를 만들어 내는 방법이 있을 것입니다.

주식시장의 가격지수

주식시장 역시 마찬가지입니다. 주식시장에는 수많은 회사가 상장되어 있고 주식마다 그 가격과 가격 변동 추이는 각양각색입니다. 그렇지만 시장참여자들은 시장 전체의 가격 움직임을 한눈에 볼 수 있는 지표가 필요합니다. 그래서 만들어진 것이 "주가지수"입니다.

주가지수는 그 산출 방식에 따라 '다우존스 식 주가지수'와 '시가총액식 주가지수'가 있습니다. '다우존스 식 주가지수'는 주식시장에 상장된 종목 중 일부 대표 우량주만 선정하여 산출하는 방식으로 대표적인 예로는 미국의 '다우존스 산업평균 지수(다우지수)'와 일본의 '닛케이지수'가 있습니다. 실제로 다우지수를 구성하는 종목은 30개 정도입니다. 반면 '시가총액식 주가지수'는 시가총액으로 산출하는데 독일의 'DAX', 홍콩의 '항생' 등이 여기에 속하고 우리나라 종합주가지수 역시 '시가총액식 주가지수'를 사용합니다.

이제 우리나라 주식시장을 좀 더 자세히 살펴보겠습니다. 우리나라 주식시장에는 대략 2,000개 정도의 회사가 상장되어 있습니다. 수산시장으로 비유하면 매매할 수 있는 생선이 2,000 종류가 된다고 할 수 있습니다.

주식시장에 상장된 회사들은 기본적으로 우량회사들입니다. 그러나 그 성격에 따라 편의상 유가증권시장과 KOSDAQ시장으로 분류해놨습니다. 유가증권시장은 KOSDAQ시장에 빗대어 흔히 KOSPI시장이라고 부릅니다.

물론 이외에도 비상장주식을 거래하며 장외시장[21]으로 불리는 프리보드 시장도 있긴 하지만 서민들이 투자하기에는 위험요소가 많으므로 아예 관심을 갖지 않는 것이 좋습니다.

KOSPI시장은 이미 어느 정도 규모를 갖춘 메이저급 기업들의 주식을 사고파는 시장으로 930여 개의 종목이 있습니다. 그리고 이들 회사의 시가총액으로 산출한 주가지수가 KOSPI시장의 평균이라 할 수 있는 종합주가지수, 즉 KOSPI지수입니다.

반면 KOSDAQ시장은 신생기업이나 중소, 벤처기업과 같이 향후 메이저가 되는 것을 목표로 하는 기업들의 주식을 사고파는 시장으로 대략 1,000여 개 정도의 종목이 있습니다. 그리고 이들 회사의 시가총액으로 산출한 주가지수가 바로 KOSDAQ지수입니다.

그런데 이들 종목이 시장에서 차지하는 비중은 어떻게 될까요?

이해를 돕기 위해 주식시장을 지구가 속한 태양계와 비교해보겠습니다. 태양계에는 태양계의 맏형인 태양이 있고 목성, 토성, 천왕성, 해왕성과 같이 기체로 이루어진 목성형 행성들과 수성, 금성, 지구, 화성과 같이 비교적 작지만 단단한 암석으로 이루어진 지구형 행성들도 있습니다. 또한 웬만한 행성에는 달과 같은 위성이 있고 그 밖에도 작은 돌멩이 크기부터 백두산 크기의 바위까지 수많은 소행성이 태양 주위를 돌면서 태양계를 이루고 있습니다.

---

21. 장외시장 - 증권거래소 밖에서 유가증권 매매가 이루어지는 비공식 시장

태양계는 이렇게 수많은 천체로 구성되어 있는데, 태양이 태양계 전체에서 차지하는 질량은 무려 99.886%입니다. 또한 목성, 토성, 천왕성, 해왕성과 같은 목성형 행성이 행성계 전체 질량의 99.25%를 차지합니다. 어릴 적 과학시간에 태양계를 도화지 하나에 다 그려 넣었는데 실제로는 태양의 부피가 지구 부피보다 130만 3,000배나 크기 때문에 도저히 같은 화면에 그려넣을 수 없습니다.

주식시장도 이와 비슷합니다. KOSPI시장에만 약 930개 정도의 종목이 있는데 시가총액에서 삼성전자 하나가 차지하는 비중이 2011년 현재 대략 10%를 차지하고 있습니다. 그리고 2등부터 10등까지는 3~2%이고 30등 뒤부터는 모조리 1% 이하로 도토리 키 재기입니다. 이것을 바꿔 말하면 대표선수 몇 종목이 곧 시장인 것입니다.

한편 KOSPI지수와 비슷하게 움직이는 지표 중에 KOSPI200이라는 지수가 있습니다.

KOSPI지수가 KOSPI시장 전체의 평균이라면 KOSPI200지수는 KOSPI시장을 대표하는 200대 기업을 바탕으로 구성한 지표입니다. KOSPI200지수는 시장대표성, 유동성, 업종대표성을 고려해서 9개 업군으로 분류하여 시가총액과 거래량 비중이 높은 종목들로 구성한 지표입니다. 종목수는 200개로 전체의 20%밖에 되지 않지만 시장 전체 시가총액의 70%를 차지하여 종합주가지수의 움직임과 거의 일치합니다. 따라서 시장 대표선수 200개를 묶어놓은 KOSPI200지수와 동일하게 움직이는 종목을 선정하면 시장 평균에 배팅하게 되는 셈입니다.

그런데 주식시장에 시장 평균의 움직임과 똑같이 움직이는 주식이 있을까요? 네, 있습니다. 그것은 바로 상장지수펀드인 ETF^{Exchange Traded Fund}라는 상품입니다.

ETF란 시장 평균인 KOSPI지수와 거의 동일하게 움직일 수 있는 종목들로 구성된 인덱스펀드를 기초로 만든 증권으로 일반주식과 같이 실시간으로 매매가 가능합니다.

예를 들어 KOSPI200지수를 추종하는 ETF라면 KOSPI200지수와 연동하도록 종목을 보유하고 운용하게 됩니다. 따라서 KOSPI200지수를 대상으로 하는 ETF를 매입한다는 것은 KOSPI200지수라는 주식을 매입하는 것과 동일하다고 볼 수 있습니다.

이를 정리하면 시장 전체 평균인 KOSPI지수와 대표적인 200개 종목으로 구성된 KOSPI200지수는 거의 동일한 움직임을 보이고, KOSPI200지수와 이에 연동되는 ETF의 움직임도 거의 동일하게 움직입니다. 결국 KOSPI200에 연동되는 ETF를 매매하면 대한민국 주식회사에 투자하는 셈이 됩니다. 설명이 다소 복잡했지만 이를 수식화하면 아주 간단합니다.

주식시장 평균 ≒ 주식시장 대표 200개 회사 KOSPI200 ≒ 지수연동 ETF

따라서 시장 평균에 배팅하는 방법은 지수연동 ETF를 매매하는 것입니다.

실제로 얼마나 비슷한지 그림으로 보겠습니다.

[그림 2-1]은 시장 평균인 KOSPI지수_A와 대표 200개 종목으로 구성한 KOSPI200지수_B, 그리고 KOSPI200지수를 벤치마킹한 대표적인 ETF인

[그림 2-1] KOSPI지수(A), KOSPI200지수(B), KODEX200(C)의 주가 변동 추이

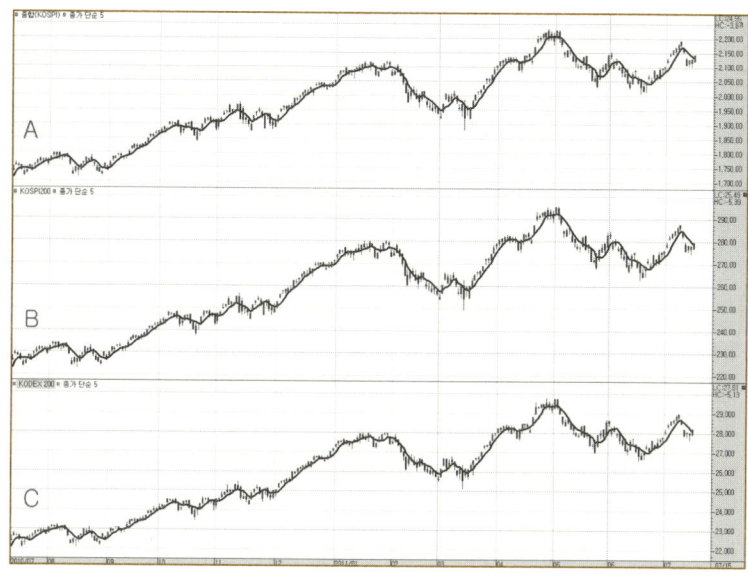

KODEX200C의 주가 변동 추이입니다.

보시는 바와 같이 그 변동폭이 쌍둥이처럼 거의 똑같습니다. 결론적으로 시장 평균을 추종하는 방법은 시장 평균을 추종하는 ETF를 사고 파는 것입니다.

 핵심 Point
1. 주식시장 전체의 주가 변동 추이를 한눈에 볼 수 있는 지표를 "주가지수"라고 한다.
2. 대표적인 지수로는 KOSPI지수, KOSPI200지수, KOSDAQ지수 등이 있다.
3. KOSPI200지수를 추종하는 상장지수펀드(ETF)를 매매함으로써 시장 평균에 투자하는 효과를 얻을 수 있다.

서민의 손에 맞는 무기 ETF

우리나라 주식시장에는 대략 2,000개 정도의 회사가 상장되어 있습니다.
업종도 매우 다양하고 어느 것 하나 좋지 않은 회사가 없습니다.
이렇게 좋은 회사들이 많은데 도대체 어떤 종목을 골라야 할까요?

서민은 ETF 하나로 충분하다

ETF의 사전적인 의미는 상장지수펀드로 특정지수를 모방한 포트폴리오를 구성하여 산출된 가격을 상장시킴으로써 주식처럼 자유롭게 거래되도록 설계된 지수상품입니다.

어느 시골 마을이 있습니다. 이곳 농부들은 쌀 농사를 주업으로 하는데 가끔 부업으로 돼지를 키우기도 합니다. 이곳 돼지는 체질이 이상해서 계절마다 먹이를 달리 줘야 살이 쪘습니다. 그래서 이 마을 농부들은 돼지를 언제 키우고 언제 팔아야 하는지 "타이밍의 문제"와 계절마다 어떤 먹이를 먹여야 하는지 "선택의 문제"가 늘 고민거리였습니다.

이제 이 마을 농부의 입장이 되어보겠습니다. 일단 돼지를 키우기로 했으면 돼지를 잘 먹여 무조건 살을 찌워야 합니다. 기본적으로 쌀과 보리 같은 곡식을 줘야 하지만 가끔 과일도 먹여야 하고 때에 따라 고기도 먹여야 합니다. 그런데 계절에 따라 먹여야 할 먹이가 매년 바뀌기 때문에 돼지를 키울 때면 언제나 선택의 문제로 골머리를 썩습니다. 어떤 때는 고기를 먹이면 살이 찌지만 어떤 때는 고기를 먹이면 배탈이 나서 살이 빠져 버립니다. 어떤 때는 밥만 먹여도 살이 찌지만 어떤 때는 밥을 먹이면 큰 병에 걸려 버립니다.

이렇듯 때에 따라 돼지에게 먹여야 할 먹이의 종류가 달라지니 돼지 주인은 계절이 바뀔 때마다 어떤 먹이를 골라야 하는지 늘 걱정이었습니다. 물론 먹이를 골고루 주면 해결이 됩니다. 그러나 과일을 먹이기 위해서 사과를 사려고 해도 사과 하나에 5,000원이나 합니다. 돼지 서너 마리 키워 용돈이나 벌어 보려는 농부는 먹이 값으로 한 달에 50만 원 이상 쓸 수가 없어 음식을 골고루 먹일 방법이 없습니다.

그러던 어느 날 이 마을 장터에 한 사나이가 큰 트럭을 몰고 나타났습니다. 뭐 하는 사람인지 궁금해서 사람들이 몰려들었습니다. 그는 트럭에서 내리더니 믹서기를 꺼냅니다. 그리고는 믹서기에 돼지 몸에 좋다는 것들을 차례대로 집어넣습니다. 쌀, 보리, 옥수수 같은 곡식도 넣고, 사과, 배, 복숭아 같은 과일도 넣고 고등어, 갈치, 꽁치 같은 생선도 넣습니다.

물론 돼지 몸에 좋다는 음식 중에서 싱싱한 것들만 골라 넣었고, 재료를 다 넣은 후에는 막대기로 대충 휘저은 다음 작동 버튼을 눌렀습니다. 어느 정도 시간이 지난 후 종료 버튼을 누르자 믹서기에 갈았던 음식들이 작은 알갱이로 변해 돼지가 하루 먹을 만한 분량의 봉투에 담아서 포장이 되어 나옵니다.

이 사나이가 만든 것은 돼지 사료였습니다. 사료 만드는 것을 시범 보인 사나이는 트럭 짐칸에 있던 사료를 모두 꺼내놓습니다. 꺼내놓고 보니 돼지 몸에 좋다는 음식을 모두 섞은 사료도 있지만, 과일로만 만든 사료도 있고 곡식으로만 만든 사료도 있습니다. 이뿐만 아니라 미국에서 만든 사료, 일본에서 만든 사료, 중국에서 만든 사료도 있습니다.

이 사나이가 만든 사료가 바로 ETF입니다. 여러분이 돼지를 키우는 주인이라면 어떻게 하시겠습니까? 저렴한 가격에 돼지 몸에 좋다는 음식을 골고루 혼합해서 만든 사료만 먹이면 어떤 먹이를 골라야 하는지 선택의 문제는 간단하게 해결됩니다. 농사라는 본업은 따로 있고 부업으로 짬짬이 시간 내서 돼지를 키우는 농부 입장에서 선택의 문제는 사료로 간단히 해결하고, 돼지를 언제 키우고 언제 팔 것인가 하는 타이밍을 잡는 것에만 집중하는 것이 훨씬 합리적인 선택일 것입니다. ETF의 개념이 언뜻 보기에 복잡하고 어려운 것 같지만 좋은 재료를 골고루 섞어서 만든 돼지 사료라고 생각하면 됩니다.

우리나라 주식시장에는 대략 2,000개 정도의 회사가 상장되어 있습니다. 그런데 몇몇 관리종목을 빼고는 어느 것 하나 좋지 않은 회사가 없습니다. 우량회사는 기본이요, 분야별로 세계 1등 하는 회사도 많고, 시장을 독점하고 있는 회사도 수두룩합니다.

이렇게 좋은 회사들이 많은데 도대체 어떤 종목을 골라야 할까요? 돼지 키우는 농부의 딜레마가 주식시장에도 적용됩니다. 삼성전자가 좋아 보이는데 한 주당 100만 원에 육박합니다. 100만 원 가지고 주식에 투자하려는 대학생은 아르바이트 한 달해서 삼성전자 주식 하나 사면 끝입니다. 500만 원으로 주식투자해서 애들 학원비나 벌어 보려는 아주머니는 하이닉스, 대우건설, 현대중공업 등 업종별로 좋다는 종목을 다 골라 보지만 몇 개 담지도 못합니다.

그런데 어느 날 하이닉스가 오르면 현대중공업이 내려가고, 기아자동차로 돈을 벌면 대우건설로 돈을 잃습니다. 하이닉스에 투자하기 때문에 필라델피아 반도체지수[22]를 체크해야 하고, 현대중공업에 투자하기 때문에 대형선박 수주물량에 영향을 주는 세계물동량도 챙겨봐야 합니다. 이쯤 되면 이 아주머니의 머릿속은 엉킨 실타래처럼 혼란스러운 상태가 되어버립니다.

그런데 아주머니는 해야 할 일이 아주 많습니다. 아침에는 신랑 밥 챙겨주고 막내 딸 유치원도 보내야 하고, 오후에는 옆집 아주머니와 수다도 떨고 저녁에는 드라마도 봐야 합니다. 이렇듯 안 그래도 고달픈 세상살이로 머리 복잡한 서민들은 우량회사를 골고루 섞어놓은 ETF를 매매함으로써

22. **필라델피아 반도체지수** - 미국의 필라델피아 증권거래소가 산정하여 발표하는 반도체 업종의 지수

선택의 문제를 간단히 해결하는 것이 훨씬 유리합니다. ETF를 매매하는 것 자체만으로 우량회사에 골고루 분산투자하는 효과를 볼 수 있습니다.

개인투자자는 투자를 할 때 최대한 단순해져야 합니다. 세상에서는 단순한 것이 무식함을 뜻하지만 주식시장에서는 단순함이 영리함을 의미합니다. 투자의 단수가 낮을수록 화려해지려 하지만 투자의 단수가 높을수록 최대한 단순해지려 합니다. 무림의 고수들이 우글거리는 주식시장에서 그들과 싸워 이겨야 하는 개미들은 화려함을 버리고 단순함을 취해야 살아남을 수 있습니다. 요즘 ETF시장은 상당히 발달하여 종류도 다양하고 상품도 많아 원하는 상품을 입맛대로 고를 수 있습니다.

ETF의 종류

이제 ETF는 어떤 종류가 있고 어떤 상품이 있는지 살펴보겠습니다. ETF의 종류를 크게 분류하면 시장Market, 해외International, 섹터Sector, 테마Thematic, 스타일Style 등이 있습니다.

앞서 이야기한 비유에서 모든 먹이를 다 섞어 놓은 사료, 과일만 섞은 사료, 고기만 섞은 사료가 있었듯이 ETF 종류가 이렇게 많은 것은 특징 있는 종목들을 종류별로 다양하게 묶어 놓았기 때문입니다. 이를 정리하면 다음과 같습니다.

ETF 종류별 대표상품

Market	KODEX 200	International	KODEX China H
	KOSEF 200		KODEX JAPAN
	TIGER 200		KODEX BRAZIL
	TREX 200		TIGER 라틴
	KINDEX 200		TIGER 브릭스
	TIGER KRX100		TIGER 차이나
	KOSEF KRX100		TIGER 나스닥100
	KINDEX 코스닥스타	Specialty	GREAT SRI
	아리랑 KOSPI50		KODEX 인버스
	TIGER 코스닥 프리미어		KODEX 레버리지
Sector	KODEX 반도체		TIGER 인버스
	TIGER 반도체		TIGER 레버리지
	KODEX 은행		Kstar 레버리지
	KOSEF banks		KOSEF 인버스
	TIGER 은행	Style	TIGER 가치주
	KOSEF IT		TIGER 미드캡
	KODEX 자동차		TREX 중소형가치
	TIGER 미디어통신	Commodity	HIT 골드
	KODEX 조선		TIGER WTI선물
	KODEX 증권		KODEX 골드선물(H)
	KODEX 에너지화학	Fixed-Income	KOSEF 인버스
	KODEX 철강		KODEX 국채
	KODEX 건설		KINDEX 국고채
	KINDEX F15		KOSEF 국고채
	KODEX 삼성그룹주		TIGER 국채3
	KINDEX 삼성그룹SW		KOSEF 통안채
	KINDEX 삼성그룹FW		KOSEF 단기금
Thematic	Kstar 5대 그룹주		
	GIANT 현대차그룹		
	KOSEF 블루칩		
	KOSEF 고배당		
	Kstar 코스닥엘리트30		
	FIRST 스타우량		
	PREX LG그룹&		

KODEX200 분배금 지급 현황

지급기준일	실 지급일	주당 분배금(원)
2011.07.29	2011.08.08	50
2011.04.29	2011.05.11	400
2010.07.30	2011.08.05	50
2010.04.30	2010.05.11	300

 ETF의 또 다른 매력은 주식과 펀드의 장점을 두루 갖추고 있으면서 투자비용 또한 상대적으로 저렴하다는 것입니다. 국내주식형ETF의 경우 주식과 마찬가지로 차익에 대한 세금을 내지 않아도 되고 주식의 배당금에 해당하는 분배금까지 받을 수 있습니다.

 펀드의 경우 일부 배당형펀드를 제외하면 배당금을 지급하지 않습니다. 개별 주식 또한 아무리 우량회사이고 대형주라 하더라도 회사 사정이 여의치 않을 경우 배당금이 극히 미비하거나 아예 지급하지 못하는 경우도 있습니다. 그러나 특수ETF를 제외한 국내주식형ETF는 여러 우량회사에 골고루 분산투자하는 효과가 있어 ETF에 편입된 회사가 모두 배당금을 지급하지 못하는 상황이 발생하지 않는 한 분배금은 매년 발생합니다.

 시장 평균을 추종하는 대표적인 ETF인 KODEX200의 경우 분배금이 발생 시 분기별로 지급하게 되는데 통상 연 2회 5월, 8월 지급하며 1년으로 환산하면 배당수익률이 약 2%에 달합니다. 장기투자를 할 경우 시세차익과 별도로 투자자금에 대해 매년 2%의 이자를 받는 효과가 생깁니다.

주식과 펀드의 장점을 모아 놓은 ETF

구분	주식	일반 주식형 펀드	국내주식형ETF
수수료	매매수수료 0.015% 매도 시 증권거래세 0.3%	불입금의 1% 내외(선취형) 환매수수료(중도환매 시)	매매수수료 0.015% 증권거래세 면제
배당금(분배금)	지급	미지급	지급
운용보수	없음	연 2.5% 내외	연 0.5% 내외
실시간 거래	가능	불가능	가능
시세차익 세금	없음	차익의 15.4%	없음

또한 운용보수는 0.5% 내외 수준으로 일반 펀드보다 훨씬 저렴할 뿐만 아니라, 매일 ETF가격에 반영되기 때문에 거래 시 보수를 따로 계산하여 떼어가는 일도 없어 매매자가 크게 신경 쓰지 않아도 됩니다. 주식과 비교하면 매도 시 부과되는 증권거래세 0.3%도 면제됩니다. 이를 요약하면 다음과 같습니다.

물론 수수료와 운용보수는 금융회사별, 상품별로 조금씩 다르게 산정될 수 있지만 주식과 펀드와 ETF를 종합적으로 비교해볼 때 ETF가 주식과 펀드의 장점만을 섞어 놓은 가장 진화된 금융상품임에는 틀림없습니다.

 핵심 Point

1. ETF를 매매함으로써 우량 종목에 골고루 분산투자하는 효과를 얻을 수 있다.
2. ETF는 구성 종목의 특징에 따라 시장, 섹터, 테마, 스타일, 해외 등 다양한 종류가 있다.
3. ETF는 펀드와 주식의 장점을 합쳐 놓은 것으로 가장 진화된 금융상품이라 할 수 있다.

효과적인 ETF 활용방법

ETF가 개인투자자에게 딱 맞는 이상적인 상품이지만 금융기관은 개인투자자에게 ETF만 투자하라고 강조할 수는 없습니다. 그들 역시 주식시장의 선수 중 하나이기 때문입니다. 그렇다면 서민들이 활용해야 할 ETF는 무엇일까요?

주식시장의 집단무의식

ETF에 투자하면 여러 우량 종목에 골고루 분산투자하는 효과가 생겨 리스크를 최소화할 수 있습니다. 또한 시장 전체 상황을 반영하며 움직이기 때문에 특정 회사의 예기치 못한 이벤트에 이리저리 휘둘릴 위험을 줄일 수도 있습니다. 고급 두뇌들이 팀 단위로 움직이는 외국인투자자나 기관투자자에 비해 허술한 실력으로 각개전투하고 있는 개인투자자들에게는 더할 나위 없이 매력적인 상품임에는 틀림이 없습니다.

그러나 이런 장점을 활용하기 위해 ETF로 주식에 투자하는 개인투자자는 그리 많지 않습니다. 대부분은 대박을 터트려 줄 종목을 고르기 위해 경제 신문을 뒤지거나 증권 방송을 챙겨보고, 그럴 시간도 없으면 적지 않은 비용을 지불하고 인터넷이나 ARS를 통해 추천 종목을 소개받곤 합니다. 그러나 경제 신문을 아무리 많이 보고 증권 방송을 1년 내내 챙겨보더라도 "개인투자자는 전문가도 아니고 해야 할 본업이 있으니 어느 종목을 고를까 고민하지 마시고 시장 평균을 추종하는 ETF에 투자하고 생업에 충실하세요"라는 말은 듣기 어려울 것입니다. 여기에는 그럴 만한 사연이 있습니다.

증권사는 투자자들이 이것저것 사고팔고, 여기저기 갈아타면서 무조건 매매를 많이 해줘야 수익이 나는 구조입니다. 증권 방송도 고수들이 화려한 차트를 보여가며 이 종목 저 종목 찍어주고, "내가 고른 종목이 어떠냐"는 아주머니의 상담전화도 받아 줘야 시청자가 늘어나서 광고수익을 올릴 수 있습니다. 개미들이 약아 빠지게 ETF 하나만 달랑하고, 그것도 일 년에 몇 차례만 매매하면 그들이 먹고사는데 지장이 많습니다.

사람의 의식 중에는 무리 속에서 자신도 모르게 무리에 동화되는 의식인 "집단무의식"이라는 것이 있습니다. 주식시장에도 크게 보면 네 부류의 "집단무의식"이 있습니다. 도박 하우스에 가면 판을 벌이는 하우스 주인이 있고 주머니 털어가는 타짜와 주머니 털리는 호구가 있듯이 주식시장에도 판을 만들어 주는 대가로 수수료를 받아 먹는 금융기관이 있고 외국인, 기관, 개미라는 선수들이 있습니다.

과거 주식시장의 패턴을 보면 마치 약속이나 한 듯이 외국인, 기관, 개미들이 하나의 주체처럼 움직여 왔음을 알 수 있습니다. 그리고 그 결과는 대부분 비슷합니다. 상승장이나 하락장이나 무조건 돈 버는 선수는 판을 만들어 주는 금융기관이고, 오래 묵혀 놨다가 한 번 먹을 때 크게 해먹는 부류는 외국인이고, 대충 실속 챙기는 곳은 기관들이며, 언제나 털리는 호구는 개미로 불리는 서민들입니다. 이렇게 한 번 털린 개미들은 물갈이되어 시장에서 조용히 퇴출당하고 시간이 지나면 또다시 탐욕으로 무장한 파릇파릇한 개미들이 알아서 그 자리를 메워줍니다. 서민들이 주식시장에 뛰어들었다면 무조건 자신은 개미라는 사실을 인식해야 합니다.

주식시장의 하우스 주인 격인 금융기관은 절대 개인투자자들의 편이 아닙니다. 그들 역시 주식투자라는 게임에 참여한 선수 중에 하나입니다. 주식투자를 하면서 외국인의 패도 읽고 기관의 패도 읽어야 하겠지만 판을 만들어 주고 있는 금융기관의 패도 읽어야 합니다.

내 손에 광이 들어 왔는지 청단이 들어 왔는지 내 패만 뚫어져라 쳐다보고 일희일비해서는 절대 상대를 이길 수 없습니다. 내 패를 보고 상대의 패를 읽을 수 있어야 호구가 되지 않습니다. 이미 오래 전부터 주식시장은 실질적으로 제로섬 게임을 하고 있기 때문에 상대의 이익이 나의 손해이고 상대의 손해가 나의 이익이기 때문입니다.

임상옥의 승리 비결

조선후기 최고의 상인 중에 임상옥이라는 거상이 있습니다. 드라마 〈상도〉에 소개되기도 했는데 임상옥은 주로 중국과 홍삼 무역을 하면서 큰돈을 벌었습니다. 당시는 지금처럼 무역이 크게 발달하지 않아서 중국 북경에서 일 년에 한 번씩 홍삼시장이 열렸습니다. 이렇게 일 년에 한 번만 장이 열리기 때문에 홍삼을 사는 사람이나 파는 사람이나 장사를 잘해야 합니다. 홍삼을 파는 사람 입장에서는 비싸게 팔려 하고, 사는 사람 입장에서는 싸게 사려합니다. 이렇듯 사고파는 사람들이 서로 팽팽한 줄다리기를 하며 흥정을 통해 가격이 매겨집니다. 예로부터 "고려인삼"이라 하여 조선산 홍삼은 중국에서 귀한 약재로 통했기 때문에 매우 비싸게 팔렸습니다. 그래서 임상옥은 북경에 홍삼을 팔러 갈 때마다 많은 돈을 벌어왔습니다.

그러던 어느 해 임상옥은 예전처럼 홍삼을 가득 싣고 북경에 갔습니다. 그런데 중국상인들이 서로 담합을 해서 홍삼 매입가격을 터무니 없이 싸게 불렀습니다. 참으로 난감한 일이 아닐 수 없었습니다. 그러나 임상옥은 무조건 홍삼을 다 팔아야 했습니다. 제 값을 못 받는다고 홍삼을 싣고 조선으로 다시 돌아가면 그대로 망하게 됩니다. 고민에 빠져있던 임상옥은 기발한 방법을 사용합니다.

그는 상인들이 많이 모이는 광장에 홍삼을 모두 풀어서 산더미처럼 쌓아뒀습니다. 상인들은 임상옥이 뭘 하려는지 궁금해서 몰려들었습니다. 임상옥은 많은 중국상인이 지켜보는 가운데 홍삼을 태우기 시작했습니다. 사람들은 비싼 홍삼을 태우는 그를 보고 깜짝 놀랐습니다. 그중에서도 가장 놀란 이들은 다름 아닌 중국상인들이었습니다. 왜냐하면 중국상인들도 홍삼을 사기 위해 1년을 기다린데다가 그들은 중간상인이었기에 무조건 홍삼을 사가야 했기 때문입니다. 결국 담합했던 상인들은 서로 앞을 다투어 더 높은 가격을 줄 테니 홍삼을 제발 태우지 말라고 애원했고 중국상인들과의 신경전은 임상옥의 승리로 끝났습니다.

임상옥과 중국상인들이 벌였던 게임은 다름 아닌 제로섬 게임이었습니다. 제로섬 게임에서 이기기 위해서는 내가 얻는 이익보다 상대가 입을 손해를 먼저 생각해야 합니다. 즉, 상대의 패를 먼저 보고, 상대의 약점을 공략해야 합니다. 중국상인들과의 제로섬 게임에서 임상옥이 승리한 이유도 임상옥이 중국상인의 패를 읽고 그 약점을 공략했기 때문입니다.

ETF가 개인투자자에게 딱 맞는 이상적인 상품이지만 금융기관이 개인투자자에게 ETF만 투자하라고 강조할 수 없는 그들의 패도 읽어야 합니다. 사실 제가 말하고 싶은 바는 매우 단순합니다. 개인투자자들이 주식투자를 하려면 ETF에 투자하라는 것입니다.

저는 주식투자를 처음 할 때부터 개인투자자는 ETF로 투자하는 것이 유리하다는 것을 알고 있었습니다. 그러나 왜 ETF로 투자하는 것이 유리한지를 깨닫는 데는 오랜 시간이 걸렸고 수많은 시행착오와 함께 어마어마한 삽질의 과정을 거쳤습니다. 또한 "깨닫기 전에는 아는 것이 아는 것이 아니다"라는 사실을 아주 뒤늦게 깨달았습니다. 이것이 제가 이토록 절박하게 주식투자는 ETF로 해야 함을 강조하는 이유이기도 합니다. 이제 남은 문제는 앞에서 살펴봤던 수많은 ETF 중에 도대체 "어떤 상품을 골라야 하는가"의 문제입니다.

서민들이 활용해야 할 ETF는 무엇인가

ETF는 종류도 다양하고 상품도 많지만 제가 추천하고 싶은 것은 몇 가지 되지 않습니다. 먼저 서민들이 사용해야 할 주 무기는 Market, 즉 시장을 추종하는 상품입니다. 시장을 추종하는 상품은 KOSPI200 같은 지수를 추종하기 때문에 결국 시장 평균인 KOSPI지수와 거의 동일하게 움직입니다. 따라서 Market을 추종하는 ETF를 골라서 투자의 주 무기로 삼으면 됩니다.

그런데 ETF에 투자할 때 한 가지 주의해야 할 것이 있습니다. 그것은 사고파는 사람들이 많아 유동성이 풍부해야 한다는 것입니다. 예전에 비해 ETF시장이 많이 발달하긴 했지만 ETF 상품의 종류가 다양한데 비해 아직 거래가 활성화되지 않은 상품이 많습니다. 거래량이 적은 상품을 선택하면 사고 싶을 때 못 사고, 팔고 싶을 때 못 파는 난감한 경우가 발생할 수도 있습니다. 현재 우리나라의 ETF시장에서 비교적 역사가 오래되었고 거래 규모가 큰 상품은 삼성투신에서 운영하는 KODEX 계열 상품입니다. 따라서 시장을 추종하는 상품도 KODEX200을 추천합니다. 이 종목은 거래량이 많고 가장 많이 알려진 상품 중 하나로 유동성이 풍부하기 때문에 거래하는데 곤란을 겪는 일이 거의 없습니다.

한편, 시장 전체 말고도 반도체, 자동차, 은행 같은 섹터별이나 삼성그룹주, 현대차그룹주 같은 테마별로 묶어놓은 상품도 있습니다.

그러나 이것은 그리 추천하고 싶지 않습니다. 물론 주도주는 시장 평균보다 더 높이 날아갑니다. 그러나 내가 주도주라고 명찰을 달고 있는 것도 아니고, 실제로 주도주는 매번 바뀝니다. 미국 경기가 살아날 것 같으면 IT가 좋아지고, 금리가 오르는 추세에서는 금융이 좋고, 세계경기가 호황이어서 물동량이 많아지면 철강, 조선이 주도주가 되고, 세계경기가 불황이면 내수위주 종목이 주도주가 되기도 합니다. 그러나 이것 역시 공식이 아니고 경제상황에 따라 매번 달라집니다.

개미들은 이런 복잡함을 최대한 내려놓고 간단하게 시장 평균을 추종하는 상품 하나를 주 무기로 삼는 것이 좋습니다. 시장 평균을 추종하는 KODEX200을 주 무기로 삼았다면 이제 취향에 따라 양념처럼 사용할 수 있는 보조무기를 좀 더 알아보도록 하겠습니다.

먼저 KODEX인버스라는 상품이 있습니다. 인버스Inverse라는 말에서 알 수 있듯이 이 상품은 지수와 반대로 움직이는 특징이 있습니다. 간단히 말해서 KOSPI지수 하루 변동폭만큼 반대로 움직인다고 보면 됩니다.

[그림 2-2]는 시장을 추종하는 KODEX200A과 시장과 반대로 움직이는 KODEX인버스B 차트를 비교한 것입니다. 보시는 바와 같이 이 두 상품의 움직임이 거울의 양면처럼 매우 비슷하다는 것을 알 수 있습니다. 그렇다고 완전히 똑같지는 않습니다. 그 이유는 하루 변동폭만큼의 인버스이기 때문에 횡보장[23]에서 상승과 하락을 반복하면 왜곡될 수도 있습니다. 이 말이 어렵다면 KOSPI지수와 100% 동일하지는 않지만 거의 반

---

23. **횡보장** - 주가 움직임이 상하로 크게 움직이지 않고 일정한 범위를 오르내리는 장세

[그림 2-2] KODEX200(A)과 KODEX인버스(B) 비교

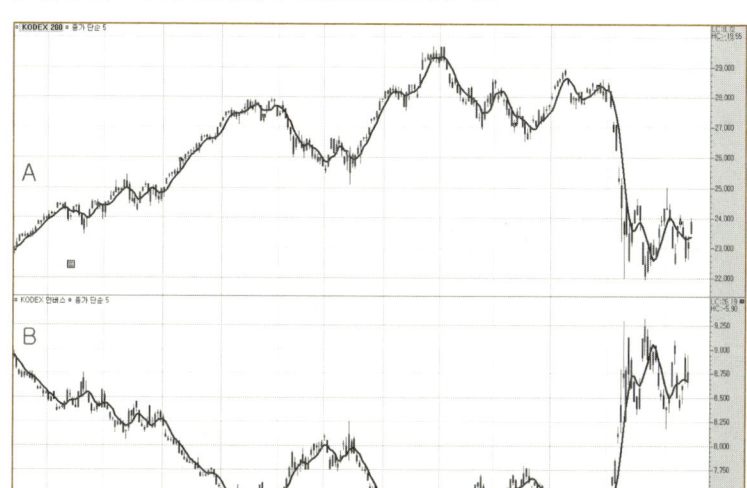

대로 움직인다고 생각하면 큰 무리는 없습니다. KODEX인버스를 잘만 활용하면 하락장에서도 수익을 낼 수 있습니다. 그렇다고 이 상품을 주무기로 활용하는 것은 권장할 사항이 아닙니다. 왜냐하면 하락장은 상승장보다 변동성이 훨씬 심하고 급하게 움직이기 때문입니다. 따라서 하락장에서 가볍게 보조무기로만 사용하길 권해드립니다.

또 다른 재미있는 상품은 KODEX레버리지라는 상품입니다. 이 상품 역시 응용상품입니다. KODEX인버스가 하루 변동폭의 반대로 움직였다면 KODEX레버리지는 KOSPI지수 변동폭의 거의 2배 수준으로 오르고 내린다고 보면 큰 무리가 없을 듯 합니다. 하루 변동폭의 두 배이기 때문

서민들이 활용할 만한 ETF 상품

용도	상품명	특징
주식투자의 주 무기	KODEX200	시장 평균 추종
주식투자의 보조무기	KODEX인버스	시장 평균과 반대로 움직임
	KODEX레버리지	시장 변동성의 두 배로 움직임
	KODEX China H	홍콩 시장에 상장된 중국기업에 투자

에 잘못 사용하면 큰 손실을 보지만 잘만 활용하면 큰 수익을 볼 수 있습니다. 이 상품은 대세상승을 확신해서 상승 시 좀 더 높은 수익을 내고 싶을 때 활용하기에 적당합니다. 그러나 개미들은 가급적 변동성을 최소화하고 안전 운행하는 것이 유리하므로 이 상품 역시 보조무기로 사용할 것을 추천합니다.

또한 해외시장에 투자할 수 있는 상품도 있는데 아직은 거래량이 그리 많지 않다는 단점이 있습니다. 그래도 향후 중국의 성장을 주목한다면 KODEX China H라는 상품에 투자해볼 만합니다. 이 상품은 중국기업을 홍콩시장에 상장한 홍콩H지수를 벤치마킹으로 하는데 환헤지[24]가 되지 않아서 환율 변동에 따라 홍콩H지수와 변동폭이 다소 차이가 날 수 있습니다. 그러나 금융위기 때와 같이 환율이 큰 폭으로 요동치지 않는다면 크게 우려할 만한 차이는 없으니 관심 가져볼 만합니다.

24. 환헤지 - 환율 변동성에 대한 위험을 줄이거나 없애는 것

주목할 만한 해외 ETF

투자의 기회를 제공하는 곳은 채권시장, 주식시장뿐만 아니라 에너지, 식량, 귀금속 등을 사고파는 실물시장도 있습니다. 이런 실물시장으로 돈이 몰려오는 타이밍을 잘 활용하면 투자의 기회를 얻을 수 있습니다.

주식시장의 팔방미인 격인 ETF는 주식회사뿐만 아니라 석유, 농산물, 금과 같은 실물에도 간접적으로 투자할 수 있습니다. 실물에 투자하는 ETF가 본격적으로 주목받기 시작한 것은 금융위기 이후입니다. 서브프라임 모기지 부실사태로 불거진 미국 발 금융위기는 세계경제를 순식간에 극심한 경기침체의 나락으로 빠뜨렸습니다.

그 후 이를 극복하기 위해 미국을 중심으로 한 세계 주요국가들이 초저금리 정책과 함께 막대한 재정을 지출하면서 엄청난 돈을 뿌려댔습니다. 그런데 경기부양을 목적으로 풀려난 유동성이 경기침체로 마땅히 투자할 곳을 찾지 못하자 원자재, 금, 농산물과 같은 실물시장으로 흘러들어 가면서 실물자산의 가격을 급격히 올려버렸습니다. 돈이 풀린 양이 많고 그 기간이 길어질수록 돈의 가치는 점점 떨어질 수밖에 없습니다.

그런데 세계의 중앙은행 격인 미연방은행FRB이 실질적으로 제로금리 정책을 펴고 있고, 극심한 경기침체와 미국 정부의 과도한 부채로 인해 언제 금리를 올릴지 기약조차 할 수 없는 입장입니다.

따라서 실물자산의 가치가 지속적으로 올라갈 확률이 매우 높습니다. 아니 실물자산의 가치가 올라간다기보다 돈의 가치가 지속적으로 하락

한다고 보는 것이 보다 정확한 표현일지도 모릅니다.

 그렇다고 서민들이 돈의 가치가 떨어지는 것을 대비해 장롱 속에 금 덩어리를 숨겨두거나 다락방에 식량과 석유를 쌓아둘 수도 없습니다. 하지만 걱정할 필요는 없습니다. 친절하게도 이런 불편을 덜어주기 위해 실물자산에 투자할 수 있는 다양한 종류의 ETF상품이 출시되어 있기 때문입니다.

 우리나라 주식시장에도 TIGER농산물선물(H), KODEX골드선물(H) 등과 같이 실물에 투자하는 ETF상품들이 출시되어 있습니다. 그러나 대부분 금융위기 이후 실물자산 가격이 급등할 때 만들어진 상품들이다 보니 역사가 짧은 만큼 거래량이 충분하지 않아 매매에 에로사항이 발생할 수도 있고 종류 또한 그리 다양하지 못합니다.

 이런 단점을 극복하고 좀 더 다양한 실물ETF에 투자하고 싶다면 미국 주식시장에 상장된 실물ETF에 투자하는 방법이 있습니다.

 요즘은 세상이 얼마나 좋아졌는지 책상 앞에 앉아서 지구 반대편 미국 주식시장의 주식까지 어렵지 않게 사고팔 수도 있습니다.

 물론 이런 편리함을 제공해주는 만큼 국내주식을 거래할 때보다 상대적으로 높은 거래비용이 발생하기 때문에 좁은 구간에서 시세차익을 노리고 잦은 매매를 하기보다 매매횟수를 줄이고 장기투자를 하는 것이 바람직합니다. 또한 국내주식인 경우 매매차익에 대한 양도차익이 면제되지만 해외주식은 1년에 250만 원을 초과한 차익에 대해서 양도소득세 20%와 주민세 2%, 총 22%의 세금이 부과되기 때문에 단점이 될 수 있습니다. 그러나 국내 주식시장에 상장된 해외ETF 역시 세금이 부과되는 점을 감안하면 치명적인 단점이라고는 할 수 없습니다. 국내주식에 투자할 때보다 신경 써야 할 부분도 많고 다소 까다롭긴 하지만 장점을 잘만 활용하면 또 다른 투자의 기회를 얻을 수 있을 것입니다.

미국 주식시장에 상장된 ETF 가운데 실물자산에 투자할 수 있는 대표적인 ETF를 요약하면 다음과 같습니다.

이 중 주목할 만한 ETF는 은(Silver)에 투자하는 SLV와 농산물 ETF인 DBA입니다. 기축통화[25]이며 세계의 공용화폐로 통하는 달러는 은행에 가져가면 금이나 은으로 교환할 수 있는 태환화폐가 아니라 미국의 국력과 신용에 의존하는 종이돈입니다. 예로부터 나라의 국력이 쇠약해지면 그 나라의 지폐 가치도 같이 떨어졌습니다. 금융위기 이후 미국은 위기를 모면하기 위해 달러를 마구 찍어냈고, 그로 인해 국가부채가 천문학적으로 늘어났으며 리더십에도 큰 손상을 입었습니다.

많은 경제학자들은 향후 세계경제가 요동칠 때마다 일시적인 달러강세 현상이 나올 수도 있지만 달러의 가치는 지속적으로 하락할 것으로 예상하고 있습니다. 이처럼 달러의 가치가 계속 떨어진다면 예로부터 진정한 화폐로 인정받았던 금과 은의 가치는 상대적으로 올라갈 것입니다.

인류의 기나긴 역사 속에 금과 은의 통상적인 교환 비율이 1:16인데 반해 2011년 현재 금과 은의 교환 비율은 1:40일 정도로 은(銀)은 금에 비해 상대적으로 저평가되어 있습니다. 하지만 은(銀)은 그 자체만으로 고유한 가

---

25. 기축통화 - 국제간의 결제나 금융거래의 기본이 되는 통화

미국 주식시장에 상장된 대표적인 실물자산 연동 ETF

종목코드	종목명	투자 상품	비고
GLD	SPDR GOLD Shares ETF	금(Gold)	금괴의 가격을 반영하는 ETF
SLV	iShares Silver Trust	은(Silver)	은의 가격을 반영하는 ETF
USO	United States Oil	석유	서부 텍사스 중질류 가격을 추종하는 ETF
DBA	PowerSahres DB Ariculture	농산물	농업상품 중 가장 활발하게 거래되는 ETF
UNG	United Stated Natural Gas	천연가스	천연가스의 현물가격을 추정하는 ETF

치를 저장할 수 있고 금 못지않게 안전자산으로 인식되고 있으며 산업전반에 걸쳐 광범위하게 쓰여지기 때문에 달러가 지속적으로 떨어지고 세계경제의 규모가 커지는 것과 비례하여 점진적으로 그 가치가 올라가리라 예상됩니다. 따라서 5년에서 10년 이상 긴 안목을 가지고 돈의 가치가 떨어지는 인플레이션에 대한 보험의 개념으로 접근한다면 은가격과 연동되는 ETF인 SLV는 매력적인 상품임에 틀림없습니다.

또한 인구가 늘어나고 지구온난화가 지속됨에 따라 식량부족 현상이 가속화되고 있습니다. 더욱이 석유 에너지를 대체하기 위해 사용되는 바이오 에너지가 옥수수를 주 원료로 하기 때문에 식량은 해를 거듭할수록 귀한 대접을 받고 있습니다. 식량은 의식주 중에 으뜸이고 귀금속보다 훨씬 더 실질적인 실물이기 때문에 달러약세가 추세적으로 지속된다면 그 가치는 점점 올라갈 것입니다. 따라서 농산물가격과 연동되는 ETF인 DBA도 관심 가져볼만 합니다.

여기서 한 가지 주의해야 할 것은 미국 주식시장에 상장된 ETF는 달러로 가격이 매겨지기 때문에 원 달러 환율을 주의 깊게 살펴봐야 한다는 것입니다. 원화가 강세일 때 저환율 매수하고, 원화가 약세일 때 고환율 매도하는 전략을 세우면 시세차익과 함께 환차익까지 얻을 수 있습니다.

이처럼 한국인 투자자가 미국 주식시장에서 환차익과 시세차익을 동시에 기대할 때 사용할만한 대표적인 ETF로는 SDS Proshares Ultra Short S&P 500라는 상품이 있습니다. 이 상품은 앞서 소개한 "인버스ETF"와 "레버리지ETF"를 섞어놓은 상품이라 할 수 있습니다. 우리나라 주식시장의 KOSPI200에 해당하는 S&P500지수의 두 배의 폭으로 반대로 움직이는 특징이 있습니다.

이 상품이 매력적인 이유는 잘만 활용하면 시세차익과 함께 환차익도 먹을 수 있기 때문입니다. 미국 주식시장이 호황일 때는 우리나라 수출대기업들이 달러를 많이 벌어오는 시기이기 때문에 원화강세가 절정에 달할 때입니다. 원화가 강세일 때는 적은 원화로 많은 달러를 바꿀 수 있기 때문에 같은 한국 돈으로 미국 주식을 좀 더 많이 살 수 있는 효과가 있습니다. 원화가 가장 강한 국면일 때는 미국 주식시장이 호황의 절정을 지나 대세하락의 초입에 접어들 확률이 많기 때문에 이때 하락 폭의 2배로 움직이는 ETF에 가입하면 향후 시세차익과 함께 환차익을 먹는 일석이조의 효과를 누릴 수 있습니다. 물론 원 달러 환율의 타이밍과 미국 주식시장의 타이밍을 절묘하게 맞추기는 결코 쉽지 않습니다 따라서 이 상품은 여유자금 중 일부를 활용하고, 위험부담은 있지만 높은 수익률을 목표로 할 때 사용하는 것이 좋을 것입니다.

　이상 개인투자자가 활용할 만한 다양한 ETF 상품에 대해 알아봤습니다. 다시 한번 강조하지만 본인의 투자 성향과 자산상황에 맞게 합리적인 비율로 배치하되, 어디까지나 주식투자의 주력은 KODEX200 같이 우리나라 주식시장의 평균을 추종하는 ETF상품을 활용하고 레버리지, 인버스, 해외 ETF 등은 보조무기로 사용하는 것이 바람직할 것입니다.

 핵심 Point

1. 금융기관들은 이해관계로 인해 개인투자자에게 ETF에 투자하는 것이 유리하다는 것을 강조하지 않는다.
2. ETF는 다양한 상품이 있지만 거래량이 많고 유동성이 풍부한 상품을 골라야 한다.
3. 시장 평균을 추종하는 ETF를 주식투자의 주 무기로 활용하는 것이 바람직하다.

개미를 위한 HOW TO

기술적 분석, 이것으로 충분하다 2

차트 맹신보다 무서운 것은
차트 무시다

시장을 바라보면서 "시장이 뭔가 속이고 있다"는 생각이 들거나
"시장이 왜 이리 비이성적이고 비정상적이냐" 하는 생각이 든다면
그 사람은 웬만하면 투자를 하지 않는 것이 좋습니다.

거래의 신(神)이 된 사람

임진왜란 이후 일본은 우리나라와 마찬가지로 쌀이 주식主食이었고, 쌀은 현금처럼 통용되던 곡물이었습니다. 지방 영주들은 매년 막대한 자금이 필요했는데 세금으로 거둬들인 쌀을 매매해서 재정을 마련했습니다. 이런 이유로 쌀 거래시장이 발달하게 되었고, 1580년에는 이미 쌀을 증서화하여 거래하는 미곡증권이 거래되기도 했습니다. 당시 최대의 곡물거래소는 오사카의 "도오지마 곡물거래소"였습니다. 오사카는 주변에 곡창지대가 있고 수많은 하천과 운하가 밀집되어 있어 쌀을 비롯한

각종 상품의 집결지였고 도오지마 곡물거래소의 거래량은 일본의 쌀 수급을 좌우하며 전국의 쌀가격을 결정지을 정도였습니다. 한마디로 도오지마 곡물거래소는 오늘날 주식시장과 비슷한 곳이었습니다.

이런 도오지마 곡물거래소에 전설과도 같은 상인이 나타났는데 당시 사람들은 그를 "귀신 같은 존재"란 의미로 텐구天狗라 불렀습니다. 그는 바로 에도 시대 제일의 상인으로서 거래의 신으로 불리던 "혼마 무네히사"입니다. 오늘날 주식매매를 할 때 가장 보편적으로 사용하는 도구 중 하나인 일본식 캔들차트봉차트의 고안자이기도 합니다.

당시 쌀 거래시장에 영향을 주는 요소는 매우 많았습니다. 중앙정부에서 쌀과 관련된 정책이 쏟아질 때마다 쌀가격이 출렁거렸고, 주요 쌀 생산지에 병충해가 퍼졌다는 소식이 나돌면 쌀값이 급등하다가도 조선에서 대규모로 쌀이 들어온다는 소문이 떠돌면 급락하기도 했습니다. 오늘날 주식시장과 마찬가지로 당시 쌀가격은 쌀의 수요와 공급이라는 정량화된 변수만이 아니라, 쌀을 사고파는 사람들의 공포와 탐욕이라는 측량할 수 없는 변수에 의해 결정되기도 했습니다.

당시 거래에 참여한 사람들은 대부분 자신의 경험이나 감각에 의존했고 쌀가격에 영향을 줄 만한 여러 소식이나 소문이 나돌 때마다 이리저리 몰려다니며 가격이 오르는 것을 보고 따라 사거나 가격이 내리는 것을 보고 덩달아 팔곤 했습니다. 한마디로 당시 "도오지마 곡물거래소"는 혼돈의 바다였습니다.

혼마 역시 처음에는 탐욕과 공포라는 밀물과 썰물이 끊임없이 교차하는 그곳에서 이리저리 휘둘리며 허우적대기는 마찬가지였습니다. 그러던 그가 혼돈으로부터 빠져나올 수 있었던 결정적인 계기는 자신이 고안한 캔들차트로 쌀시장의 흐름뿐만 아니라 쌀시장에 참여하는 인간들의 탐욕과 공포까지 볼 수 있었기 때문입니다.

남들이 보지 못하는 시장의 모습을 보게 된 혼마는 자신이 만든 차트를 보면서 거래의 패턴과 추세를 파악하였고 카오스 속에서도 질서가 존재함을 발견하여 거래에 임할 때 언제나 자신을 객관화시킬 수 있었습니다. 이것이 그가 "거래의 신"이 될 수 있었던 비결입니다.

그가 시도한 것은 일종의 "기술적 분석"이었습니다. 그가 고안한 캔들차트[26]와 "사케다 전법"으로 불려지는 그의 시장분석기법이 수백 년이 지난 오늘날에도 그대로 적용된다는 사실은 놀라운 일이 아닐 수 없습니다.

기본적 분석과 기술적 분석

시장을 분석하는 방법은 가치투자로 대변되는 기본적 분석 Fundamental analysis과 차트로 대변되는 기술적 분석 Technical analysis으로 나눌 수 있습니다. 기본적 분석은 주식의 내재적 가치를 분석하여 미래의 주가를 예측하는 방법으로 주로 재무제표와 같은 펀더맨탈을 살피며 분석합니다. 반면 기술적 분석은 주가의 흐름을 보고 그 움직임 속에서 주가의 변화추세나

---

26. **캔들차트** - 일정 기간(일, 주, 월)에 거래된 주가의 행적을 표시하는 것

패턴을 찾아내고 이를 활용하여 시장을 분석하는 방법입니다.

시장참여자 중에는 기본적 분석을 중요시하는 사람이 있는가 하면 기술적 분석을 중요시하는 사람도 있습니다. 기본적 분석을 하는 사람들은 차트로 시장을 분석하는 것을 보고 "차트 맹신"이라 비난하며 황당해 하기도 합니다. 반면 기술적 분석을 하는 사람들은 기본적 분석만 고집하는 사람들을 보며 답답해 하기도 합니다.

주식투자자라면 "기본적 분석"과 "기술적 분석" 가운데 어떤 분석법을 활용해야 할지 한 번쯤은 고민해 봤을 것입니다. 과연 두 분석방법 중에 어디에 초점을 맞추는 것이 합리적일까요? 야구를 해설하는 해설자의 입장과 현장에서 야구 경기를 직접 지휘하는 감독의 입장이 다르듯 주식투자 역시 시장에 참여하지 않고 시장을 관찰하는 "시장해설자의 입장"과 시장에 직접 참여하는 "시장참여자의 입장"은 확연히 다릅니다.

결론부터 말하자면 주식시장에 직접 참여하는 투자자는 "기본적 분석"을 기본으로 하되 실전에서는 "기술적 분석"에 좀 더 비중을 두는 것이 합리적입니다.

18세기 일본의 쌀시장이나 21세기 대한민국 주식시장이나 거래가 이뤄지는 곳에는 쌀이나 주식 같은 실물뿐만이 아니라 인간의 탐욕과 공포까지 같이 거래됩니다. 가장 이성적인 피조물인 인간이 만들어가는 주식시장의 모습은 아이러니하게도 이성적인 잣대만으로는 표현할 길이 없습니다. 탐욕이라는 양념이 섞이면 말도 안 되는 곳까지 오르기도 하지만 공포라는 독약이 풀리면 어이없는 수준까지 꺼져버리기도 합니다.

또한 내가 수집한 정보를 바탕으로 시장을 합리적으로 분석하기에는 그 변수들이 너무도 많고 복잡합니다. 내가 알고 있는 따끈따끈한 정보는 누군가에게는 이미 오래 전에 취득한 유통기한이 한참 지난 정보일 수도 있습니다. 오늘 발표한 기업실적은 최소 1분기 이전의 과거가 되어버린 정보이고 현재 가격에 이미 그대로 녹아 있습니다.

차트가 전하는 메시지를 읽을 수 있어야 한다

시장참여자들의 의중, 판단, 움직임, 공포와 탐욕 등 시장의 등락에 영향을 주는 그 모든 요소는 거의 실시간으로 시장에 반영됩니다. 그 속에는 합리적이고 이성적으로 판단하는 사람의 의지와 소문을 듣고 사고파는 사람의 의지, 그리고 시장참여자들의 탐욕과 공포도 적절히 뒤섞여 있습니다. 똑똑한 사람이 참여하기도 하지만 멍청한 사람이 참여하기도 합니다. 속이는 자도 있고 속는 자도 있습니다. 그런데 이 모든 것이 시장이라는 용광로에 그대로 녹아 있습니다.

만약 합리적이고 이성적인 시장참여자 10명이 내린 결정과 비합리적이고 비이성적인 시장참여자 90명이 내린 결정이 뒤섞여버리면 결론은 90명의 비합리적인 시장참여자가 내린 결정이 정답이 되는 것이 시장입니다. "언제나 시장이 정답이다"는 말이 생겨난 것도 이 때문입니다.

간혹 "시장이 우리를 속이고 있다"는 말을 하는 사람이 있습니다. 합리적이고 이성적인 잣대로 시장을 판단하면 지금의 모습이 도저히 말도 안

된다는 것입니다. 이처럼 시장을 바라보면서 "시장이 뭔가 속이고 있다"는 생각이 들거나 "시장이 왜 이리 비이성적이고 비정상적이냐" 하는 생각이 든다면 그 사람은 웬만하면 투자를 하지 않는 것이 좋습니다. 그런 마인드를 가지고 있으면 "이종격투기를 해설"하는 사람으로는 적합할지 몰라도 피 흘리며 직접 치고받고 싸우는 "이종격투기 선수"로는 부적합합니다.

경제 펀더맨탈 상황과 주식시장에 참여하고 있는 선수들의 의지가 반응하여 현재진행형으로 움직이는 시장의 모습이 바로 차트입니다. 차트 속에는 시장참여자의 모든 판단이 녹아 있고 그들이 가지고 있는 공포와 탐욕도 녹아 있으며 속이는 자와 속고 있는 자의 발자취 또한 모두 그대로 녹아 있습니다. 그래서 차트가 말하는 메시지를 읽을 수 있어야 합니다. 이것이 기술적 분석이 중요한 이유이기도 합니다.

기본적 분석만으로 시장을 예측하기에는 변수가 너무 많고 지나칠 정도로 복잡합니다. 또한 기본적 분석만으로 시장에 대응하기에는 시장이 너무 빨리 움직입니다. 왜냐하면 시장은 오늘의 상황을 반영하는 것이 아니라 미래의 상황을 투영하기 때문입니다. 주식시장 변두리에서 구경만 하는 사람에게는 기본적 분석으로 시장을 해설하는 것이 보다 합리적인 행위일 것입니다. 그러나 주식시장에 직접 뛰어들어 선수로 참여하는 사람은 기술적 분석법을 익혀 현재진행형으로 움직이는 시장의 모습을 읽을 수 있어야 합니다.

남들이 보지 못하는 것도 봐야 이기는 게임에서 남들이 보고 있는 것조차 못 보고 있다면 승률은 낮아집니다. 그러나 개인투자자 중에 의외로 기술적 분석법에 대해 무관심한 사람이 많습니다. 적지 않은 돈을 주식에 투자하는 사람 중에 캔들차트를 읽을 줄 모르고, 이동평균선[27]의 의미조차 모르는 사람도 의외로 많습니다.

"차트맹신"보다 위험한 것은 "차트무시"입니다. 그렇다고 복잡하고 화려한 차트기술을 익혀야 함을 말하는 것은 아닙니다. 손에 맞지도 않는 칼 여러 개를 들고 싸우는 것보다 손에 딱 맞는 칼 한두 개를 들고 싸우는 것이 훨씬 더 유리하듯 개미로 불리는 개인투자자가 갖춰야 할 기술적 분석법은 간단한 방법 몇 가지면 충분합니다. 그럼 기술적 분석의 개념과 기본적이고 필수적인 기술적 분석법에 대해 알아보도록 하겠습니다.

 핵심 Point

1. 기본적 분석은 주식의 내재적 가치를 근거로 주가를 예측하는 방법이다.
2. 기술적 분석은 주가 움직임의 특징을 통해 주가를 예측하는 방법이다.
3. 실전투자자에게 기술적 분석은 선택이 아닌 필수이다.

27. 이동평균선 – 일정 기간의 평균 매매가격을 선으로 표시한 것으로 통상 5일·20일·60일·120일이 기준

주가는 파동의 원리로 움직인다

파동의 흐름을 깨닫지 못하면 혼란에 빠지게 됩니다. 오르기도 하고 내리기도 하는 것이 도무지 갈피를 잡지 못하게 됩니다. 그러나 파동의 원리를 파악하게 되면 시시각각변하는 혼돈 속에서도 방향을 감지할 수 있습니다.

물리학과 주식시장의 궁극적 이론

1999년 12월 27일 세계적인 시사주간지 〈타임〉은 "20세기의 인물"로 아인슈타인을 선정했습니다. 아인슈타인을 20세기를 살았던 사람 중 가장 영향력이 컸던 인물로 평가한 것입니다. 만약 아인슈타인이 광양자설light quantum theory로 빛의 성질을 알아내지 못했고 일반상대성이론으로 천체의 움직임을 설명하지 못했다면 오늘날 컴퓨터나 텔레비전, 우주선과 같은 현대 물질문명은 태어나지 않았거나 시간이 한참 걸렸을 것입니다.

모든 과학의 기초라 불리는 현대 물리학의 두 기둥인 양자역학과 일반상대성이론은 모두 아인슈타인이 있었기 때문에 가능했습니다. 양자역학은 원자 이하의 극히 미세한 세계를 설명하는 이론이고, 일반상대성이론은 별이나 은하와 같은 거대한 천체를 설명하는 이론입니다.

그런데 우주에 두 가지 다른 법칙이 있다는 것은 매우 난감한 일입니다. 그래서 아인슈타인은 우주를 설명하는 궁극적인 이론인 통일장이론Unified theory of field에 대해 연구하게 됩니다. 그러나 그는 무려 30여 년 동안 통일장이론을 연구했지만 큰 성과 없이 생을 마감하고 말았습니다. 아직 완벽한 통일장이론으로 인정받은 이론은 없지만 통일장이론에 가장 근접했다고 평가받는 이론이 있습니다. 그것은 바로 초끈이론Super-string theory입니다. 초끈이론은 만물의 최소 단위를 원자와 같은 입자가 아니라 "진동하는 끈"으로 설명하고 있습니다. 다시 말해 우주 자연만물을 "에너지를 띤 파동"으로 설명한 것입니다. 이 이야기를 꺼낸 것은 다음 두 가지를 강조하기 위해서입니다.

첫째, 아인슈타인이 "우주 만물을 설명할 수 있는 궁극적인 이론"을 알고자 노력했듯이 주식투자자 역시 주가의 움직임을 설명할 수 있는 "기본적인 원리"에 대해 고민해 봐야 한다는 것입니다. 그리고 둘째, 현재 통일장이론에 가장 근접한 이론이 만물을 진동하는 끈인 에너지를 띤 파동으로 설명하고 있듯이 주식시장 역시 "에너지를 띤 파동"으로 인식해야 한다는 것입니다.

주식시장에는 많은 고수들이 있고 수많은 비법과 필살기가 난무합니다. 기술적 분석의 망망대해에서 방향을 잃고 표류하지 않으려면 주가의 움직임을 파동으로 인식해야 합니다. 주가의 움직임이 파동의 성질을 띠고 있다는 사실을 인지하면 기술적 분석의 반은 된 것입니다.

주가의 파동 움직임

수학이라는 과목은 암기과목처럼 공식만 외운다고 실력이 향상되는 것이 아님을 잘 아실 것입니다. 공식만 달달 외우고 정형화된 문제만 풀어 본 학생은 문제 유형을 조금만 달리하고 문제를 조금만 틀어 버리면 당황하게 됩니다. 그러나 수학 공식의 원리를 터득한 학생은 문제 유형을 바꾸고 문제를 이리저리 뒤틀어 놓아도 당황하지 않고 원리를 생각하며 술술 풀어갈 수 있습니다. 이처럼 공식을 외우는 것이 아니라 원리를 꿰차고 있어야 응용을 할 수 있습니다.

주식시장은 정형화된 문법이 있고 공식이 통하는 곳일까요? 전혀 그렇지 않습니다. 공식이 있는 듯 없고, 없는 듯 있는 곳이 주식시장입니다. 이런 주식시장을 설명하는 기술적 분석 역시 공식처럼 매번 딱딱 들어맞는 것은 없습니다. 따라서 그 어떤 분석법도 맹신하지 말아야 합니다.

앞서 "주가의 움직임은 파동이다"라고 강조했습니다. 이것 역시 공식은 아니고 비법은 더더욱 아닙니다. 앞으로 말씀드릴 것 또한 기술적 분석에 관한 공식이나 비법이 아니라 이치와 원리에 관한 것입니다.

주식시장에는 주식을 사고자 하는 사람과 팔고자 하는 사람이 있습니다. 주식을 사고파는 사람들은 이유가 많습니다. 내 자식과도 같은 돈으로 주식을 사고파는 데 얼마나 많이 고민을 하고 망설였겠습니까?

아무튼 그렇게 주식을 사고파는 사람들의 에너지가 만나는 지점에서 가격이 형성되는데 그것이 바로 주식의 가격인 주가입니다. 다시 말해 주가라는 것은 주식을 사고자 하는 사람들의 에너지와 팔고자 하는 사람들의 에너지가 만나는 지점에서 형성됩니다. 주식을 사고자 하는 에너지의 힘을 "매수세"라 하고, 주식을 팔려고 하는 에너지를 "매도세"라 합니다.

주가는 결국 매수세와 매도세의 에너지 충돌에 의해 형성되는 것입니다. 그런데 상반되는 에너지가 만나면 그 움직임은 일방적인 직선이 아니라 파동의 형태로 움직입니다.

예를 들어 농구공을 멀리 던졌다고 가정해보겠습니다. 농구공이 바닥에 떨어지면 탄성력에 의해 위로 올라갑니다. 그러나 곧 중력에 의해 땅에 떨어집니다. 결과적으로 튀어 오르려는 힘과 내려오려는 힘이 서로 상

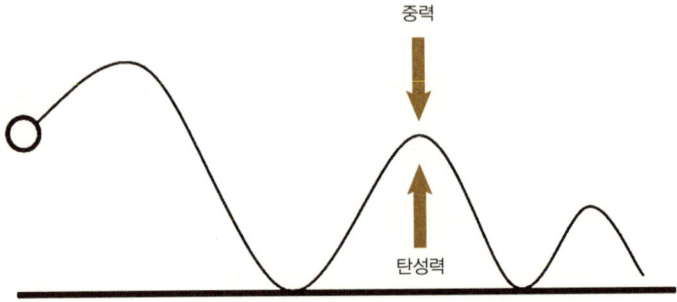

충하면서 파동의 형태를 그립니다. 주가 역시 주식을 사려는 매수세와 주식을 팔려는 매도세가 만나서 서로 힘겨루기를 하기 때문에 그 움직임의 형태는 결국 파동을 그리게 됩니다.

주가는 상승을 하든 하락을 하든, 한 방향으로 일방적으로 움직이지는 않습니다. 상승을 하더라도 오르고 내리고를 반복하면서 파동을 그리며 올라갑니다. 하락할 때 역시 파동을 그리며 내려갑니다. 파동의 흐름을 깨닫지 못하면 혼란에 빠지게 됩니다. 오르기도 하고 내리기도 하는 것이 도무지 갈피를 잡지 못하게 됩니다. 그러나 파동의 원리를 파악하면 시시각각 변하는 혼돈 속에서도 방향을 감지할 수 있습니다.

우리나라는 6월부터 7월까지 장마철입니다. 북태평양의 더운 공기와 시베리아의 차가운 공기가 만나서 긴 수증기 축인 장마전선을 만들면서 비구름을 형성합니다. 그런데 남쪽에서 올라오는 더운 공기가 겨우내 버티고 있던 차가운 공기를 일방적으로 밀어 올리지는 않습니다. 제주도 근방에서 생긴 장마전선은 오르락내리락하기를 여러 번 반복하면서 조금씩 북쪽으로 올라가다 어느 순간 사라집니다.

경제현상 역시 마찬가지입니다. 인간이 만들어내는 경제활동 상황을 가리켜 경기景氣라고 합니다. 경기상황 역시 계절의 순환처럼 호황기와 불황기를 주기적으로 반복하며 순환합니다. 이를 가리켜 경기순환景氣循環, **Business cycle**이라고 합니다. 이런 경기순환의 흐름을 가시적으로 볼 수 있는 곳이 바로 주식시장이고 주가의 움직임이며 차트입니다.

물론 돈의 힘에 의해 과도하게 움직이며 때론 왜곡되기도 하지만 결국

[그림 2-3] 파동의 성질을 띠는 주가의 움직임

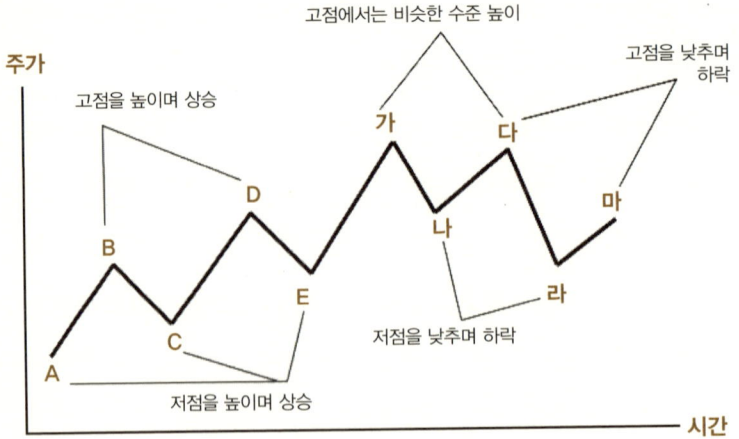

주가는 경기景氣를 반영합니다. 경기景氣에 기氣라는 말이 있는 것에서 알 수 있듯이 경제상황 역시 인간의 의지가 응축된 일종의 에너지입니다. 주가가 오르락내리락하며 정신없이 움직이는 듯 하지만 에너지를 가진 파동이기 때문에 여러 특징을 가지고 있습니다.

[그림 2-3]처럼 주가가 오를 때는 고점B, D과 저점A, C, E을 높이면서 상승파동을 타고 올라가고, 주가가 내릴 때는 고점다, 마과 저점나, 라을 낮추면서 하락파동을 타고 내려갑니다. 또한 천장 근처에서는 상승 에너지가 약화되어 낙타의 등처럼 봉우리가 두 개인 쌍봉가, 다의 모습이 자주 출현하고 반대로 바닥 근처에서는 하락 에너지가 약화되어 쌍 바닥의 모양이 자주 나타나곤 합니다.

주가가 파동의 성질을 띠며 움직인다는 사실에 주목하면 현재 주가가 상승추세인지 하락추세인지, 아니면 상승에서 하락으로 전환될지, 하락에서 상승으로 전환될지 많은 힌트를 얻을 수 있습니다. 단, 아무리 뛰어난 기술적 분석법이 나타난다 하더라도 공식처럼 매번 딱딱 맞아 떨어지지는 않을 것입니다. 왜냐하면 주가는 파동의 성질만 띨 뿐 그 파동은 불규칙 바운드로 튀기 때문입니다. 따라서 주가의 파동 성질을 참고해서 주가의 바닥과 천장을 판별하고 변곡점을 찾고 타이밍을 잡는데 포커스를 둬야 할 것입니다.

 핵심 Point

1. 기술적 분석을 공식처럼 생각하지 말고 기술적 분석의 핵심 원리를 파악해야 한다.
2. 주가는 매수세와 매도세가 힘겨루기를 하며 움직이기 때문에 파동의 성질을 띠고 있다.
3. 주가가 파동의 성질을 띠고 있다는 것을 이용하면 주가의 변곡점을 찾는데 힌트를 얻을 수 있다.

많이 알려 하지 말고
핵심만 익혀라

개인투자자가 외국인이나 기관을 상대로
싸워 이길 수 있는 비결은 그들을 이기려 덤벼들지 않는 것입니다.

기술적 분석은 도구에 불과하다

기술적 분석은 주가 분석 모델의 양대 산맥 중 하나로서 많은 투자자들이 실전에서 활용하고 있습니다. 그렇다고 기술적 분석을 통해 주가 흐름에 대한 "답"을 찾으려 해서는 곤란합니다. 기술적 분석을 주가 흐름에 대한 힌트를 얻는 것으로 인식해야지 "답"을 주는 대단한 녀석으로 인식하면 차트맹신에 빠지게 됩니다. 주식투자자는 주식시장에 존재하는 그 무엇에도 빠지지 말아야 합니다.

뛰어난 축구선수는 발 재간이 좋은 선수가 아니라 시야가 넓어 경기 흐름을 읽을 수 있는 선수입니다. 마찬가지로 주식시장에서 뛰어난 투자자는 주식시장을 보는 시야가 넓은 사람입니다. 따라서 무엇에 빠져 시야가 좁아지는 것을 경계해야 합니다.

주식시장에는 수많은 전문가가 있고 투자의 달인과 고수들도 도처에 널려 있습니다. 하루가 멀다 하고 수많은 예측과 전망들이 쏟아져 나옵니다. 그러나 그 예측이 아무리 멋있고 그럴듯해 보여도 감탄을 하거나 감동을 해서는 안 됩니다. 워런 버핏[28]이 아니라 워런 버핏 할아버지가 하는 말이라도 그저 수많은 시장참여자 중 한 사람의 의견으로 생각해야 합니다. 그래야만 시야가 좁아지는 위험을 피할 수 있습니다. 기술적 분석에 대한 인식도 마찬가지입니다. 기술적 분석은 시장의 흐름을 정확히 볼 수 있는 절대적인 진리가 아니라 시장의 분위기를 파악하고 힌트를 얻는데 사용하는 도구에 불과합니다.

주방장들이 쓰는 칼 중에 세계 최고는 일본 교토에 있는 "아리츠쿠"라는 칼입니다. 조그만 가게에서 10여 명의 장인들이 만들어내는 아리츠쿠 칼은 생선회칼만 50종류가 있고 길이와 용도에 따라 450여 종의 칼이 있습니다. 하지만 그중에 최고의 칼은 따로 존재하지 않습니다. 생선회를 뜰 때, 생선 뼈를 자를 때, 그 용도에 따라 각기 다른 종류의 칼이 있을 뿐이지 칼의 순위를 매기는 것은 무의미하기 때문입니다.

---

28. **워런 버핏**Warren Edward Buffett - 투자의 귀재로 불리는 미국의 전설적인 투자자

기술적 분석 또한 마찬가지입니다. 모든 상황에서 모든 투자자에게 모두 적용되는 최고의 분석법은 존재하지 않습니다. 주식투자의 승패는 어떤 분석법을 사용하느냐가 아니라 그 분석법을 활용하는 투자자의 감각과 실력에 따라 좌우됩니다. 똑같은 분석법이라도 어떤 투자자에게는 최고의 도구가 될 수 있지만 어떤 투자자에게는 최악의 흉기가 될 수도 있습니다.

복잡함을 버리고 단순함을 취하라

서점에 가면 기술적 분석법을 소개하는 책이 수십 권도 넘습니다. 그동안 나왔던 책과 앞으로 나올 책들을 생각하면 수백 권 아니 수천 권이 될지도 모릅니다. 그 많은 책들이 서로 비슷한 분석법을 소개하기도 하고 자기만의 독특하고 기발한 분석법을 소개하기도 합니다. 그러나 그 모든 것을 익힐 필요는 없습니다.

개인투자자는 무조건 간단하고 쉬워야 합니다. 시장을 볼 때는 크게 봐야 하고, 시장을 대하는 자세는 느긋해야 하며 움직일 때는 단순해야 합니다. 개인투자자가 외국인이나 기관을 상대로 싸워 그들을 이기려면 역설적이게도 그들을 이기려 덤벼들지 말아야 합니다. 그 방편으로 시장 평균에 배팅해야 함을 강조했고 기술적 분석법 역시 단순하고 쉬운 것을 선택할 것을 강조하고 있는 것입니다.

개인투자자가 알아야 할 기술적 분석의 핵심은 몇 가지 되지가 않습니다. 첫째, 차트를 보고 현 시장의 추세를 알아내는 방법입니다. 주가의 파동적 특징을 고려해서 지금 주식시장이 상승에너지가 강한지 하락 에너지가 강한지를 측정해보고 어떻게 대응해야 할지를 고민해보는 것입니다. 둘째, 현 시장의 패턴을 보고 패턴의 특성에 따라 변곡점을 파악하는 방법입니다. 이 역시 주가의 파동적 특징을 고려해서 지금이 천장 패턴인지 바다 패턴인지, 에너지를 응축했다가 발산을 할지 에너지를 소진하다 밑으로 꺼져 버릴지를 알아내고 그에 따라 적절히 대응하는 것입니다. 셋째, 거래량이나 투자자별 매매 동향 등을 알아보고 시장의 에너지 강도와 그 에너지의 성격을 가늠해보는 것입니다.

개인투자자가 알아야 할 기술적 분석법은 이 정도면 충분합니다. 만약 이 종목 저 종목을 이리저리 현란하게 갈아타면서 복잡하고 화려하게 투자하겠다는 사람에게는 이보다 훨씬 복잡하고 많은 분석법이 필요할지도 모릅니다. 왜냐하면 개별종목의 움직임은 시장 평균보다 훨씬 복잡하고 난해하기 때문입니다. 특히 코스닥 종목 같은 경우 돈의 규모가 매우 작기 때문에 검은 세력들이 짜고 치는 고스톱을 하기도 하고 교묘하게 장난을 치기도 합니다. 주식시장에서 투자자들은 시세차익을 먹으려 하기 때문에 희생양이 필요합니다. 그래서 잘못된 매매 신호를 줘서 개미를 시장에 끌어들이기도 하고, 들었다 놓기도 하고, 이리저리 흔들기도 하고, 오금이 저리도록 겁을 줘서 털어내기도 합니다.

이렇듯 음흉한 목적으로 만들어낸 잘못된 매매 신호를 "휩소 whipsaw"라고 합니다. 그냥 속임수라고 생각하면 됩니다. 누군가를 속이기 위한 휩소는 덩치가 작은 종목에서 자주 일어나고 덩치가 큰 종목일수록 발생 확률이 적습니다. 왜냐하면 작전비용이 훨씬 많이 들기 때문입니다. 물론 거래 규모가 큰 대형종목이라도 휩소는 존재합니다. 그러나 시장 전체에 작전을 거는 세력은 존재하지 않는다고 봐야 합니다. 수십억이나 수백억을 가지고 작은 종목에 작전을 거는 사람들은 검은 세력으로 볼 수 있지만 수천억, 수조 원의 돈이 거래되는 시장 전체 움직임에서는 휩소의 움직임이 보인다 해도 그것은 검은 세력이 아닌 그냥 시장의 의지로 봐야 합니다.

간혹 시장 전체를 음모론적 시각으로 바라보며 외국인이 대한민국 주식시장 전체에 작전을 거는 것처럼 말하는 사람도 있긴 하지만 설사 그렇다 하더라도 기업실적과 국제 유동성, 정부의 경제정책 같은 펀더맨탈적인 이유를 완전히 무시한 채 비이성적으로 움직이지는 않습니다. 따라서 개별 종목이 아닌 주식시장 전체의 움직임을 보면 훨씬 합리적으로 움직이며 롤러코스트처럼 정신없이 출렁이지는 않습니다. 결과적으로 시장 평균을 따라가는 것을 목표로 한다면 기술적 분석법 또한 복잡하고 어려운 것을 사용할 필요가 없는 것입니다. 복잡함을 버리고 단순함을 취하는 것이 똑똑한 개미가 되는 지름길임을 다시 한번 기억해야 할 것입니다.

 핵심 Point

1. 기술적 분석법은 대단한 비법으로 생각하기보다 힌트를 얻는 도구로 활용해야 한다.
2. 기술적 분석법을 많이 익히려 하기보다 핵심적인 방법을 익히는 것이 유리하다.
3. 시장 평균에 투자하면 간단하고 핵심적인 분석법으로도 충분히 대응할 수 있다.

파동의 성질로 알아보는
주가 움직임의 특징

주가의 파동 원리를 모르면 에너지가 응축되어 폭발할 시점에
주식을 던져버리는 어이없는 실수를 하게 됩니다.
주가의 움직임은 상승하거나 하락하거나 옆으로 가거나, 어쨌든 셋 중 하나입니다.

전파의 성질을 알고 우주를 알다

인간의 능력은 우리가 상상하는 것보다 훨씬 뛰어납니다. 누군가 달에서 성냥불 하나를 켜면 천문학자들은 그것을 잡아낼 수 있습니다. 우주선으로 50만 년을 날아가야 도착할 수 있는 거리에 있는 별도 빛의 진동과 흔들림으로부터 그 별의 크기와 나이는 물론이고 생명체의 존재 가능성까지도 분석해낼 수 있습니다. 이렇듯 엄청난 정보들을 캐내는데 사용하는 것은 다름 아닌 우주에서 날아오는 전파입니다. 그런데 천문학자 칼세이건에 의하면 1951년 이후 수십 년 동안 수집한 전파 에너지의 총량

은 눈송이 하나가 떨어질 때의 에너지의 양보다 더 작다고 합니다. 천문학자들이 이처럼 극미량의 전파를 가지고도 수억 만리 떨어져 있는 별의 특성을 분석해낼 수 있는 것은 파동 에너지인 전파의 성질을 완전히 꿰뚫고 있기 때문입니다.

주식시장에는 다양한 의지를 지닌 수많은 참여자들이 존재하고 그들은 서로 주식을 사기도 하고 팔기도 합니다. 이때 주식을 팔려는 사람보다 사려는 사람의 의지가 강할수록 주가의 상승 에너지는 강해집니다. 반면 주식을 사려는 사람보다 주식을 팔려는 사람의 의지가 강할수록 주가의 하락 에너지는 커집니다. 이렇듯 시장은 늘 상반된 에너지가 서로 충돌하게 되므로 주가의 움직임은 위를 향하든 아래를 향하든 파도의 움직임처럼 출렁거리며 파동의 형태로 움직입니다. 따라서 주식투자를 할 때 주가의 파동적 특성만 잘 알고 있어도 차트를 통해 수많은 힌트를 얻을 수 있습니다.

주가의 N자형 움직임

주가가 파동의 형태로 움직일 때는 뚜렷한 특징이 있습니다. 가장 일반적인 특징으로는 [그림 2-4]에서 볼 수 있듯이 주가가 상승파동을 탈 때는 N자의 패턴을 보이고, 하락파동을 탈 때는 역N자의 패턴을 보이는 것입니다. 상승파동과 하락파동을 타면서 움직일 때 나타나는 주가 패턴의 특성을 좀 더 구체적으로 알아보겠습니다.

[그림 2-4] N자와 역N자 패턴을 보이는 주가

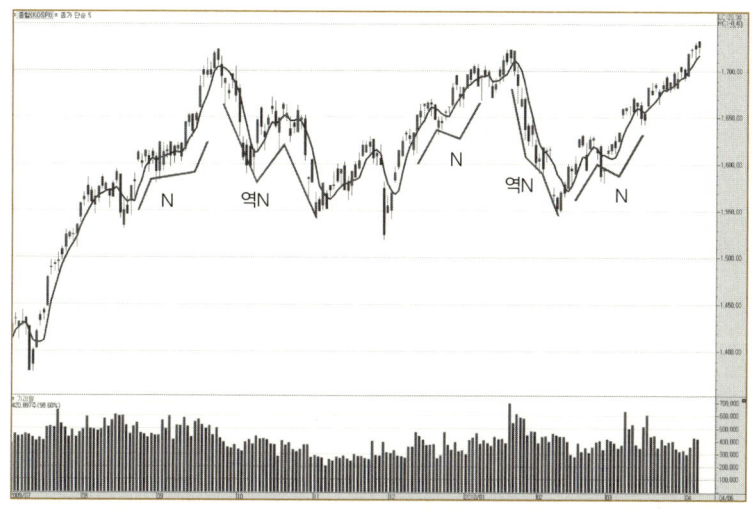

먼저 상승파동 시 N자의 패턴은 크게 3가지 형태로 나타납니다.

[그림 2-5]에서 1번은 가장 일반적인 상승 패턴인 "일반 상승N자" 패턴입니다. 주가가 일정 수준 상승하고 나면 이익 실현에 대한 욕구와 함께 주가가 올랐으니 내려갈 것이라는 우려로 조정[29]을 받게 됩니다. 그런데 상승파동에서는 조정을 받더라도 전저점은 깨지 않고 재차 상승하게 되는데 이때는 전고점을 돌파하면서 N자의 모양을 띠게 됩니다. 2번은 "강한 상승N자" 패턴입니다. 주가가 상승한 후 조정을 받더라도 밑으로 크게 밀리지 않고 옆으로 움직인다면 이는 하락에 대한 우려보다 이익실

---

29. 조정 - 상승하던 주가가 상승을 멈추고 횡보 또는 하락하면서 추가 상승을 위한 에너지축척 또는 거품을 빼는 과정

[그림 2-5] 상승파동 시 N자 패턴

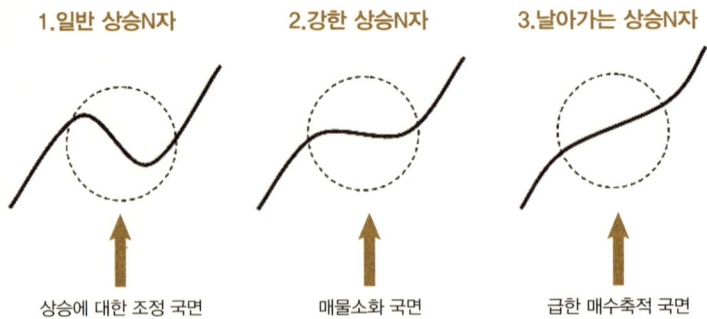

현에 대한 요구가 해소되는 구간이므로 매물을 소화하는 과정이라 볼 수 있습니다. 이런 강한 상승N자 패턴에서 매물소화가 마무리되면 큰 상승을 동반하는 경우가 많습니다. 3번은 조정이 있는 듯 없는 듯 "날아가는 상승N자"의 패턴을 보여주고 있습니다. 주가가 상승함에 따라 이익실현의 욕구가 생기더라도 더 오를 것이라는 확신이 매도세를 압도해 버리기 때문에 매수의 힘이 쌓이게 됩니다. 이런 패턴이 나올 때는 주가가 특별한 조정없이 과도하게 올라가서 과열 국면을 만들게 되는 경우가 많습니다.

한편 하락파동은 상승파동과 반대 패턴으로 움직인다고 볼 수 있습니다. 하락파동이 진행 중일 때는 하락 후 반등을 하더라도 전고점을 돌파하지 못하게 되고 재차 하락 시 전저점을 깨고 내려가게 되므로 역N자의 모습을 보이는 특징이 있습니다. 하락파동의 역N자 패턴 역시 크게 3가지 형태로 나타납니다.

[그림 2-6] 하락파동 시 N자 패턴

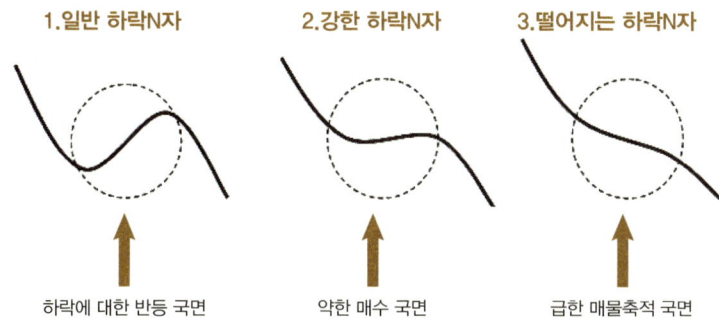

    [그림 2-6]의 1번은 "일반 하락N자"의 경우로 일정 수준 하락한 뒤 하락에 대한 반발매수로 반등을 하게 되지만 반등을 하더라도 전고점을 뚫지 못하고 다시 하락하게 되는데 하락 시 전저점을 깨고 더 밑으로 내려가면서 역N자의 패턴이 나타나게 됩니다. 2번은 "강한 하락N자"의 경우로 하락 후 반발매수가 있더라도 힘이 약해서 옆으로 밀리는 형태를 띠는데 그 힘이 다하면 더욱 강한 하락을 유발하게 됩니다. 따라서 하락 후 옆으로 밀리는 모습을 보일 때는 섣부른 매수는 자제해야 하고 많은 주의가 필요합니다. 3번은 "떨어지는 하락N자"의 경우로 반발매수가 따라 붙는 듯 하다가도 더 큰 하락에 대한 우려로 많은 매물이 축적되면서 크게 밀리는 형태를 나타냅니다. 이런 모습은 공포와 패닉의 국면에서 주로 나타나고 투매 현상이 벌어질 때 나타나곤 합니다.

    실제 차트를 보면서 시장의 에너지 흐름을 좀 더 자세히 보도록 하겠

[그림 2-7] 2007년 5월부터 2011년 5월까지의 종합주가지수 주봉차트

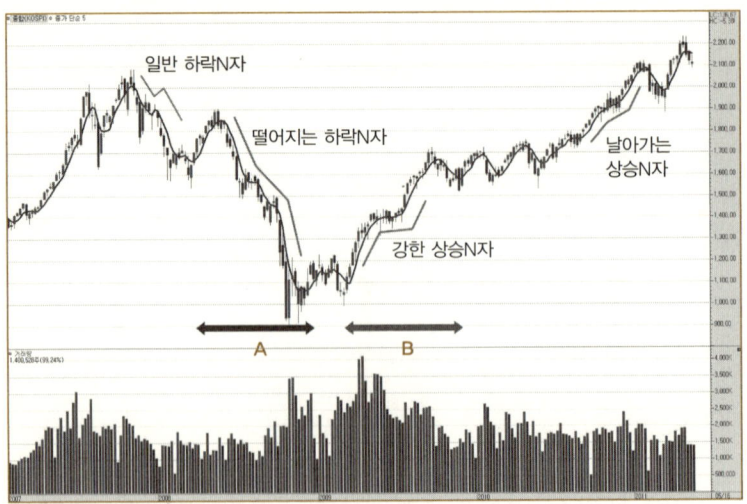

습니다. 앞으로 사용하게 될 예제 차트는 개별종목이 아닌 종합주가지수입니다. 서민들은 짬짬이 시간 내서 주식투자를 하므로 시장 평균의 변동성을 따라가기에도 벅차기 때문입니다. 또한 가급적 가격의 변화가 심한 일봉차트보다 시장의 큰 흐름을 볼 수 있는 주봉차트를 활용하게 될 것입니다.

[그림2-7]은 2007년 5월부터 2011년 5월까지의 종합주가지수 주봉차트입니다. 이 기간의 주식시장은 지옥으로 떨어졌다 천당을 날아갔다고 할 수 있습니다. 그만큼 시장의 변동성은 급격했고 하락 에너지와 상승 에너지가 극에 달했습니다. 이를 보여주듯 주가가 하락 시에는 반등다운 반등없이 "떨어지는 하락N"자의 모습을 보였고, 상승 시에는 조정다운

조정없이 "강한 상승N자"의 모습을 보였습니다.

이처럼 주가의 N자 패턴의 특징만 잘 파악하고 있어도 투자 판단에 적지 않은 도움이 됩니다.

A 구간에서는 2008년 금융위기 이후 주식시장이 큰 폭으로 하락하다가 가끔씩 반등을 하는 국면에서조차 밑으로 미끄러지는 듯한 하락N자 패턴을 보였습니다. 이때 주가가 많이 싸졌다고 덥석 매수하는 것이 아니라 밑으로 떨어지는 하락N자의 패턴을 보였기 때문에 향후 더 크게 밀릴 수도 있음을 눈치챌 수 있습니다.

반면 B 구간을 보면 2009년 대세하락을 멈추고 급격한 상승파동을 탄 후 조정 국면에서 밑으로 꺾이지 않고 옆으로 밀리는 "강한 상승N자"의 패턴이 나타났습니다. 이때 그동안 많이 올랐다고 주식을 던질 게 아니라 시장의 에너지가 축적되면서 주가의 방향이 상승 쪽으로 가닥을 잡고 있음을 간파하고 오히려 비중 확대를 고려해야 합니다.

박스권과 돌파

주가는 대부분 상승과 하락의 분명한 방향을 정하고 움직이지만 간혹 일정 범위를 오가며 상승과 하락을 반복하기도 하는데 이를 '박스권'이라고 합니다. 박스권의 주요 특징은 주가가 상승 시 부딪치는 저항선과 하락 시 지지되는 지지선이 비슷한 지점에 형성되면서 에너지를 축적하는 것입니다. 박스권일 때 주가는 일정한 밴드에 갇혀 크게 내려가지는

[그림 2-8] 박스권을 돌파하는 모습

않지만 시간의 흐름과 함께 상승 피로감을 덜어내며 숨 고르기를 한다는 의미로 "기간조정을 거치고 있다"고 표현하기도 합니다. 그렇게 몇 번의 비슷한 패턴을 반복하고 기간조정을 거친 후 상승 방향으로 가닥을 잡게 되면 위쪽 저항선을 뚫게 되는데 이를 "돌파"라고 합니다. 일반적으로 돌파의 모습을 보이면 제법 큰 상승시세가 펼쳐지곤 합니다.

[그림 2-8]을 보면 2009년 3분기부터 2010년 3분기까지 약 1년 가까이 종합주가지수가 1600과 1700사이를 지루하게 오르내리면서 긴 박스권을 형성했습니다. 그러나 얼마 후 박스권을 돌파하자 그동안 쌓였던 에너지가 분출되면서 강한 상승추세를 타는 모습을 볼 수 있습니다. 이렇듯 박스권이 형성될 때는 무리한 배팅을 하기보다 시장의 상황을 지켜

[그림 2-9] 1980년부터 2010년까지의 종합주가지수 월봉 장기차트

보며 상승이나 하락에 대한 방향이 명확히 정해진 이후 포지션을 결정하는 것이 바람직합니다. 박스권과 돌파의 모습은 장기차트를 통해서도 발견할 수 있습니다.

[그림 2-9]는 종합주가지수 월봉 장기차트입니다. 우리나라 종합주가지수는 1980년대 후반부터 2005년까지 IMF 때 잠시 300밑으로 떨어진 것을 제외하고는 줄곧 500~1000 사이를 오가며 지루한 박스권을 형성했습니다. 그러다 2005년에 15년 가까운 박스권을 돌파한 후 2000까지 내달리는 모습을 보여줬습니다.

[그림 2-10]처럼 미국의 다우지수 역시 1965년부터 1985년까지 20년 가까이 일정 수준을 오가며 박스권에 갇혀 있었지만 박스권을 돌파한 후 패러다임이 바뀔 정도로 시장의 수준이 크게 레벨 업되는 모습을 보여줬습니다.

이렇듯 주가가 일정한 범위에서 박스권을 형성하고 있을 때는 시장의

[그림 2-10] 1930년부터 2010년까지의 다우지수 월봉 장기차트

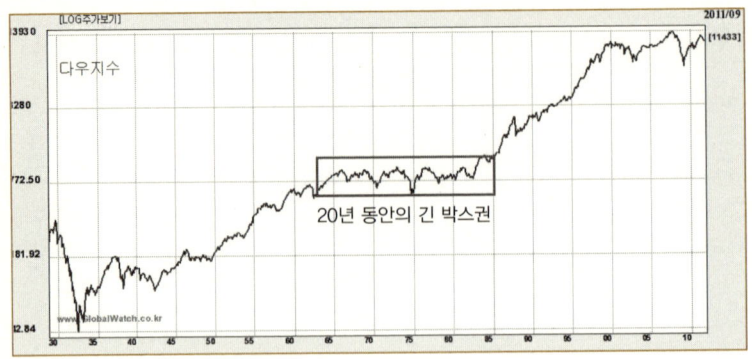

방향이 정해진 후에 응축된 에너지가 폭발하면서 큰 변화가 있을 가능성에 대비할 필요가 있습니다. 그러나 경험이 부족한 개인투자자는 주가가 짧게는 몇 주, 길게는 몇 달 동안 일정한 수준을 벗어나지 못하고 갇혀 있으면 쉽게 지쳐버리곤 합니다. 그렇게 오랜 기간 상승과 하락을 반복하다 어느 순간 박스권을 돌파하고 본격적인 시세를 펼치려 할 때 박스권 돌파의 의미를 모르면 주가가 박스권을 뚫고 조금 더 오르는 모습을 본 뒤 나중에 또 떨어질 것을 염려해서 주식을 던져버리게 됩니다.

그러나 얼마 후 주가가 더 높이 오르는 것을 보고 뒤늦게 추격매수[30]에 나서 결국 큰 손실을 보는 경우가 적지 않습니다. 이처럼 주가의 파동 원리를 모르면 에너지가 응축되어 폭발할 시점에 주식을 던져버리는 어이없는 실수를 하게 됩니다. 주가의 움직임은 상승하거나 하락하거나 옆으

---

30. **추격매수** – 어느 정도 상승한 주가가 향후 더 오를 것을 예상하고 뒤늦게 추격하여 매수하는 것

로 가거나, 어쨌든 셋 중 하나입니다.

지금까지 이러한 3가지의 움직임을 주가의 파동적 특징을 고려해서 설명했습니다.

다시 한번 강조하지만 "기술적 분석"을 수학 공식처럼 생각하고 차트의 모습을 보고 시장을 예측하려 하기보다는 주가가 파동의 형태로 움직인다는 사실을 고려해서 현재 움직이고 있는 주가의 모습을 보며 향후 주식시장의 에너지 흐름을 알기 위한 힌트를 얻는 것에 포커스를 맞춰야 합니다.

핵심 Point

1. 주가의 파동적 특성만 잘 알아도 주식투자에 필요한 수많은 힌트를 얻을 수 있다.
2. 주가가 상승할 때는 N자의 패턴, 하락할 때는 역N자의 패턴을 보이는 경향이 있다.
3. 주가가 박스권에 갇혀 있다가 위쪽 저항선을 뚫고 돌파하면 강한 시세가 펼쳐질 확률이 높아진다.

주식시장의 변곡점을 알아내는 방법

하루하루의 날씨는 기상청이보유한 슈퍼컴퓨터라도 정확히 맞추기 어렵지만계절이 흘러가는 추세와 계절이 바뀌는 변곡점은 초등학생이라도 대충은 알고 삽니다.

기술적 분석의 핵심, 추세와 변곡점

기술적 분석의 핵심은 결국 주식시장이 "어느 방향으로 움직이고 있는가" 하는 추세와 시장이 "어느 방향으로 바뀌고 있는가" 하는 변곡점을 아는 것입니다. 추세를 파악하는 이유는 흐름을 타기 위한 것이고, 변곡점을 가려내려는 이유는 시장의 흐름이 바뀌는 시점에서는 어떤 형태로든 액션을 취해야 하기 때문입니다.

주식투자는 결국 시장의 추세와 변곡점을 맞추는 타율이 높은 선수가 승리하는 게임입니다. 상승추세를 유지하는 상황에서는 주가가 비싸 보인다고 해서 성급하게 내려올 필요가 없고 하락추세가 진행 중일 때는 주가가 싸 보인다고 해도 주식시장에 섣불리 발을 들여놓지 말아야 합니다. 또한 추세가 바뀌지 않을 때는 최대한 움직임을 자제하고 추세가 바뀔 때는 민첩하게 움직이는 것이 정석입니다.

주가의 움직임은 단 하루도 가만히 있질 않고 움직입니다. 그런데 변화무쌍하게 움직이는 주가의 모습을 좁은 시각으로 바라보면 그 움직임을 파악하기가 대단히 어렵습니다. 시야를 좀 더 넓혀서 가격이 어떻게 바뀌는지보다 시장의 추세가 어떻게 흘러 가는지를 봐야 하고 시장의 추세가 바뀌는 변곡점을 찾으려 노력해야 합니다. 또한 추세와 변곡점은 시장의 에너지 흐름으로 설명할 수 있습니다. 추세를 유지하다가 추세가 바뀌면서 시장의 변곡점이 만들어지는데 이때 여러 특징적인 "추세전환 패턴"이 나타납니다. 이러한 "추세전환 패턴"을 보고 변곡점을 알아내는 힌트로 사용하면 시장 판단에 많은 도움이 됩니다.

천장 패턴

먼저 상승추세를 유지하다가 상승추세가 깨지고 하락추세를 탈 때의 모습을 보겠습니다.

[그림 2-11]에서처럼 상승추세일 때는 매도 에너지보다 매수 에너지가 강하기 때문에 저점 A, B과 고점 가, 나을 높이면서 파동의 형태로 위로 올

[그림 2-11] 상승추세의 천장 패턴

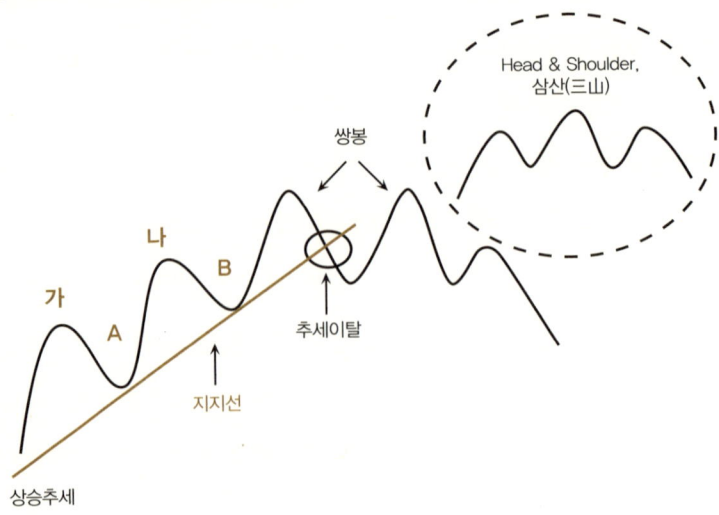

라갑니다. 이때 주가가 오른 뒤 조정을 받고 재차 오를 때 일정한 추세를 유지하며 지지를 받으면서 올라가는 특징이 있습니다. 즉 상승추세의 기조를 유지할 때는 대체로 지지선 근처에서 재차 반등하게 됩니다. 그러나 상승추세를 타며 올라가다 어느 순간 상승 에너지보다 하락 에너지가 강해지면서 추세를 이탈하는 모습을 보이게 됩니다.

추세를 이탈하는 모습이 출현하기 시작하면 상승 에너지가 약화되고 있고 변곡점 근처에 다다르고 있는 것이 아닌지 유심히 살펴봐야 합니다. 상승추세에서 하락추세로 움직임이 바뀌는 현상은 어느 순간 갑자기 일어나지 않습니다. 상승추세가 하락추세로 전환되기 전에는 대부분 추세이탈 현상이 먼저 나타나고 변동성이 심해지면서 상승 에너지가 약화되는 모습을 뚜렷이 보이고 방향을 바꾸게 됩니다. 이때 상승 에너지가 약화되는 시점에서는 주가가 조정을 받고 재차 상승하더라도 전고점을 뚫고 올라갈 힘이 약화되어 산 봉우리가 두 개인 쌍봉의 패턴을 보이는 경우가 많습니다.

쌍봉의 모습은 딱히 정해져 있지 않습니다. 왼쪽이 조금 높기도 하고 오른쪽이 조금 높기도 합니다. 또한 봉우리를 하나 더 만드는 경우도 있는데 이때는 봉우리가 3개인 패턴이 나오며, 이를 삼산三山의 패턴 혹은 머리어깨형Head &Shoulder 패턴이라고 부릅니다.

이처럼 주가의 파동 에너지가 비슷한 수준에서 두 개 내지 세 개의 봉우리를 형성하는 모습이 보이면 주식시장의 추세적 움직임이 상승에서 하락으로 바뀌고 있는지 유심히 살펴봐야 합니다. 그 에너지의 변화를 얼마나 정확히 집어내느냐가 분석력이 얼마나 탁월한가를 결정합니다. 물론 쌍봉이 나타나고 삼산의 패턴이 나타난다고 "무조건 주식시장이 꼭 지다"라고 단정적으로 판단하기보다 그 패턴을 보고 주식시장의 에너지 변화가 임박했음을 눈치채고 이익실현과 비중축소를 그 어느 때보다 심도 깊게 고민해봐야 합니다. 변곡점을 정확히 분별해내는 능력은 하루아침에 익혀지는 것이 아닙니다. 이는 많은 경험과 훈련이 필요하고 고도의 감각이 요구되는 실전의 영역이기 때문에 방정식 외우듯이 단순하게 접근하는 것은 옳지 않습니다.

[그림 2-12] 하락추세의 바닥 패턴

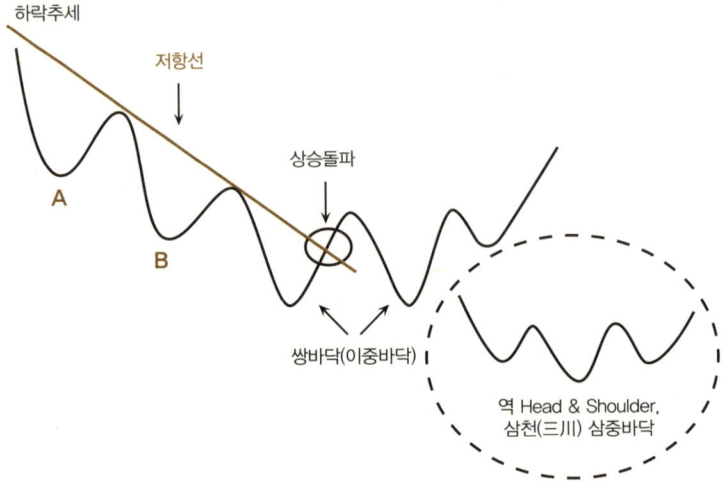

바닥 패턴

천장 패턴과는 반대로 하락추세로 지속적으로 내려오다 상승추세로 전환될 때의 모습을 살펴보겠습니다.

[그림 2-12]에서 볼 수 있듯이 하락추세는 상승추세와는 반대로 저점 A, B을 낮추는 파동의 형태로 하락추세를 타게 됩니다.

상승추세일 때는 하락 후 재반등할 때 만나는 지지선이 있었다면, 하락추세에서는 반등 시 부딪치는 저항선이 있습니다. 하락추세가 지속될 때는 반등할 때마다 저항선에 부딪치면서 꾸준히 내려가는데 어느 순간 하락 에너지가 약해지고 매수세가 매도세를 이겨내면서 저항선을 뚫을 때가 있습니다. 이처럼 하락추세에서 저항선을 돌파하고 올라가는 패턴이 나타나면 시장의 방향이 하락에서 상승으로 바뀌는 변곡점이 아닌지 유심히 살펴봐야 합니다. 하락추세에서 상승추세로 방향이 바뀌는 것 역시 어느 날 갑자기 시장의 방향이 하락에서 상승으로 급선회하지는 않습니다. 하락 에너지가 점차 소진되면서 하락세가 상승세보다 약해질 때는 상승에서 하락으로 전환될 때 볼 수 있던 패턴과 반대 모습을 볼 수 있습니다.

가장 흔하고 두드러진 특징은 바닥이 두 개인 쌍 바닥이중바닥 혹은 바닥이 세 개인 삼중바닥의 패턴을 보이는 경우입니다. 이처럼 바닥이 세 개일 때는 삼천三川 패턴 혹은 역머리어깨형역Head & Shoulder 패턴이라고 합니다. 간혹 바닥이 하나인 V자형으로 상승하기도 하지만 V자형보다 W자형의 쌍바닥이 더 신뢰도가 크고 삼중바닥은 쌍 바닥보다 더 큰 신뢰도를 보여준다고 할 수 있습니다.

이와 같은 추세전환 패턴은 시장의 큰 흐름이 바뀔 때 자주 출현하곤 합니다. 단기간의 움직임인 일봉차트나 장기적인 움직임인 주봉차트와 월봉차트를 보더라도 시장의 방향이 바뀔 때는 추세전환 패턴이 나타나는 경우가 많음을 알 수 있습니다. 따라서 주식시장의 에너지 흐름이 전환될 때 나타나는 패턴의 특징을 잘 알면 주식시장의 변곡점을 잡아내는 데 적지 않은 도움이 됩니다.

[그림 2-13]은 2007년부터 2009년까지 종합주가지수 일봉차트입니다. 2007년 가을, 상승에서 하락으로 추세가 바뀔 무렵 추세이탈 현상A이 생겨났고 얼마 후 봉우리가 여러 개 생기며 뚜렷한 고점의 패턴B을 보여주

[그림 2-13] 2007년부터 2009년까지 종합주가지수 일봉차트

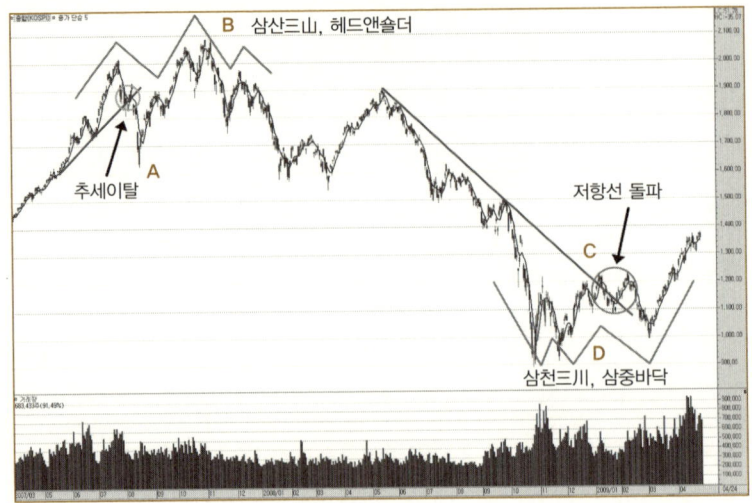

고 있습니다. 반면 2008년 가을 쌍 바닥 패턴이 출현했고 얼마 후 저항선을 돌파c한 이후 삼중바닥 패턴D을 완성하며 추세가 완전히 바뀌는 모습을 보여줬습니다. 똑같은 기간 좀 더 큰 흐름인 주봉차트를 봐도 비슷한 양상이 나타납니다.

일봉보다 좀 더 크고 단순하게 움직이는 주봉차트로 보면 천장A과 바닥 B 패턴이 보다 분명하게 나타남을 알 수 있습니다. 또한 하락N자c, 상승N자D, 박스권 돌파E 후 강한 상승시세 등 여러 가지 특징적인 파동적 움직임이 생겨났음을 알 수 있습니다. 한편 주가의 패턴을 보고 주식시장의 방향을 감지하는 것도 중요하지만 주가가 움직이는 에너지의 양과 질을 알아보는 것도 중요합니다. 주식시장에서 에너지의 강도를 나타내는 것

[그림 2-14] 2007년부터 2009년까지 종합주가지수 주봉차트

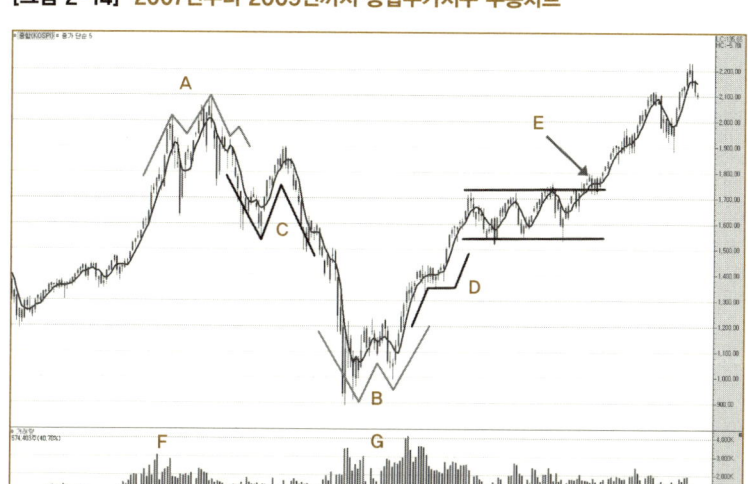

은 거래량이고 에너지의 질을 나타내는 것은 투자자별 매매 동향입니다. [그림 2-14]에서 2007년 거래량F을 보면 거래량이 점진적으로 늘어났음을 알 수 있습니다. 이때 외국인들은 지속적으로 매도를 했고 외국인이 매도한 물량을 대부분 개인투자자가 받으면서 활발한 손바뀜이 있었습니다. 외국인이 물량을 개인투자자에게 떠넘기고 주가의 패턴이 점진적으로 천장의 패턴을 보이면서 얼마 후 시장의 흐름이 대세상승에서 대세하락으로 완전히 바뀌었습니다.

반면 2008년 가을부터 2009년 봄G까지는 반대의 양상을 보였습니다. 이때도 거래량이 엄청나게 늘어났지만 2007년 가을과는 반대로 개인투자자들이 주식을 던지고 외국인투자자들이 그 물량을 모두 받는 양상이

었습니다. 이때는 상승 에너지가 강하면서 에너지의 질 또한 매우 좋았다고 볼 수 있습니다. 2008년 말부터 외국인 주도 하에 거래량이 폭발하면서 주식의 손바뀜이 활발해졌고 얼마 후 하락 에너지는 약화되고 상승 에너지가 강해지면서 쌍 바닥이라는 바닥 패턴을 극명하게 보였습니다.

　기술적 분석에서 거래량은 아무도 속일 수 없는 발자국과 같은 것입니다. 기술적 분석에는 다양한 보조지표들이 많지만 거래량만큼 정직하고 의미 있는 정보를 주는 보조지표는 드물 것입니다. 따라서 주가의 흐름 못지 않게 거래량도 주의 깊게 살펴보고 투자자별 매매 동향도 관심 있게 챙겨봐야 합니다. 지금까지 기술적 분석의 개념과 기술적 분석의 핵심적인 내용 몇 가지를 알아보았습니다.

　주식투자자라면 모든 기술적 분석법을 익힐 필요는 없더라도 기술적 분석법을 전문적으로 다루는 책 2~3권 정도는 챙겨보며 시장참여자들이 어떤 투자 도구를 사용하는지 파악해 볼 필요가 있을 것입니다.

 핵심 Point
1. 기술적 분석의 핵심은 시장이 움직이는 추세와 방향이 바뀌는 변곡점을 아는 것이다.
2. 천장 부근에서는 쌍봉이나 머리어깨형 같은 천장 패턴이 자주 출현한다.
3. 바닥 부근에서는 쌍 바닥이나 역머리어깨형 같은 바닥 패턴이 자주 출현한다.

개미를 위한 HOW TO

본업에 충실하고, 주식 농사를 지어라

3

투자는 해야 할 때와 하지 말아야 할 때가 있다

능숙한 어부는 아무리 절박한 상황이라도 태풍이 불고 폭풍우가 몰아쳐 바다가 뒤집어지고 있을 때는 고기 몇 마리 잡아 보겠다고 바다에 나가지 않습니다.

전투태세를 갖추듯 투자태세를 갖춰라

우리나라는 세계에서 유일하게 남은 분단국가로 공식적으로는 1953년 휴전협정 이후 60여 년 동안 전쟁을 쉬고 있는 "휴전상태"입니다. 그동안 남북이 사이좋게 지낼 때도 있었지만 일촉즉발의 군사적 대치상황도 수없이 많았습니다.

이렇게 곧 전쟁이 터질듯한 긴박한 상황에 직면할 때면 빠지지 않고 나오는 뉴스가 있습니다. 대통령이 군복을 입고 최전방을 방문해서 만반의 전투태세를 갖출 것을 당부하거나, 군 최고사령관이 비장한 표정으로 등장해서 그 어느 때보다 전투태세를 완벽하게 갖추고 있다고 목소리 높여 강조하는 것입니다.

이렇듯 전쟁을 앞둔 군대가 가장 먼저 체크하는 것은 전투태세입니다. 전투태세는 언제라도 싸움에 임할 수 있도록 "정신적으로나 물질적으로 준비하는 것"을 의미합니다. 태세態勢라는 말은 어떤 상황을 앞둔 태도나 자세라 할 수 있습니다. 올바른 태도나 자세를 제대로 갖추지 않은 상태에서 무턱대고 싸우려 하면 이길 확률은 많지 않습니다.

주식투자를 전쟁이라는 개념으로 본다면 지금까지 알아본 주식투자의 본질, 주식투자의 원리, 올바른 투자의 자세, 종목 선택 방법 및 기술적 분석의 원리 등. 이 모든 것은 투자를 하기 위한 준비태세態勢에 관한 것이라 할 수 있습니다. 군대가 전쟁에 승리하기 위해 전투태세에 만전을 기하듯, 투자에 승리하기 위해서도 투자의 태세를 결코 소홀히 하지 말아야 할 것입니다.

싸워야 할 때와 싸우지 말아야 할 때가 있다

이제는 투자 전쟁에 관한 이야기를 할 차례입니다. 비록 평범한 서민일지라도 투자에 임할 때는 자신의 자산을 지휘하는 총사령관이라는 마음을 가져야 합니다. 아껴 모은 돈으로 주식시장에 뛰어드는 순간 국가의 운명을 걸고 싸우는 총사령관이 된 것이나 마찬가지입니다.

최고의 병법서라 할 수 있는 〈손자병법〉의 모공편(謀攻編)에 보면 지승유오(知勝有五)라 하여 승리를 예견할 수 있는 다섯 가지에 관해 나오는데 가장 첫 번째로 나오는 말이 지가이여전 불가이여전자 승(知可以與戰 不可以與戰者 勝)입니다. 즉, "싸워야 할 때와 싸우지 말아야 할 때를 아는 자가 승리한다"는 의미입니다.

이는 주식투자에서도 그대로 적용됩니다. 투자를 하기에 앞서 가장 먼저 알아야 할 것은 "어느 종목을 고르고 어떻게 사고파느냐"가 아닙니다. 그보다 더 중요한 것은 주식투자는 "할 때가 있고 하지 말아야 할 때가 있다"는 사실을 아는 것입니다.

주식투자에 실패하는 사람들이 왜 실패를 하는지 살펴보면 대부분 주식투자를 하지 말아야 할 때가 있다는 사실을 모른 채 주식시장이 좋을 때나 좋지 않을 때나 무조건 돈을 벌려고 주식시장에 뛰어들었기 때문입니다. 주식투자는 주식을 살 때가 있고 팔 때도 있지만 아무것도 하지 않고 쉴 때가 훨씬 더 많아야 합니다. 주식투자를 하지 않고 쉬는 것도 주식투자를 하는 것입니다.

축구선수가 상대 수비를 화려하게 제치고 공을 이리저리 몰고 다니며 슈팅을 날릴 때만 축구 경기를 하는 것은 아닙니다. 공을 잡고 있지 않을 때도 축구 경기를 하고 있는 것입니다. 브라질의 축구선수 펠레는 4번의 월드컵에 출전하여 그 중 3번을 우승으로 이끌어 낼 정도로 축구 실력이 탁월했고, 사람들은 그를 보고 축구 황제라 불렀습니다. 그러나 펠레는 팀 내에서 공을 가지고 있는 시간이 가장 적었습니다. 공을 많이 달고 다니고 많이 뛰어다닌다고 훌륭한 축구선수가 되는 것은 아닙니다. 훌륭한 축구선수는 경기 흐름을 꿰뚫어 보며 공이 지나가는 길목에서 상대 수비를 한방에 무너뜨릴 수 있는 날카로운 킬 패스를 잘하는 선수입니다.

주식투자를 잘하는 사람 역시 주식투자를 자주하는 사람이 아닙니다. 시장의 등락에 따라 일희일비하며 작은 이익을 쫓아 이리저리 몰려다니는 사람은 더더욱 아닙니다. 주식투자의 진정한 고수는 시장의 흐름을 예의주시하고 있다가 꼭 움직여야 할 때만 움직이는 사람입니다.

주식시장에서 개미라 불리는 서민들이 주식시장에서 진짜 개미가 되지 않기 위해서는 대부분의 시간을 주식시장에서 떠나 있어야 합니다. 그러나 주식시장에서 소위 전문가로 불리는 사람 중에 이런 말을 해주는 사람은 거의 없을 것입니다. 주가가 오를 때는 더 오를 것이니 주식을 사라고 하고, 주가가 내릴 때는 저점 매수의 기회이니 사라고 합니다. 경제 신문을 이것저것 다 챙겨보고 전문가들의 말을 아무리 들어봐도 지금 주식시장상황이 좋지 않으니 주식투자를 하지 말라는 소리는 하지 않습니다.

경기가 활황일 때는 자동차나 IT 관련 주를 사라고 하고, 불경기일 때는 경기의 영향을 덜 받는 통신과 전기 같은 내수관련 주식을 사라고 합니다. 이것은 시장상황이 좋든 나쁘든 무조건 주식시장에서 주식을 많이 사고팔라는 말이 됩니다.

서민들이 경제상황과 투자관련 정보를 접하는 곳은 언론이고 투자조언을 구하는 곳 역시 언론입니다. 그런데 언론에 정보를 제공하는 전문가들은 대부분 주식시장과 밀접한 관계가 있는 조직에 몸담고 있습니다.

이들이 몸담고 있는 금융회사들은 이유 불문하고 무조건 많은 사람이 시도때도없이 주식시장에 참여하고 있어야 이익이 나는 구조입니다. 따라서 전문가들이 조직의 이익에 반하는 조언을 마음 놓고 할 수 없음을 이해해야 합니다.

주식투자는 농사와 비슷합니다. 농부가 파종하고 열매를 거두는 일은 일년에 며칠 되지도 않습니다. 농사에서 가장 중요한 것은 곡식을 심고 거두는 기술보다 계절을 살펴보고 지금이 파종할 때인지 추수할 때인지를 아는 것입니다. 주식투자도 경제의 계절을 보며 파종을 하듯 매수하고, 수확을 거두듯 매도하면 주식시장에 참여하는 날이 그리 많지 않습니다. 주식투자는 참여하는 날보다 참여하지 않는 날이 더 많을수록 승률이 높아집니다. "주식투자는 해야 할 때가 있고 하지 말아야 할 때가 있다"는 이 한 가지 사실을 아는 것이 그 어떤 투자의 필살기를 익히는 것보다 더 소중하다는 것을 잊지 말아야 할 것입니다.

 핵심 Point

1. 주식을 살 때가 있고 팔 때도 있지만 아무것도 하지 않고 쉴 때도 있어야 있다.
2. 주식투자를 잘하는 사람은 참여해야 할 때만 참여하는 사람이다.
3. 주식투자를 낚시하듯 하지 말고 농사짓듯 해야 한다.

나침반을 보고 항해하듯 지표를 보고 투자하라

경제의 계절을 정확히 말해주고,
주식투자의 타이밍을 기가 막히게 잡아주는 절대지표는 존재할까요?

나침반을 보고 항해하라

제1금융권인 시중 은행이 망하는 상황은 국가적 재앙이기 때문에 발생 확률이 매우 낮습니다. 국고채는 나라가 망해야 돈을 떼이는 것이고, 회사채는 회사가 망해도 어느 정도 보상받을 수 있기에 채권 또한 안전자산에 속합니다. 그러나 주식은 멀쩡한 회사라도 이상한 소문이 돌고, 실적이 조금만 떨어져도 주가가 폭락하는 경우가 있습니다. 또한 변동성이 매우 커서 위험자산에 속합니다. 주식투자를 하겠다는 결심은 매우 위험한 선택인 것입니다.

이처럼 위험한 결정을 할 때는 반드시 그 근거가 있어야 합니다. 단순히 자신의 경험과 감각에만 의지하거나 특별한 이유 없이 누가 좋다는 말만 듣고 투자를 결정한다면 성공해도 문제고, 실패해도 문제입니다. 한두 번은 재미를 볼지 몰라도 결국은 실패할 확률이 높습니다. 먼 바다를 떠나는 선장이 여러 계기판과 나침반을 보며 항해를 하듯이 주식투자자 역시 경제의 흐름을 파악하고 투자의 타이밍을 잡기 위해서는 반드시 경제지표를 살펴야 합니다.

그러나 개인투자자일수록 경제상황을 말해주고 투자의 계절을 체크할 수 있는 경제지표에 대해서는 무관심한 경우가 많습니다. 주식투자자라면 내가 전문가이든 아니든, 경제지표가 쉽든 어렵든, 그 지표가 잘 맞든 맞지 않든 일단은 살펴봐야 합니다. 경제지표를 보지 않고 주식투자를 한다는 것은 눈을 가리고 격투 시합에 뛰어드는 것과 조금도 다를 바 없습니다.

절대지표는 존재할 수 없다

그렇다면 경제의 계절을 정확히 말해주고, 주식투자의 타이밍을 기가 막히게 잡아주는 절대지표는 존재할까요? 아쉽게도 그런 지표는 존재하지 않습니다. 좀 더 정확히 말하자면 존재할 수 없습니다. 그러나 조금도 실망할 필요가 없습니다. 투자할 때마다 정확한 타이밍을 가르쳐 주는 절대지표가 존재하는 것은 주식투자의 이치에 맞지 않기 때문입니다.

투자의 타이밍을 공식처럼 정확히 맞추는 지표를 아는 사람은 지구의 돈을 다 긁어모을 수 있는 능력을 갖추게 됩니다. 그러나 중요한 정보일수록 대중에게는 늦게 전달되기 마련입니다. 그것이 뉴스든, 지식이든, 투자에 활용되는 경제지표든 별반 차이가 없습니다. 설사 절대지표가 존재한다 하더라도 그 지표를 일반 서민이 아는 순간 절대지표로서의 지위를 박탈당하게 됩니다. 절대지표가 대중화되는 순간 그것은 일반지표가 되기 때문입니다. 그렇다고 지표를 보지 말아야 한다는 것은 아닙니다. 모든 상황을 정확히 말해주는 만능지표는 없지만 기능이 아예 없는 것은 아닙니다. 주식투자자들이 참고해야 할 지표는 무수히 많습니다. 모든 상황에 딱딱 답이 떨어지는 절대지표는 아니지만 나름대로 의미가 있고 힌트를 주는 지표들은 많습니다. 따라서 중요한 지표들은 반드시 익히고 실전에서도 활용해야 합니다.

경제와 주가의 싱크로율은 고무줄이다

주식투자자는 결국 주식의 가격을 맞추는 게임을 하고 있습니다. 주식은 회사의 가치이고 회사의 가치는 실적에 좌우되며 실적은 경제 펀더멘탈에 영향을 받고 있습니다. 그렇다고 주가가 경제상황을 100% 반영하는 것은 아닙니다. 경제 펀더멘탈과 주가는 대체로 같이 움직이지만 서로 앞서거니 뒤서거니 하면서 움직입니다.

그 이유는 투자자가 경제 펀더멘탈을 근거로 투자를 하지만, 결국 투자는 돈을 가지고 하는 것이기 때문에 유동성의 영향을 받기 때문입니다. 또한 투자를 하는 주체는 인간입니다. 돈을 벌려고 자식과도 같은 돈으로 투자를 하기 때문에 탐욕과 공포라는 심리적인 영향도 받게 됩니다. 이를 정리하면 주식투자는 결국 경제 펀더맨탈 + 유동성+ 투자심리가 주식시장에 미치는 영향을 측정해내는 게임이 됩니다.

따라서 주식투자자는 경제 펀더맨탈지표, 유동성지표, 투자심리지표를 등을 모두 살펴봐야 하고 기술적 지표도 같이 봐야 합니다. 이 모든 것을 살펴보고 입체적으로 생각해야 하며 말로 설명할 수 없는 통찰력을 이용해서 타이밍을 잡아내야 합니다.

물론 이는 하루아침에 익혀지는 기술도 아니고 전수하고 전수받는 성질의 것도 아닙니다. 주식차트를 띄워놓고 경제지표 몇 가지를 참고한다 해서 주가의 흐름을 정확히 알 수는 없습니다. 그래도 지표는 봐야 합니다. 여러 지표를 근거로 심사숙고해서 타이밍을 잡는 것은 각자의 몫이지만 그 판단을 내리기 위한 소스를 수집하고 의미를 생각하는 것은 투자자의 선택사항이 아닌 필수사항이기 때문입니다.

핵심 Point

1. 주식투자를 할 때는 경험이나 감각에 의지하기보다 경제지표를 보고 판단해야 한다.
2. 정확한 타이밍을 말해주는 절대지표는 존재하지 않지만 주요지표의 의미는 알고 있어야 한다.
3. 주식투자를 할 때는 펀더맨탈지표와 유동성지표를 체크하고 투자심리까지 감안해서 종합적으로 판단해야 한다.

경제 펀더맨탈을 확인하는 지표

이것저것 많이 보려 하기보다 핵심지표를 잘 선택해서
그 지표와 자신의 내공으로 타이밍을 잡아내는 것이 중요합니다.
그렇다면 넘쳐나는 경제지표들 속에서 서민에게 알맞은 경제지표는 무엇일까요?

많은 재료보다 양질의 재료로 요리하라

주식시장의 격언 중에 "달리는 말에 올라타라"는 말이 있듯이 주식시장과 경마장은 비슷한 점이 많습니다. 경마장에서 돈을 벌려면 일단 말이 잘 달려야 하고 경마장에 판돈이 넘쳐나야 합니다. 만약 사람이 별로 없는 썰렁한 경마장에 참여하면 내가 찍은 말이 1등으로 들어와도 얼마 벌지 못합니다. 따라서 경마장에 참여하는 사람은 말과 기수의 상태를 잘 봐야 하고, 경마장으로 얼마나 많은 돈이 들어오는지도 살펴봐야 합니다.

주식시장도 이와 비슷합니다. 주식투자로 돈을 벌기 위해서는 무엇보다 기업실적이 좋아야 하고 그에 못지않게 주식시장에 돈이 넘쳐나야 합니다. 따라서 주식투자를 할 때는 기업의 실적에 영향을 주는 "경제 펀더맨탈지표"와 돈의 흐름을 알 수 있는 "유동성지표"를 살펴봐야 합니다. 또한 투자는 감정의 기복이 심한 인간이 하는 것이기에 "심리적인 요인"도 살펴봐야 합니다.

요즘은 서민들도 인터넷을 통해 다양한 경제지표를 어렵지 않게 구할 수 있습니다. 과거에는 경제지표를 쉽게 구하지 못해 문제였다면 지금은 경제지표가 너무 많은 것이 문제일 정도입니다. 그렇다면 투자의 승부는 경제지표를 많이 아는 순서로 매겨지는 것일까요?

일본 교토에 "오와리야"라는 유명한 메밀국숫집이 있습니다. 무려 600년 전통을 자랑하는 이곳은 1년 내내 전국 각지에서 찾아오는 손님들로 북적입니다. 이 식당이 600년 동안 일본인의 입맛을 사로잡은 비결은 무엇일까요? 그것은 바로 재료의 선택입니다. 대부분의 메밀국수는 메밀과 밀가루를 섞어서 만드는데 이곳은 일본 최고의 청정 지역인 홋카이도 지방에서 생산되는 메밀만을 고집합니다. 또한 일본에서 가장 좋은 물이라는 교토의 지하수만을 사용합니다. 비단 이곳뿐만 아니라 유명하다는 음식점들은 대부분 비슷한 공통점이 있습니다. 이것저것 많은 재료와 잡다한 양념을 섞는 것이 아니라 맛을 가장 조화롭게 낼 수 있는 핵심 재료를 잘 선별하는 것입니다. 훌륭한 음식은 좋은 재료를 선택한 뒤 노련한 요리사의 손을 거쳐 그 맛이 잘 우러날 때 탄생합니다.

경제지표를 활용하여 투자의 타이밍을 잡아내는 것 또한 마찬가지입니다. 이것저것 많이 보려 하기보다 핵심지표를 잘 선택해서 그 지표와 자신의 내공으로 타이밍을 잡아내는 것입니다. 먼저 펀더맨탈지표에 대해서 알아보도록 하겠습니다.

우리나라 경제 펀더맨탈 환경

주식시장은 경제의 거울과도 같습니다. 따라서 우리나라 주식시장 상황을 잘 알기 위해서는 무엇보다 우리나라 경제의 특징을 알아야 합니다. 우리나라 경제 규모는 2010년을 기준으로 세계 13위입니다. 우리나라 사람들은 체감하지 못하고 있지만 세계는 우리나라를 경제대국으로 인정하고 있습니다. 그런데 그 내막을 자세히 들여다보면 조금 부자연스러운 부분이 있습니다.

GDP에서 수입과 지출이 차지하는 비율을 뜻하는 무역의존도가 2010년을 기준으로 90%에 육박하고 있습니다. 한마디로 우리나라 경제는 지나치게 해외의존형 경제이고 이 때문에 해외 변수에 따라 민감하게 반응하는 구조입니다. 한국경제에서 수출 대기업이 차지하는 비중은 거의 절대적이고 중소기업들조차 실질적으로 대기업의 하청 형태로 존재하고 있습니다.

이 말을 다르게 표현하면 우리나라의 주식시장은 세계경제 상황과 굉장히 밀접한 관계를 맺고 있다는 것입니다. 따라서 대한민국 주식시장에 투자하고 있더라도 세계경제의 흐름을 유심히 살펴봐야 합니다.

세계경제 펀더맨탈 상황을 알아보는 대표적인 지표로는 석유, 구리와 같이 산업 전반에 이용되는 원자재의 가격 동향과 원자재의 물동량을 알 수 있는 BDI Baltic Dry Index 지수가 있습니다. 현대 사회는 모든 산업에서 석유의존도가 높기 때문에 세계경기가 활황일 때는 석유 수요가 많아져 유가가 오르는 추세를 형성하게 됩니다. 따라서 유가가 지나치게 높을 때는 악재가 되지만 감당할 만한 수준에서 오르는 추세가 형성될 때는 세계경기가 그만큼 호황이라는 증거가 되기도 합니다.

또한 세계경제가 좋아지면 소비가 늘어나고 이에 따라 생산이 늘어 공장을 지어야 하는데, 모든 동력은 전기를 사용하기 때문에 전선의 원료인 구리의 사용량이 많아져 구리가격이 오르게 됩니다. 이런 이유로 구리의 가격 동향을 보고 세계경제의 펀더맨탈을 체크하기도 합니다. BDI지수는 석탄, 철광석, 곡물 등 원자재를 포장 없이 통째로 운반하는 화물선의 운임지수를 말합니다. 따라서 BDI지수가 높다는 것은 산업 전반에 이용되는 원자재의 이용이 활발하다는 것으로 세계경제가 호황임을 의미하고, BDI지수가 낮다는 것은 세계경제가 불황임을 의미합니다.

간혹 이런 지표들을 주식차트와 비교하면서 주식투자의 타이밍을 잡는 투자자도 있는데 그리 바람직한 방법은 아닙니다. 왜냐하면 주식시장과 비교하기에는 시차가 존재하고 원자재가격 동향이나 BDI지수는 경제 펀더맨탈 못지않게 유동성의 영향을 많이 받기 때문입니다. 따라서 이들 지표들은 그저 세계경제의 분위기를 파악하는 정도로 생각하는 것이 바람직합니다.

또한 우리나라 주식시장이 해외 변수에 영향을 많이 받는다고 해서 세계경제의 모든 상황을 일일이 체크하기보다는 우리나라와 교역을 많이 하는 나라의 경제상황을 살펴보는 것이 중요합니다. 우리나라가 무역으로 먹고사는 나라이긴 하지만 세계 200여 개 나라와 골고루 무역을 하지는 않습니다. 과거에는 미국이나 일본과 교역을 많이 했지만 중국이 개방한 이후로 중국과의 무역 비중이 꾸준히 증가해서 지금은 중국에 대한 무역의존도가 대략 30%를 차지하고 있습니다. 이는 미국과 일본의 무역의존도를 합한 것보다 높은 수치입니다. 또한 중국과의 무역의존도는 점점 증가해가는 추세입니다. 이제는 중국이 좋든 싫든 세계 그 어느 나라보다 중국의 경제상황을 유심히 살펴봐야 합니다.

지난 금융위기 이후 우리나라 주식시장은 세계 그 어느 나라보다 많이 올랐습니다. 그 이유는 우리나라 기업들이 세계 최대 생필품 수출국인 중국에 중간재[31]를 팔아서 막대한 돈을 벌어왔기 때문입니다. 앞으로 우리나라 주식시장에서 최고의 호재는 중국의 경기호황이고 최대의 악재는 중국의 경기침체일 것입니다. 그만큼 우리나라 주식시장에 상장된 기업들은 중국경제에 많은 영향을 받고 있습니다.

중국은 외환보유고가 2조 달러가 넘을 정도로 세계에서 돈이 가장 많은 나라입니다. 중국이 빈부격차가 심하고 가난한 사람이 많다지만 돈이 많은 중산층과 부자 또한 엄청나게 많습니다. 백만장자도 아닌 천만장자

---

31. **중간재** - 생산 과정에서 다른 재화를 생산하기 위해 사용하는 재화

만 100만 명이 넘고, 막강한 구매력을 갖춘 중산층이 우리나라 전체 인구보다 많습니다. 중국은 이제 막 긴 잠에서 깨어나 기지개를 켜는 나라입니다. 더 이상 값싼 노동력으로 저가 상품을 생산해내는 기술 후진국이라고 생각하면 곤란합니다.

워런 버핏이 중국의 전기자동차 회사에 막대한 돈을 투자하는 이유는 주체할 수 없을 만큼 많은 돈을 가진 중국 정부가 미래 산업에 엄청난 투자를 하고 있기 때문입니다. 현재 중국의 내수시장은 덩치에 비하면 작은 편이지만 중국은 점차 세계의 공장에서 세계의 시장으로 바뀌게 될 것입니다. 13억의 중국이 세계의 소비시장이 되는 것은 중국과 지리적으로 가깝고 역사 문화적으로도 오랜 기간 밀접한 관계를 맺어온 우리나라에겐 좋은 기회가 될 것입니다.

현재 세계경제에서 펀더맨탈을 책임지고 있는 나라는 중국입니다. 미국은 금융위기 이후 달러를 찍어내는 것 말고 세계경제에 특별히 기여한 것이 없고, 유럽과 일본은 재정위기로 자기 코가 석자인 상황입니다. 지난 금융위기 이후 세계경제가 빠르게 회복할 수 있었던 이유도 중국이 상상을 초월하는 경기부양책으로 세계 소비의 공백을 어느 정도 메워 줬기 때문입니다. 중국은 이미 세계 넘버 투라는 의미로 G2라 불리고 있으며 그만큼 세계경제에서 중요한 역할을 차지하고 있습니다.

중국의 성장과 함께 우리 경제가 중국에 받는 영향도 점차 커질 것입니다. 따라서 향후 주식투자를 할 때는 우리나라 경제상황 못지않게 세계 여러 나라 중에서도 특히 중국경제의 상황을 유심히 살펴야 합니다.

경기선행지수 전년동월비

경제 펀더맨탈을 감지하는 지표는 무수히 많지만 온갖 지표의 의미를 뒤섞어 놓고 보면 결국 이럴 수도 있고 저럴 수도 있다는 결론이 나옵니다. 어떤 지표는 경기를 선행하는 의미가 있고 어떤 것은 동행지표, 어떤 것은 후행지표의 성격을 띠기도 합니다.

주식시장의 저점과 고점을 찾아내는 절대적인 지표는 없지만 주가의 변동성과 가장 근접하게 움직이며 비교적 주식투자와 궁합이 잘 맞는 지표가 있는데 그것은 바로 "경기선행지수"입니다. 경기선행지수 항목 중에서도 전년동월비를 체크하여 주가와 비교하면 상당히 의미 있는 정보를 얻을 수 있습니다. 여기서 전년동월비는 1년 전 같은 달의 데이터와 비교한 것을 말합니다. 전분기나 전월 대비 같은 경우에는 계절적 요인과 분기별 특수성으로 인해 변동성이 매우 심해서 제대로 된 시그널을 감지하기 어렵습니다. 반면 전년동월비는 년도는 다르지만 같은 달의 경제상황을 비교한 값으로 의미 있는 신호를 줍니다. 이렇듯 전년동월분기의 자료를 비교하는 방식으로 경제상황을 체크하는 것을 "경제 변동률 추적법 Rate of Change in Economic Tracking: ROCET"이라고 합니다.

[그림 2-15]에서 막대 그래프는 경기선행지수 전년동월비이고, 굵은 선은 주가를 나타냅니다. 주가와 경기선행지수 전년동월비의 변동성은 매우 비슷한 패턴으로 움직이는 것을 알 수 있습니다. 필자의 블로그 www.successguide.co.kr에 매월 업데이트 자료를 볼 수 있습니다.

[그림 2-15] 경기선행지수 전년동월비와 주가

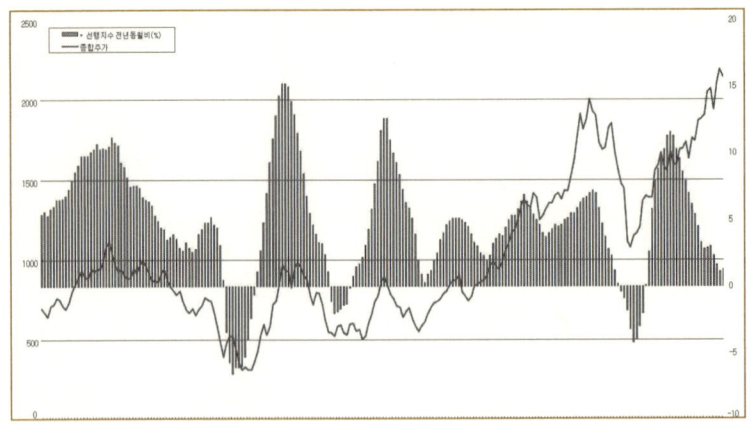

경기선행지수의 구성요소들이 현재의 경기현황보다 6개월 정도 경기를 선행하는 항목들로 구성되어 있기 때문에 경기를 선행하는 속성을 지닌 주가의 변동성과 비교적 비슷한 모습을 보이게 되는 것입니다. 물론 간혹 예외적인 상황이 발생하기도 했습니다. 2010년 1월 이후 경기선행지수가 하락하는 국면에서 주가는 크게 내리지 않고 횡보했습니다. 그리고 경기선행지수가 바닥을 다지는 국면에서 주가는 미리 상승으로 방향을 틀었습니다.

그 이유는 미국이 경기부양을 위해 막대한 양의 달러를 풀어서 유동성이 넘쳐났기 때문으로 추측됩니다. 이런 상황은 조금 특수한 상황이라 할 수 있지만 주가와 경기선행지수 전년동월비의 움직임은 대체로 비슷한 패턴으로 흘러간다고 봐도 큰 무리는 없습니다. 경기선행지수를 통해 경기 사이클의 주기를 살펴보면 과거에는 24개월 정도의 주기로 상승과 하락을 반복했지만 2000년대에 들어서는 12개월 정도로 그 주기가 짧아졌음을 알 수 있습니다.

또한 경기선행지수 전년동월비의 움직임은 방향이 한 번 정해지면 오르락내리락 수시로 바뀌지 않고 대체로 한 방향으로 꾸준히 지속되는 경향이 있습니다. 추세를 유지하다 상승이나 하강으로 방향이 바뀌기 시작하면 대략 12개월 정도는 지속적으로 그 방향으로 흘러가는 경우가 대부분입니다.

경기선행지수의 변동은 매일 바뀌는 날씨의 변화가 아니라 계절의 변화에 가깝다고 볼 수 있습니다. 그 어떤 투자지표보다 예측하기 용이하고 변동성과 불확정성이 배제된 상태에서 시장의 큰 흐름을 보여주기 때문에 개인투자자는 주가의 짧은 변동성에 일희일비할 필요 없이 경기선행지수의 움직임을 보고 경제의 계절에 따라 움직여야 합니다.

경기선행지수의 반전은 경제의 계절 변화와 같기 때문에 주식시장의 변곡점에서 경기선행지수의 반전이 일어나는 경우를 자주 보게 됩니다. 따라서 주식투자자라면 매월 월급 명세서는 안 보더라도 경기선행지수 발표는 꼭 체크해보기를 추천합니다.

핵심 Point

1. 경제상황을 체크하기 위해 많은 지표를 활용하기보다 핵심적인 지표를 활용하라.
2. 우리나라는 해외의존도가 지나치게 높은 경제구조이기 때문에 세계경제의 흐름과 해외 변수에 많은 영향을 받는다.
3. 주식시장이 경기를 선행하는 특징이 있기 때문에 경기선행지수의 움직임과 주가의 움직임은 비슷하게 나타난다.

유동성 흐름을 체크하는 지표

투자자의 심리상황을 정확히 측량할 수 있다면 원래 가치보다 싸게 사고 원래 가치보다 높은 가격에 팔아서 수익을 극대화할 수 있습니다. 그렇다면 투자자의 심리상태를 정확히 측정할 수 있는 지표는 무엇일까요?

주식시장에 영향을 줄만한 유동성 환경

"바람에 날리는~ 갈대와 같이~ 항상 변하는~ 여자의 마음~" 여자의 마음을 표현할 때 자주 인용하는 베르디의 "여자의 마음"이라는 아리아[32]aria의 한 소절입니다. 여자의 마음이 언제 어떻게 바뀔지 모른다지만 그 여자의 마음보다 더 맞추기 어려운 것이 돈의 움직임입니다. 어떤 나라든 중앙은행이 돈을 찍어내기는 쉽지만 한번

---

32. **아리아** - 오페라 · 칸타타 등에 나오는 기악반주의 선율적인 독창곡

찍어낸 돈을 컨트롤하기는 대단히 어렵습니다. 더욱이 주식시장으로 유입되는 돈은 더더욱 파악하기 힘듭니다. 주가는 기업실적에 근거하기 때문에 주식시장의 돈은 기본적으로 경제 펀더맨탈 상황을 보고 움직입니다.

그러나 펀더맨탈에 따라 실제로 돈이 어떻게 움직일지는 아무도 모릅니다. 기업실적이 아무리 좋아도 돈이 주식시장으로 들어올 환경이 안 되면 주식시장으로 돈이 적게 들어와 주가가 생각보다 덜 오르게 됩니다. 반면, 기업실적이 시원치 않아도 돈이 주식시장으로 들어올 환경이 되면 생각보다 많은 돈이 들어와 주가가 예상치보다 훨씬 높이 올라갈 수도 있습니다. 따라서 주식투자의 타이밍을 잡을 때는 경제 펀더맨탈도 중요하지만 펀더맨탈을 보고 반응하는 유동성의 움직임에 좀 더 비중을 두는 것이 합리적입니다.

우리나라는 1996년 OECD에 가입하면서 사실상 금융시장이 완전 개방되어 외국인투자자들이 비교적 자유롭게 들락날락할 수 있습니다. 이제 더 이상 우리나라 금융상황만 봐서는 주식시장의 답이 나오지 않습니다. 대한민국 주식시장이라는 저수지의 물 중에서 3분의 1이 해외에서 들어온 것이기에 외국인투자자의 입장을 헤아려야 합니다.

그런 의미에서 가장 주목해야 할 것은 21세기 신대륙이라고 일컬어지는 중국의 성장입니다. 미국, 유럽, 일본 등 주요 선진국들의 경제성장률은 채 3%가 되지 않지만 인구 13억의 중국은 거의 매년 10%에 육박하는 경제성장을 하고 있습니다. 이렇듯 경제가 성장하는 곳에는 성장의 열매를 먹기 위해 돈이 몰리게 됩니다. 그러나 중국은 아직 금융시장을 원칙적으로 개방하지 않고 있습니다. 따라서 투자를 하러 오든 투기를 하러 오든 외국자본이 중국의 성장에 대한 열매를 먹고 싶어도 중국 본토로 자유롭게 들어가지 못하고 있습니다. 둑이 막혀 있으면 물이 옆으로 돌아가듯 중국에 직접적으로 투자하지 못하는 자본들은 중국의 성장에 대한 혜택을 가장 많이 받고 있는 한국 기업에 투자함으로써 중국에 투자하는 효과를 노리고 있습니다.

지난 금융위기 이후 2009년부터 외국자본이 우리나라 주식시장에 물밀듯이 밀려온 이유도 중국에 대한 간접투자로 해석할 수 있습니다. 그런 의미에서 중국이 금융시장을 전면 개방하게 되면 우리나라 주식시장의 수급에 적지 않은 타격을 줄 확률이 많습니다. 따라서 향후 중국 금융시장의 상황을 유심히 살펴야 합니다.

또 한 가지 주목해야 할 것은 세계의 유동성을 공급하는 미국의 움직임입니다. 미국은 세계의 공용화폐인 달러를 유일하게 발권할 수 있는 세계의 중앙은행입니다. 달러를 찍어낼 수 있는 권한도, 거둬들일 수 있는 권한도 미국에 있습니다. 지난 금융위기 이후 미국은 경기부양을 위해 사실상 제로금리 정책을 펼치고 있습니다. 이로써 금리가 낮으면 돈을 싸게 빌려 수익이 나는 곳으로 몰려다니는 투기성 자본이 탄생할 환경이 조성되고 있습니다.

따라서 현재 우리나라 주식시장에 들어온 외국자본 중에는 순수한 투자자본 외에 투기성 자본도 상당하리라 예상됩니다. 이런 투기성 자본은 미국이 금리를 올리면 썰물처럼 빠져나가게 됩니다. 당장은 아니더라도 미국의 경기가 회복되고 미국 내 금리를 올리기 시작하면 우리나라에 들어온 외국자본의 상당수는 한국 주식시장에서 빠져나가면서 주식시장에 적지 않은 충격을 줄 것입니다. 그러므로 미국의 금융정책을 예의주시할 필요가 있습니다. 또한 남유럽 재정위기 상황이 심화되어 지난 2008년 리먼 브러더스 파산처럼 세계 금융시장에 신용경색[33]이 발생하면 곧바로 우리나라 외환시장에 큰 충격을 가해 주식시장에도 상당한 타격을 줄 것으로 예상됩니다.

한편 주식시장의 유동성 환경과 관련해 가장 큰 이슈 중 하나는 부동산시장의 향배입니다. 그동안 부동산시장은 중산층의 주요 투자처였습니다. 지금은 중산층은 물론이고 서민들까지 부동산에 깊이 발을 담근 상태입니다. 그런데 부동산 경기가 침체하는 가운데 부동산투자로 돈을 벌 수 없다는 공감대가 형성되고 있습니다.

만약 부동산시장이 급격히 붕괴된다면 수많은 건설업체가 파산하게 되고 건설업체에 막대한 돈을 빌려준 은행들이 돈을 떼이게 되면서 시중에 돈이 돌지 않아 금리가 크게 오를 수 있습니다. 이처럼 고금리 상황이 연출된다면 은행권으로 돈이 몰리고 주식시장에 들어올 돈이 부족해져서 주식시장에 악재가 될 것입니다.

반면 부동산시장이 급격히 붕괴되지 않는 상태에서 부동산이 매력 없다는 공감대가 형성되면 부동산시장으로 흘러갈 돈이 주식시장으로 오

33. **신용경색** - 금융기관에서 돈이 제대로 공급되지 않아 기업들이 어려움을 겪는 현상

면서 주식시장의 수급에 긍정적인 영향을 줄 수도 있습니다. 다만 중산층들이 이미 너무 많은 부채를 지고 있다는 것을 고려하면 그 효과는 미미할지도 모릅니다.

부동산시장 못지않게 향후 주식시장의 수급에 영향을 줄 요인으로는 갈수록 덩치를 키워가는 국민연금과 여러 보험사에서 경쟁적으로 판매하고 있는 연금관련 상품입니다. 금리가 매력적인 수준이 아니라면 이런 자금의 상당수는 결국 주식시장으로 흘러가게 됩니다. 따라서 주식시장의 유동성 측면에서는 긍정적인 요인으로 작용할 수 있습니다. 반면 인구증가가 둔화되고 고령화 사회가 진행되면서 안전자산 선호 현상이 생기고, 고도성장보다 저성장이 고착화되어 일본의 사례처럼 주식시장이 장기적으로 침체를 겪게 될 수도 있습니다.

지금까지 큰 그림에서 우리나라 주식시장의 유동성에 영향을 줄 만한 환경적 특징에 대해 알아봤습니다. 이제 보다 구체적으로 주식시장의 유동성의 향배를 알 수 있는 지표에 대해 알아보도록 하겠습니다.

금리의 방향이 바뀔 때를 주목하라

주식시장의 유동성 흐름에 가장 큰 영향을 주는 지표는 역시 금리입니다. 물론 주가가 금리와 직접적으로 연동되어 움직이지는 않습니다. 그러나 금리 변화가 채권시장에 직접적인 영향을 주기 때문에 결과적으로 금리가 주식시장에 큰 영향을 미치게 됩니다.

만약 상대적으로 안전자산인 채권과 예금상품이 주식보다 매력적이면 주식시장으로 돈이 흘러가지 않고 오히려 돈이 빠져나오면서 주식시장은 충격을 받게 됩니다. 반면 채권과 예금상품의 매력이 떨어지면 채권시장이나 은행권에서 빠져나온 돈이 주식시장으로 흘러들어 가면서 주식시장이 탄력을 받게 됩니다.

여기서 우리가 관심을 가져야 할 것은 금리의 방향이 바뀌는 금리의 변곡점입니다. 주식투자자라면 금리의 추세가 바뀌는 변곡점을 예의주시해야 합니다. 왜냐하면 금리의 방향이 바뀌는 변곡점에서 돈이 움직이는 물살이 거세지기 때문입니다.

먼저 금리가 오르다 꼭지를 형성하려 할 때의 상황을 살펴보겠습니다. 금리가 오르는 추세가 진행될 때면 금리와 반대로 움직이는 채권의 가격이 점점 내려가고 은행금리는 점점 올라가게 됩니다. 그런데 금리가 오르는 추세가 계속될 때는 주식시장에 있던 돈이 쉽게 채권이나 은행상품으로 옮겨가지 않습니다. 예를 들어 5%로 나름대로 금리의 수준이 높은 상태라도 금리가 더 오를 여력이 남아 있을 때는 채권가격이 아직 바닥이 아니고, 은행예금 상품 또한 금리가 좀 더 오를 여지가 있기 때문에 본격적으로 돈이 이동하지는 않습니다.

또한 금리가 오르는 추세일 때는 경기호황이 진행 중인 상황이라 주가 역시 강한 상승추세를 형성할 때가 많습니다. 이런 이유로 금리의 상승추세가 지속될 때는 주식시장에서 채권시장이나 은행권으로 돈이 본격적으로 빠져나가지는 않습니다. 문제는 금리가 꼭지를 형성할 때입니다. 금리의 상승탄력이 둔화되고 시장참여자들이 향후 금리 하락을 점치는 시점이라면 문제는 달라집니다. 금리가 꼭지라는 것은 채권가격이 바닥이라는 소리이고, 금리의 수준도 이미 높이 형성되어 있는 상태입니다.

이때는 주가 또한 이미 상당 수준 올라있는 상태이기 때문에 큰손들은 주식시장에서 시세차익을 실현하고 주식시장에서 돈을 빼서 가격이 바닥권인 채권이나 고금리인 은행예금 상품으로 갈아타게 됩니다. 즉 주가가 꼭지일 때는 채권이나 은행상품이 매력적인 상황으로, 주식시장은 수급차원에서 겨울로 접어드는 상태입니다.

반면 금리가 바닥권일 때는 반대 상황이 연출됩니다. 금리가 내려가는 추세가 형성될 때는 채권가격이 계속 올라가는 상황입니다. 또한 금리가 내려간다는 것은 그만큼 돈의 수요가 적어 경기가 침체의 길을 걷고 있는 상황이고 불황의 영향으로 주가 역시 같이 내려갈 때가 많습니다.

금리가 점점 내려가다가 바닥권을 형성하고 더 이상 내려가기보다 조만간 금리가 오를 것이라는 전망이 나오기 시작하면 채권가격이 꼭지를 형성하기 때문에 채권시장에 있던 돈은 빠져나갈 궁리를 하게 됩니다. 금리의 수준이 이미 낮은 상태이기 때문에 은행예금은 별 매력이 없습니다. 반면 주가는 이미 거품이 다 빠진 상태이고 정부의 경기부양책이 효과를 발휘하기 시작하여 경기는 서서히 살아납니다. 또한 기업들은 향후 기업실적이 개선될 여지가 많기 때문에 주식시장으로 돈이 흘러들어 가게 됩니다. 따라서 금리가 바닥을 치고 올라갈 때면 주식시장에 봄이 찾아오게 됩니다.

Yield gap으로 주식의 매력을 검증하라

채권은 주식의 강력한 경쟁자이기 때문에 채권과 주식의 메리트를 비교하는 것은 중요한 투자지표가 될 수 있습니다. 주식과 채권 중에 어느 쪽이 더 메리트가 있는가를 알아보는 지표로 수익률 갭Yield gap이라는 것이 있습니다. 일드갭으로 불리는 수익률 갭은 채권금리의 바로미터가 되는 3년 만기 국고채수익률과 주식의 기대수익률의 차이를 말합니다. 이를 공식화하면 다음과 같습니다.

Yield gap = 주식의 기대수익률 − 3년 만기 국고채수익률

수익률 갭이 클수록 주식이 채권보다 메리트가 높고 수익률 갭이 작을수록 주식의 메리트가 떨어진다는 의미가 됩니다.

예를 들어 종합주가지수의 PER이 10이면 주식의 기대수익률은 10%가 됩니다. 이때 3년 만기 국고채의 수익률이 7%라면 수익률 갭은 3%가 됩니다. 위험자산인 주식의 수익률이 안전자산인 국고채보다 3% 정도 높다는 소리가 됩니다. 원금손실을 볼 수도 있는 주식이 원금이 보장되는 국고채보다 겨우 3% 높다면 주식은 그리 매력적이지 않습니다. 반면 PER은 여전히 10이라 주식의 기대수익률이 10%인데 3년 만기 국고채수익률이 3%라면 수익률 갭은 7%가 됩니다.

주식이 비록 위험하긴 하지만 국고채보다 7%나 더 매력적이라면 주식투자를 할만하다고 판단하게 됩니다. 통상적으로 수익률 갭이 5% 이상일 때는 주식이 매력적이라 판단할 수 있지만 5% 미만일 때는 주식이 고

평가된 구간이라고 판단하는 것이 합리적입니다.

매월 국고채수익률과 주식시장의 PER을 알아보고 수익률 갭을 조사하여 현재 주식이 매력적인 구간인지, 매력 없는 구간인지 유심히 살펴보는 것도 투자 판단에 많은 도움이 될 것입니다.

환율의 방향이 바뀔 때 외국인투자자의 입장을 헤아려라

주식투자에서 금리 못지않게 중요한 것은 환율입니다. 주식투자자가 환율의 움직임에 관심을 가져야 하는 이유는 주식시장에 참여하는 투자자의 3분의 1이 환율의 영향을 받는 외국인이기 때문입니다.

환율의 움직임이 외국인에게 불리하다가 유리해지기 시작할 때는 외국자본이 주식시장으로 흘러가게 됩니다. 그런데 외국인투자자들이 유리해지는 타이밍은 환율이 꼭지일 때입니다. 환율이 오르는 추세일 때는 환차손을 보는 구간이기 때문에 외국자본이 섣불리 주식시장으로 들어가지 못합니다. 또한 환율이 올라간다는 것은 달러가 부족하다는 소리이고 이는 수출 기업들이 그만큼 달러를 못 벌어온다는 것입니다. 따라서 환율이 오르는 추세에서는 기업실적도 나쁘고 환차손을 보는 구간이기 때문에 외국인투자자들은 우리나라 주식시장으로 들어가기를 꺼려합니다.

그러나 환율의 상승탄력이 둔화되고 꼭지를 형성할 때는 이야기가 달라집니다. 고환율일 때 우리나라의 경제는 최악의 국면일 경우가 많습니다. 지난 외환위기와 금융위기 때를 생각해보면 됩니다. 원 달러 환율이

1,500원을 넘어설 정도로 고환율일 때는 나라가 곧 망하지 않을까 걱정할 정도로 경기상황은 최악이고 기업실적도 형편없습니다. 그러나 환율이 더 이상 오르지 않을 것이라는 공감대가 형성되고 꼭지를 찍고 내려가는 시점에서는 주식시장에 거품이 없는 상태에서 수출 기업들의 가격경쟁력이 좋아져서 실적이 개선되기 시작합니다. 이는 주가가 바닥을 치고 올라간다는 의미가 됩니다.

또한 환율이 내려가면 환차익을 보기 때문에 외국인투자자에게는 시세차익과 환차익이라는 두 마리 토끼를 잡을 수 있는 절호의 기회가 됩니다. 외환위기와 금융위기 때 고환율에서 외국인투자자들이 물밀 듯이 밀려온 이유도 바로 이 때문입니다.

반면 확률이 바닥일 때는 반대 현상이 생깁니다. 환율이 바닥이라는 말은 원화강세를 의미하고 그만큼 우리경제가 튼튼하고 수출 기업들이 많은 달러를 벌어왔다는 증거가 됩니다. 이때는 기업실적이 최고로 좋을 때라 주가는 이미 상당 수준 올라가 있고 주식시장에 어느 정도 거품이 끼어 있는 상태일 경우가 많습니다. 이렇듯 환율이 바닥권일 때면 외국인투자자들의 머릿속은 상당히 복잡해집니다.

외국인투자자들은 환율이 바닥을 찍고 오르기 시작하면 환차손으로 시세차익을 실현하고 환차익까지 실현해서 도망갈 궁리를 하게 됩니다. 따라서 환율이 바닥을 찍고 오르려 할 때는 해외에서 국내 주식시장으로 들어오는 돈보다 국내 주식시장에서 빠져나가려는 돈이 더 많기 때문에 주식시장에 겨울이 찾아옵니다.

주식시장의 영원한 변수 투자심리

주식투자는 높은 수익을 얻을 수 있는 기회가 있는 만큼 리스크 또한 많습니다. 따라서 주식투자자에게 탐욕과 공포는 늘 따라다닙니다. 투자자들이 탐욕을 부리는 구간에서는 주가가 올라갈 만한 수준보다 더 높이 올라가고, 공포를 느끼는 구간에서는 주가가 내려갈 수준보다 더 밑으로 내려가게 됩니다. 따라서 투자자의 심리상황을 정확히 측량할 수 있다면 원래 가치보다 싸게 사고 원래 가치보다 높은 가격에 팔아서 수익을 극대화할 수 있습니다. 하지만 투자자의 심리상태를 정확히 측정할 수 있는 지표는 어디에도 없습니다.

물론 주식투자에 많이 활용되는 보조지표 중에 "투자심리도"라는 지표가 있고, 투자자들이 느끼는 공포 수준을 나타내는 변동성지표인 VIX Volatility Index라는 지표가 있긴 하지만 이런 지표를 보며 인간심리를 측정하는 것은 의미가 없습니다. 인간의 마음을 수치로 측량하겠다는 시도 자체가 난센스이기 때문입니다.

가장 효과적인 심리지표는 투자를 하는 "나의 마음"입니다. 나를 객관화시켜 주식투자를 하면서 내가 느끼는 감정을 체크해보는 것입니다. 시장의 상황을 보면서 내가 공포를 느끼고 있다면 다른 사람도 공포를 느낀다고 봐야 합니다. 반면 일이 손에 잡히지 않을 정도로 주식시장에 늘 관심이 간다면 시장이 많이 달아올랐다고 생각하면 됩니다. 또한 주변 사람 중에 시장상황을 알려주는 살아 움직이는 인간지표들이 많이 있습니니다. 이를 휴먼 인디케이터Human Indicator라고 합니다.

평소에 주식투자에 전혀 관심이 없던 사람이 어느 날 주식 이야기를 꺼낸다거나 주식투자와 도무지 어울릴 것 같지 않은 사람이 자기가 투자하는 회사 자랑을 늘어놓는다면 시장이 꼭지 근처에 다다른 것은 아닌지 유심히 살펴봐야 합니다.

반면 주변사람 중에 주식으로 돈을 잃었다는 소식이 들려오고, 주식투자는 절대 하면 안 된다고 말하는 사람들이 나타나다가 주식 이야기를 하는 사람이 아무도 없는 시점이 온다면 주가가 바닥권 근처에 다다랐다고 생각하면 됩니다. 서민들이 주식시장에 대해 어떤 생각을 하고 얼마나 관심을 갖고 있는지 관찰하는 것은 어쩌면 금리나 환율의 흐름을 예측하고 주식차트를 보며 시장의 분위기를 파악하는 것보다 훨씬 유익할지도 모릅니다.

지금까지 주식시장 상황을 알아보는 펀더맨탈지표, 유동성지표 그리고 투자심리에 대해 알아봤습니다. 이제 남은 것은 이들 지표들을 어떤 식으로 활용할 것인가 하는 투자방법입니다.

핵심 Point

1. 주식시장의 수급은 금리가 꼭지일 때 악화되고 바닥일 때는 개선된다.
2. 수이률 갭이 5% 이상은 되어야 주식이 매력적인 구간이라 할 수 있다.
3. 외국인투자자의 입장을 고려할 때 환율이 꼭지일 때 수급이 개선되고 환율이 바닥일 때는 수급이 악화된다.

주식시장의 투자 계절을 감지하는 방법

주식시장에도 계절이 있습니다. 추운 겨울과 따뜻한 겨울,
뜨거운 여름과 서늘한 여름을 알기 위해서는 펀더멘털과 유동성을 파악해야 합니다.

다윗이 골리앗을 이긴 비결

서로 적수가 되지 않는 상대끼리 싸우는 것을 두고 "다윗과 골리앗의 싸움"이라고 표현합니다. 약소국 베트남이 세계 최강 미국을 굴복시킨 베트남전쟁이 그 대표적인 예라 할 수 있습니다. 성경에 나오는 다윗과 골리앗의 이야기는 이렇습니다.

기원전 11세기경 당시 강대국이었던 블레셋(지금의 팔레스타인)과 이스라엘이 전쟁을 하기 위해 서로 대치하고 있었습니다. 키가 2미터가 넘는 블레셋의 거인장수 골리앗이 이스라엘 진영을 향해 "누가 나와 싸워 보겠냐"며 고함을 질렀습니다. 그러나 이스

라엘 병사들은 겁에 질려 아무도 나서지 못했습니다. 그때 전쟁터에 나간 형들에게 음식을 주러 왔던 다윗이 자기가 싸워보겠다며 나섰습니다. 이스라엘 왕은 달리 방법이 없어 다윗을 싸움에 내보내게 됩니다. 왕이 소년 다윗에게 갑옷과 칼을 줬지만 갑옷은 너무 커서 맞지 않았고, 칼도 무거워서 쓸모가 없었습니다. 다윗은 갑옷과 칼을 던져버리고 돌 몇 개와 돌팔매만 들고 골리앗 앞에 섰습니다.

골리앗은 돌멩이를 서너 개 들고 서 있는 꼬마를 보자 황당해하며 웃었습니다. 다윗은 이때를 놓치지 않고 돌팔매를 힘차게 휘두른 후 골리앗을 향해 돌을 날렸습니다. 다윗의 손을 떠난 돌멩이는 골리앗의 정수리를 정확히 강타했고 블레셋 최고의 장수 골리앗은 힘없이 쓰러졌습니다.

언뜻 보기에는 말이 안 되는 이야기 같지만 곰곰이 생각해보면 다윗이 골리앗을 이기는 것이 전혀 불가능한 것만은 아니었습니다.

다윗은 양치기였습니다. 평소에 양떼를 돌보며 늑대로부터 양을 지키기 위해 돌팔매로 늑대를 수도 없이 쫓아본 경험이 있었습니다. 칼은 한 번도 잡아본 적이 없었지만 돌팔매질은 그 누구보다 잘했고, 날렵한 속도로 달려드는 늑대를 무수히 상대해봤기 때문에 정지된 표적인 골리앗의 정수리를 맞추는 것은 일도 아니었을 것입니다.

다윗이 골리앗을 이긴 것은 보다 더 튼튼한 갑옷을 입고 더 날카로운 칼을 사용했기 때문이 아닙니다. 다윗은 몸집이 작았기 때문에 갑옷과 칼의 성능이 아무리 좋아도 사용할 수 없었습니다. 다윗이 골리앗을 이길 수 있었던 비결은 자기 손에 딱 맞는 무기를 사용했기 때문입니다.

주식시장에서 개미라 불리는 서민은 다윗과 같은 입장입니다. 주식시장에 존재하는 수많은 골리앗과 싸울 때 그들을 이길 수 있는 무기는 화려한 무기가 아니라 서민의 상황에 딱 맞는 무기입니다. 지금까지 필자가 이야기한 내용들은 대부분 화려한 무기들이 아닙니다. 어쩌면 주식시장에서 돌멩이 취급받는 무기인지도 모릅니다. 그러나 간단하고 단순한 무기라도 그것이 내 손에 딱 맞는다면 골리앗도 쓰러뜨릴 수 있습니다. 이제 주식시장의 다윗인 서민들이 골리앗들이 우글거리는 주식시장에서 어떻게 싸워야 하는지 보다 구체적으로 알아보겠습니다.

투자의 계절을 보고 주식 농사를 지어라

주식시장에서 개미로 불리는 서민들은 경제 전문가나 주식투자를 본업으로 하는 사람이 아닙니다. 따라서 자기 실력만 믿고 투자를 하면 승산이 별로 없습니다. 서민들은 주식투자의 패러다임 자체를 완전히 바꿔야 합니다. 서민들은 자신의 실력에 의지하는 것이 아니라 시장의 힘을 빌려야 합니다. 좁은 구간에서 분주하게 날뛰며 여러 번 먹으려 하기보다 시장을 큰 시각으로 바라보고 투자의 계절에 따라 움직이며 시장이 만들어 주는 열매를 먹겠다는 생각을 가져야 합니다.

계절에 따라 농사짓듯이 움직이면 주식을 사고파는 날이 1년에 며칠 되지 않습니다. 아니, 며칠 되지도 않게 투자해야 합니다. 개미들이 주식투자에 실패하는 지름길은 많이 사고 많이 파는 것입니다. 주식을 많이 사고판다는 것은 주식 농사를 짓는 것이 아니라 주식도박을 하는 것입니다. 농부가 농사지을 때는 파종하는 시기가 따로 있고, 수확을 거두는 시기가 따로 있습니다. 또한 농부가 성실하다고 풍년이 되고, 게으르다고 흉년이 드는 것도 아닙니다.

수확은 햇볕을 비춰주고 물을 내려주는 자연이 만들어 주는 것이지, 농부가 부지런해서 가을에 수확을 맛보는 것이 아닙니다. 게으르고 경운기도 운전할 줄 모르는 농부라도 씨 뿌릴 때 뿌리고, 거둘 때 거두기만 하면 굶지는 않습니다. 반면 아무리 부지런하고 수많은 농기계를 자유자재로 다루는 농부라도 언제 씨를 뿌리고 언제 거둬야 하는지에 관심이 없고, 곡식이 빨리 자라지 않는다고 땅만 뒤집으려 하면 제대로 된 농사를 지을 수 없습니다.

농부에게 수확을 가져다 주는 것이 자연이듯이, 주식시장에서 이득을 주는 것은 시장입니다. 서민은 주식 농사를 짓는다는 마음으로 투자의 계절을 보며 시장에 임해야 합니다.

투자의 계절을 감지하는 방법

쌀 농사를 짓는 농부는 달력이 있기 때문에 어렵지 않게 농사의 계절을 알 수 있습니다. 그러나 주식시장에서는 투자의 계절을 말해주는 달력이 따로 존재하지 않습니다. 비슷하게나마 주식투자의 계절을 측정하는 방법은 지금까지 살펴봤던 지표들을 종합적으로 이용해서 최대한 근사치를 찾아내는 것입니다. 경제 펀더맨탈지표, 유동성지표, 기술적 분석, 시장참여자들의 심리를 모두 활용해서 투자의 계절을 감지하는 것입니다. 이때에는 정확한 날짜를 맞추려 하기보다 투자시기를 감지한다는 마음을 먹어야 합니다. 지금이 파종할 시기_{주식 비중 확대}인지 추수할 시기_{주식 비중 축소}인지 투자의 계절을 알려 노력하고, 최대한 크고 천천히 움직이면 주식 도박이 아닌 주식 농사를 지을 수 있습니다.

먼저 주식 농사에서 파종할 시기에 대해 생각해보도록 하겠습니다. 주식 농사에서 봄은 주식시장으로 돈이 몰려올 때입니다. 주식시장은 경기를 선행하는 특징이 있기 때문에 주식시장으로 돈이 몰려오기 위해서는 향후 경기가 회복된다는 확신이 들어야 합니다. 앞서 살펴보았듯이 향후 경기의 상황에 대해 가장 많은 힌트를 주는 펀더맨탈지표는 경기선행지수입니다. 따라서 경기선행지수 전년동월비가 하락에서 상승으로 돌아서는 때를 주목해야 합니다.

유동성 측면으로 보면 채권시장이나 은행권에 있던 돈이 주식시장으로 흘러올 수 있는 환경이 마련될 때가 주식시장의 봄이 됩니다. 이때는 금리가 바닥을 찍고 올라서려 할 때입니다. 또한 외국인투자자 입장에서 주식시장이 매력적으로 느껴질 타이밍은 환율이 꼭지를 찍고 내려올 때입니다. 하지만 주식 농사에서 추수할 시기는 이와 반대입니다. 추수시기는 경기선행지수 전년동월비가 하락 반전하고, 금리가 꼭지를 찍고 하락하고, 환율이 바닥을 찍고 올라설 때입니다.

경기선행지수 전년동월비, 금리, 환율의 방향이 바뀌는 변곡점을 형성

주식시장을 알아보는 지표상태

지표 시기	펀더맨탈지표 경기선행지수	유동성지표		기술적 분석 및 외국인 동향
		금리	환율	
주식 파종시기 (주식 비중 확대)	바닥권 상승 반전	바닥권 상승 반전	상승탄력 둔화 하락 반전	쌍 바닥, 삼천(三川) 외국인 매수강화
주식 추수시기 (주식 비중 축소)	상승탄력 둔화 하락 반전	상승탄력 둔화 하락 반전	바닥권 상승 반전	쌍봉, 삼산(三山) 외국인 매도강화

할 때는 돈의 물줄기가 바뀌는 타이밍이기 때문에 주식시장의 계절이 바뀌게 됩니다. 물론 위의 표처럼 주식시장의 계절과 경기선행지수, 금리, 환율의 변곡점이 정확히 일치하지는 않습니다. 그러나 이 세 가지 지표의 추세가 좁은 구간에서 최대한 겹칠수록 신뢰도가 높다고 할 수 있습니다.

예를 들어 경기선행지수와 금리가 하락 반전하고 환율이 상승 반전하는 때가 좁은 구간에서 동시에 일어나면서 기술적 분석으로도 쌍봉, 삼산三山의 패턴이 보인다면 주식시장이 가을을 지나 겨울로 접어든 확연한 매도시기로 볼 수 있습니다. 2007년 하반기부터 2008년 상반기까지 대세 하락이 시작되던 상황이 이에 속합니다.

반면 경기선행지수가 상승 반전되고, 금리도 바닥을 다지거나 상승 반전하고, 환율이 고점을 찍고 내려가는 타이밍에 기술적 분석으로도 쌍 바닥이나 삼천三川의 패턴이 출현한다면 주식시장의 봄으로 비중 확대 시기로 볼 수 있습니다. 2008년 하반기부터 2009년까지 상반기 대세상승이 시작되던 상황이 이에 속합니다.

주식시장의 계절을 감지하는 지표 중에서 가장 큰 비중을 두며 투자의 기준으로 삼아야 하는 것은 펀더맨탈지표인 경기선행지수 전년동월비입니다. 경기선행지수는 경기 사이클과 연동해서 움직이며 대략 12개월을 주기로 주가의 변동성과 비슷하게 흘러가기 때문에 투자의 중심을 잡는 지표로 적당합니다.

경기선행지수 전년동월비를 기준으로 펀더맨탈 상황을 관찰한 후에 금리와 환율의 움직임을 보고 유동성을 고려하고, 자세한 부분은 기술적 분석을 활용하면 투자의 계절을 어느 정도 감지할 수 있습니다.

한편 주식시장의 계절을 감지할때 활용하는 차트는 코스피KOSPI 주봉차트가 적당합니다. 매일 주식시장의 상황을 표현한 일봉차트는 변동성이 심해서 너무 예리한 칼이라 할 수 있고, 월봉차트는 큰 흐름은 알 수 있지만 너무 두리뭉실해서 무딘 칼이라 할 수 있습니다. 그러나 주봉차트는 너무 예리하지도 무디지도 않으면서 주식시장의 큰 흐름을 감지하는데 안성맞춤인 지표입니다. 따라서 코스피 주봉차트 위에 경기선행지수 전년동월비, 금리, 환율의 변곡점을 체크하면서 주식시장의 계절을 판단하는 것이 합리적입니다.

그럼 최근 5년 동안의 주식시장 상황을 보며 구체적으로 살펴보도록 하겠습니다.

1. 경기선행지수 변곡점과 주가

[그림 2-16]은 주봉차트 위에 경기선행지수 전년동월비의 변곡점을

[그림 2-16] 경기선행지수 전년동월비

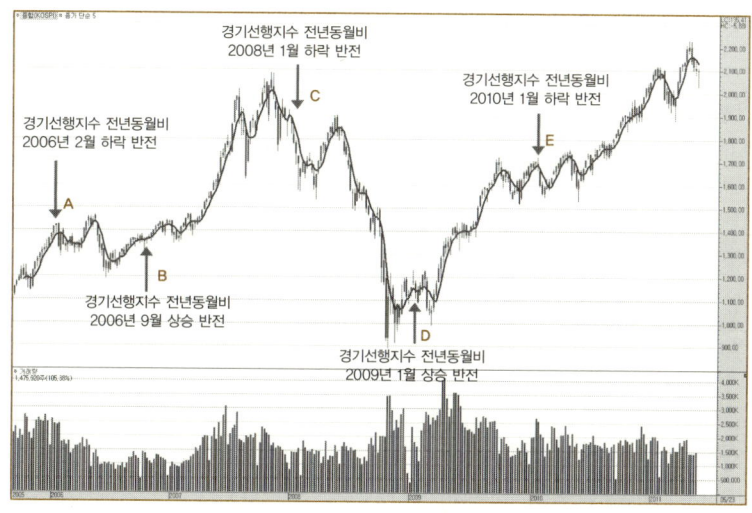

대입한 것입니다. 대체로 경기선행지수 전년동월비의 방향이 바뀔 때 시장의 방향이 바뀐 것을 알 수 있습니다. 2006년 2월A 경기선행지수가 하락 반전한 이후 주식시장은 오르지 못하고 박스권에서 횡보하는 모습을 보였습니다. 그러다 2006년 9월B 상승 반전하면서 강한 강세장을 연출했습니다. 그 후 2008년 1월C 경기선행지수가 하락 반전하면서 강한 약세장을 연출했습니다.

2008년은 리먼 브러더스가 파산하고 미국 발 금융위기로 자본주의가 곧 망할 것 같은 공포감에 휩쓸렸습니다. 그러나 2009년 1월D 경기선행지수가 상승 반전하면서 주가는 강하게 상승했습니다. 그 후 약 1년 동안 상승추세를 유지하다가 2010년 1월E 경기선행지수가 다시 하락 반전하

259

[그림 2-17] 최근 20년 유동성 추세

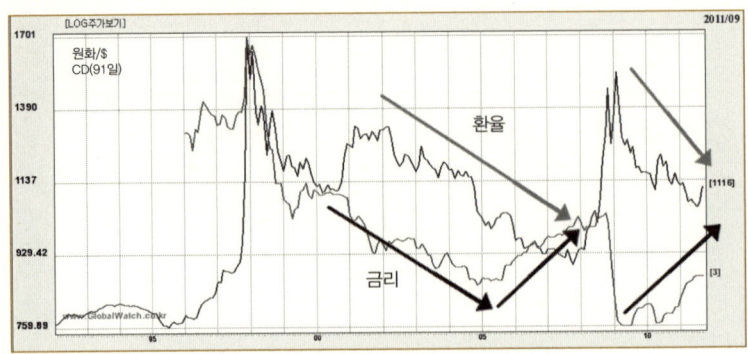

였습니다. 그 후 경기선행지수가 지속적으로 하락했지만 주가는 크게 밀리지 않고 10개월 정도 박스권에 갇혀 있다가 경기선행지수의 하락이 9개월 가량 진행될 무렵 주가가 상승 전환했습니다. 언뜻 보기에 이해가 가지 않는 특수한 상황처럼 보이지만 경기선행지수와 유동성지표인 금리와 환율을 같이 두고 보면 이해가 될 것입니다.

2. 경기선행지수 + 유동성과 주가

[그림 2-17]은 최근 20년 동안 환율과 시장금리의 기준인 CD 금리의 추세를 표현한 것입니다. 경기의 흐름은 대략 1년을 주기로 상승과 하락을 반복하며 비교적 예측 가능한 범위에서 움직이지만, 유동성 추세는 한번 방향을 정하면 짧게는 1~2년, 길게는 5년 이상 길게 움직이며 변곡점이 바뀌는 주기 또한 일정하지 않습니다. 이렇게 경기선행지수와 유동성의 주기가 서로 차이가 나기 때문에 재미있는 현상이 나타나게 됩니다.

[그림 2-18] 경기선행지수 변곡점과 유동성의 흐름이 표시된 주봉차트

경기선행지수가 하락추세를 타고 있더라도 유동성의 조건이 주식시장에 유리한 상황이면 주가는 크게 하락하지 않거나 박스권을 유지하면서 경기침체의 영향을 크게 받지 않는 경우가 있습니다. 반면 경기선행지수가 하락 반전할 즈음에 유동성마저 주식시장에 부정적인 방향으로 흘러가면 큰 폭으로 하락하게 됩니다.

물론 그 반대의 경우도 있습니다. 경기선행지수가 상승 반전할 때 유동성마저 주식시장에 유리한 방향으로 흘러가면 불 붙은 곳에 기름을 지르는 효과가 생겨 시세가 큰 폭으로 폭발하기도 합니다.

[그림 2-18]은 주봉차트와 경기선행지수 변곡점을 대입한 그림 위에 유동성의 흐름을 같이 표시한 것입니다.

펀더멘탈의 흐름을 알 수 있는 경기선행지수의 변곡점이 나타날 때 주식시장이 반응하는 정도가 확연하게 차이가 났는데 유동성의 흐름을 보지 않으면 해석이 되지 않는 부분이었습니다. 그러나 유동성의 흐름을 같이 두고 보면 이런 의문은 쉽게 풀립니다. 이제 경기선행지수의 추세상황별로 알아보도록 하겠습니다.

A. 2006년 2월 이후 경기선행지수 하락 국면

2006년 2월 이후 경기선행지수가 하락추세를 탔지만 주가는 크게 떨어지지 않고 선방하는 모습을 보여줬습니다. 그 이유는 환율이 지속적으로 하락하는 추세였고, 금리도 상승하는 추세여서 유동성이 주식시장에 유리하게 작용했기 때문입니다.

B. 2006년 9월 이후 경기선행지수 상승 국면

2009년 9월 이후 경기선행지수가 상승추세를 탈 때는 주식시장이 연일 신新고점을 갈아치우며 꿈의 지수라던 2000까지 돌파했습니다. 이런 강세장이 펼쳐질 수 있었던 이유는 튼튼한 펀더멘탈과 함께 금리가 오르는 추세를 유지하고, 환율 또한 꾸준히 하락하던 상황이라 유동성의 흐름이 주식시장에 우호적이었기 때문입니다.

C. 2008년 1월 이후 경기선행지수 하락 국면

2008년 1월 이후 경기선행지수가 하락추세를 타는 국면에서는 2006

년 2월 이후 하락하던 때와는 확연한 차이가 있습니다. 펀더맨탈이 하락 반전한 것과 함께 유동성까지 주식시장에 불리하게 흘러갔습니다. 환율은 5년 넘게 진행되어온 대세하락추세를 멈추고 바닥을 다지다가 올라가기 시작했고 금리 역시 상승추세가 둔화되면서 꼭지를 형성했습니다.

이렇듯 경기침체를 알리는 경기선행지수 하락 국면에서 유동성 환경까지 부정적으로 흘러가면서 매우 강한 대세하락이 진행됐습니다.

D. 2009년 1월 이후 경기선행지수 상승 국면

2009년 1월 이후 경기선행지수가 상승추세를 타는 국면에서는 유동성마저 주식시장에 우호적인 상황으로 변해갔습니다. 1,600원 가까이 올라갔던 환율은 꼭지를 찍고 내려가기 시작했고, 경기침체로 인해 정부가 사상 초유의 저금리 정책을 펴면서 기준금리가 2%까지 내려갔고, 금리가 더 이상 내려갈 곳이 없다는 공감대가 형성되면서 그 후 금리가 상승하기 시작했습니다. 이때는 그 어느 때보다 내려갈 환율 범위가 많고, 올라갈 금리 폭이 커지면서 유동성이 펀더맨탈을 압도하는 국면이었습니다. 이렇듯 펀더맨탈이 회복하는 국면에서 유동성까지 그 어느 때보다 우호적인 상황으로 되면서 종합주가지수가 1,000밑으로까지 내려갔던 주식시장은 강한 상승시세를 펼치며 금융위기 이전 상황까지 빠르게 회복되었습니다.

E. 2010년 1월 이후 경기선행지수 하락 국면

2010년 1월 이후 경기선행지수는 다시 하락추세를 타기 시작했습니다.

그러나 유동성은 여전히 주식시장에 우호적인 상황으로 진행 중이었습니다. 미국이 경기부양을 이유로 제로금리 상황을 유지한 채 막대한 달러를 찍어냈습니다. 그 돈은 경기부양에 사용되기보다 제조업이 살아있는 신흥국으로 흘러갔는데 그 대표적인 나라가 중국과 한국이었습니다. 이렇듯 외국자본이 지속적으로 유입되고, 수출 기업들이 벌어들이는 달러가 외환시장에 유입되면서 환율은 꾸준히 하락추세를 유지하고 있었습니다. 금리 또한 금리의 절대 수준이 높지 않은 상태에서 소폭이나마 상승추세를 유지하고 있었습니다.

이렇듯 유동성이 주식시장에 우호적인 방향으로 진행 중이었기 때문에 경기선행지수가 하락추세를 타고 있었음에도 불구하고 1년 가까이 박스권에서 선방을 하다가 경기선행지수 하락추세가 9개월을 넘어설 즈음 박스권을 강하게 돌파하며 주가가 크게 오르는 기염을 토할 수 있었던 것입니다.

주식시장의 투자계절

지금까지 살펴본 바와 같이 펀더멘탈과 유동성이 어떻게 조합되느냐에 따라 주식투자의 계절은 확연히 달라집니다. 주식투자의 계절을 알아보는 방법은 경기선행지수 전년동월비와 금리, 환율의 추세를 비교하면서 펀더멘탈과 유동성이 주식시장에 우호적인 비우호적인지를 체크하는 것입니다.

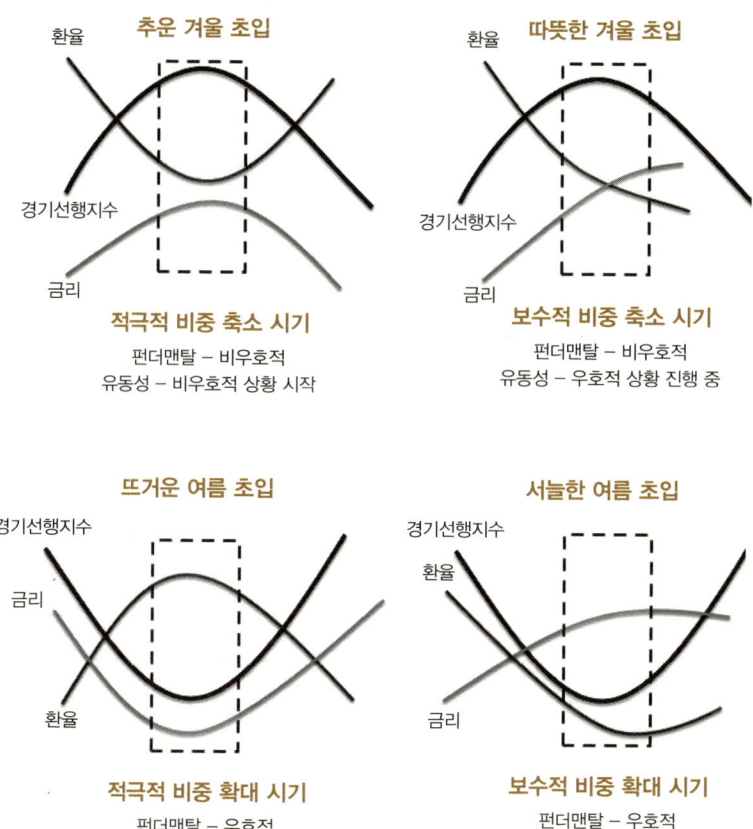

편더맨탈과 유동성이 모두 우호적인 방향으로 흘러갈 때는 뜨거운 여름 적극적인 매수를 고려하고, 편더맨탈과 유동성이 모두 비우호적일 때는 추운 겨울 웬만하면 주식시장에서 떠나 있는 것이 좋습니다. 반면 편더맨탈은 비우호적이지만 유동성이 우호적이라면 따뜻한 겨울 주식시장이 크게 밀리기보다

박스권에 머물며 에너지를 비축할 확률이 많기 때문에 모두 매도하기보다 비중 축소를 고려하는 것이 합리적입니다. 경기가 순환되는 변곡점을 지날 때면 대개 위의 4가지 범주 안에 속하게 됩니다. 물론 깔끔하게 맞아 떨어지지는 않지만 주식시장이 지금 어느 계절이고 어디쯤 지나가고 있는지는 어렵지 않게 가늠할 수 있을 것입니다.

 핵심 Point

1. 서민의 상황에 알맞은 주식투자 방법은 농사짓듯이 투자하는 것이다.
2. 경기선행지수 전년동월비, 금리, 환율의 추세를 비교하면서 투자의 계절을 파악하라.
3. 펀더멘탈과 유동성이 모두 우호적일 때는 적극적인 매수를, 모두 비우호적일 때는 주식시장을 떠나 있어야 한다.

화려함에 이기는 서민형 매매기법

주식시장은 필사적으로 싸우려 덤벼드는 개미의 피를 요구하는 곳입니다. 강한 바위를 뚫은 것은 부드러운 물이듯, 서민이 주식투자에서 승자가 될 수 있는 길은 화려함을 버리고 단순함을 취하는 것입니다.

주식투자에 참여할 시기에만 참여하라

농부들이 일이 많다지만 1년 내내 정신없이 바쁘지는 않습니다. 봄철 모내기시기와 가을철 추수시기에는 눈코 뜰 새 없이 바쁘지만 농번기가 아닌 때는 논에 물을 대거나 농약을 뿌리며 논을 관리하는 일에 치중합니다. 겨울철에는 가마니를 짜거나 마을회관에 모여 장기나 바둑을 두면서 휴식시간을 갖습니다. 요즘은 어떤 지 모르겠지만 시골에서 자란 필자가 기억하는 시골 풍경은 대체로 그러했습니다.

경기선행지수 전년동월비 변동 현황

기간	변동폭	방향
2001년 1월 ~ 2002년 5월	17개월	상승
2002년 6월 ~ 2003년 4월	11개월	하락
2003년 5월 ~ 2004년 4월	12개월	상승
2004년 5월 ~ 2005년 1월	9개월	하락
2005년 2월 ~ 2006년 1월	12개월	상승
2006년 2월 ~ 2006년 8월	7개월	하락
2009년 9월 ~ 2007년 12월	16개월	상승
2008년 1월 ~ 2008년 12월	12개월	하락
2009년 1월 ~ 2009년 12월	12개월	상승
2010년 1월 ~ 2010년 11월	11개월	하락

서민들이 주식투자를 할 때도 농부가 농사짓듯이 해야 합니다. 매매할 시기에만 주식시장에 참여하고 그 외의 시간은 자기 본업에 충실하며 주식시장에서 한 발짝 물러나 있어야 합니다. 주식투자에서 종목을 고르는 "선택의 문제"는 시장 평균을 추종하는 ETF를 매매함으로서 쉽게 해결할 수 있었습니다. 이제 남은 것은 언제 사고팔아야 하는가 하는 "타이밍의 문제"입니다.

주식시장에 참여하는 타이밍은 펀더맨탈지표인 경기선행지수 전년동월비를 확인하면서 정하는 것이 좋습니다. 경기선행지수 전년동월비는 매월 말일 통계청 사이트를 방문하면 알 수 있습니다.

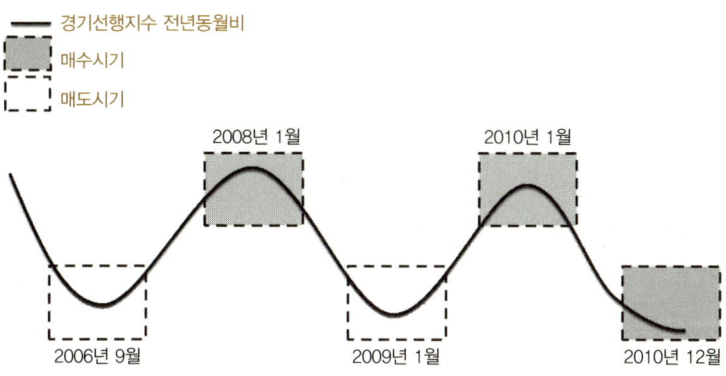

앞의 표를 통해 알 수 있듯이 경기선행지수 전년동월비의 변동폭은 대략 1년을 주기로 순환하는 경향이 있습니다. 2010년 12월 상승으로 돌아선 후 2011년 2월 재차 하락하며 조금은 예외적인 상황이 발행하긴 했지만 큰 맥락에서는 1년 정도의 주기로 변동한다고 보면 큰 무리는 없습니다.

주식시장에 참여하는 시기는 경기선행지수의 변곡점이 예상되는 시점을 기준으로 전후 2개월 정도의 구간을 두고 결정하면 됩니다. 예를 들어 이전 상승 주기가 12개월이었고 현재 하락추세를 타고 있다면 경기선행지수가 지난 패턴의 3분의 2 수준인 9~10개월가량 하락할 때부터 시장 상황을 예의주시하며 서서히 비중확대를 고려하는 것입니다.

그 후 주식시장의 상황을 지켜보는 것과 함께 차트를 보며 기술적 분석을 하고 수익률 갭, 유동성 상황 등 시장의 흐름을 감지할 수 있는 다양한 방법을 동원해서 투자의 타이밍을 잡으면 됩니다. 물론 타이밍을 잡는 정확도는 투자자의 감각에 따라 차이가 날 것입니다. 만약 포트폴리오 원칙을 지키고 탐욕과 공포에 휘둘리지 않을 투자 환경을 만들어 놓았다면 타이밍을 잡아내는 정확도는 좀 더 높아질것입니다.

매매 기조를 한 방향으로만 잡아라

시장에 참여할 때는 시기의 구분을 명확히 한 상태에서 포지션의 방향을 한쪽으로만 잡아야 합니다. 즉 매수시기에는 매수만 해야 하고, 매도시기에는 매도만 하는 것입니다.

시장이 다소 출렁거리더라도 수시로 샀다 팔았다를 반복해서는 곤란합니다. 농부가 농사지을 때도 모종을 심었다가 캤다가 하지 않습니다. 곡식을 심는 시기에는 어떻게 파종할 것인가를 신경 쓰고, 추수할 때는 어떻게 거둬들일까만 생각합니다. 물론 시장에 참여할 때는 공포스럽고 탐욕을 부릴만한 상황이 수시로 찾아옵니다. 하루 2%씩 오를 수도 있고, 3%씩 빠질 때도 있습니다. 3,000만 원 정도 투자하고 있다면 1주일 사이에 수백만 원이 왔다갔다합니다.

온종일 차트를 보고 계좌에 찍힌 수익률을 쳐다보고 있으면 하루에도 열댓 번 천당과 지옥을 맛볼 것입니다. 그러나 확정되지 않는 이익과 손실은 주식시장이 만들어내는 허상에 불과합니다. 시장 분위기에 파묻혀 지내면 이런 헛것에 현혹되어 그릇된 판단을 하기 쉽습니다. 시장에 참여할 때는 오늘 살까 내일 살까, 이번 주에 살까 다음주에 살까 크게 신경을 쓰지 말아야 합니다. 시야를 그보다 훨씬 넓혀야 합니다. 매수시기이라 판단한 순간부터 최소 3~4개월 정도의 시간을 두고 시장을 확인해 가면서 서서히 비중을 확대해 가는 것입니다. 그러다 포트폴리오 원칙에 맞게 비중을 채우고 매수시기가 끝났다고 판단되면 주식 농사 결과는 시장에 맡긴다는 마음을 먹고 주식시장에서 발을 빼야 합니다.

매도시기 역시 마찬가지입니다. 매도할 시기가 왔다고 판단되면 서서히 비중을 축소하다가 시장이 추운 겨울로 접어든다고 판단하면 꼭지에서 못 팔았더라도 미련을 버리고 빠져나와야 합니다. 실제 사례를 통해 좀 더 자세히 알아보도록 하겠습니다.

A. 2008년 1월 전후: 경기선행지수 하락추세

2007년 가을은 코스피지수가 2,000을 돌파하면서 대한민국 주식시장이 매일 역사를 새로 쓰던 시기였습니다. 그러나 주식시장은 추운 겨울을 예고하고 있었습니다. 경기선행지수가 1년 이상 오르고 있었고 서서히 고점을 형성하면서 조만간 하락을 염려해야 할 상황이었습니다. 이런 상황에서 환율이 바닥을 다지며 상승으로 전환되기 시작했고, 금리 또한 상승탄력이 둔화되면서 유동성조차 비우호적으로 변해갔습니다. 그러나 시장 분위기는 열광적이었고 향후 코스피지수가 3,000은 우습고 머지 않아 5,000까지 갈 듯한 기세였습니다.

주식투자를 안 할 것 같은 사람들까지 시장에 참여하며 개미들의 탐욕 수치는 극에 달했습니다. 이런 상황에서 만약에 앞에서 말한 투자 원

[그림 2-19] 차트로 보는 투자계절

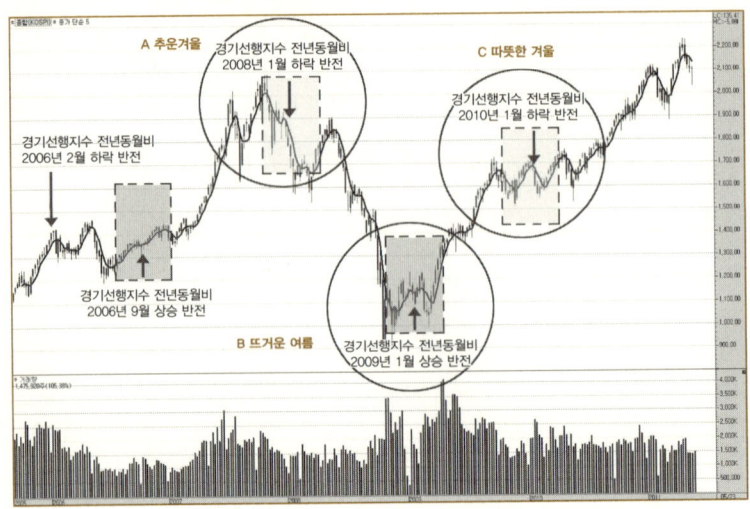

칙에 충실한다면 경기선행지수가 고점을 형성하는 2007년 가을부터는 비중을 축소하게 됩니다. 이때부터는 매도시기이기 때문에 오직 매도만 하는 것입니다. 물론 한꺼번에 모두 매도하는 것이 아니라 3~4개월 정도의 매도시기에 차트를 보며 기술적 분석을 참고해서 적절한 타이밍을 잡는 방식입니다.

기술적 분석을 통해 시장상황을 보더라도 매도신호가 많이 발견되었습니다. [그림 2-20]은 투자계절이 추운 겨울로 접어들 시점의 기술적 분석 특징입니다. 경기선행지수가 고점을 형성할 때부터 상승추세 이탈A, 쌍봉, 삼산三山, B, 하락N자 패턴C 등 시장의 추세가 상승에서 하락으로 바뀌는 변곡점이라는 신호가 여기저기서 발견되었습니다.

[그림 2-20] 2008년 1월 전후 경기선행지수 하락추세

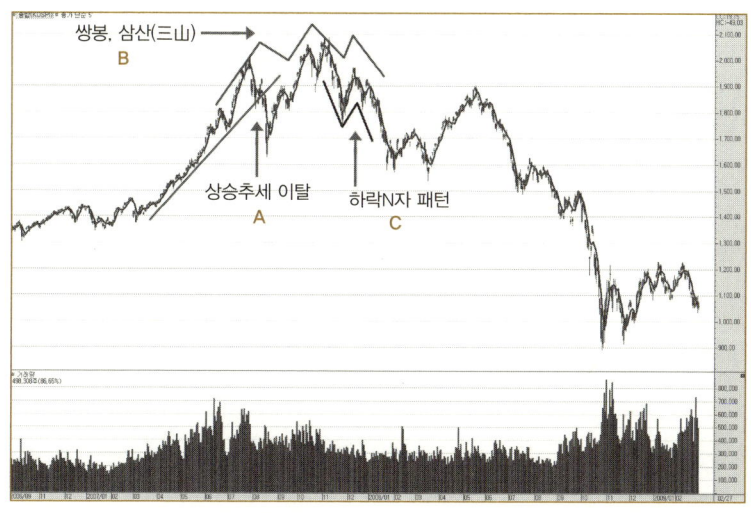

B. 2009년 1월 전후: 경기선행지수 상승추세

2008년 가을은 미국 발 금융위기가 기세를 떨치던 시기로 자본주의가 곧 망할 것 같은 공포가 시장을 지배하던 시기였습니다. 그러나 경기선행지수 하락추세가 10개월을 통과할 즈음 환율은 제2의 외환위기라는 말이 나올 정도로 올라 있었고 금리 또한 더 이상 내려갈 곳이 없을 정도로 바닥권에 머물러 있었습니다. 즉 펀더맨탈과 유동성 상황이 모두 주식시장에 유리하게 흘러갔습니다. 이때 농사를 짓듯 투자하는 원칙을 적용하면 경기선행지수 하락추세가 10개월을 통과하는 2008년 가을부터가 주식비중을 확대하는 시기가 됩니다. 또한 2009년 1월을 전후로 기술적 분석을 통해 시장상황을 보면 매수 신호가 곳곳에서 감지됩니다.

[그림 2-21] 2009년 1월 전후 경기선행지수 상승추세

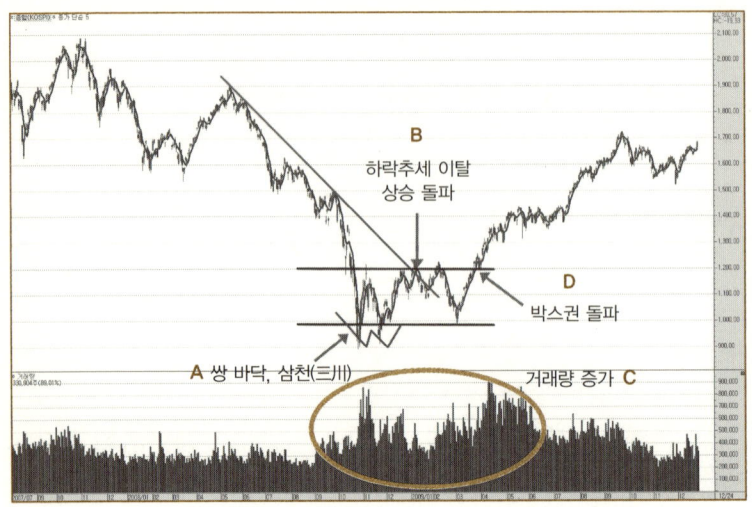

 [그림 2-21]을 보면 2008년 하반기에 일봉차트에서 쌍 바닥, 삼천三川 A
이 출현했고 얼마 후 하락추세를 마무리하고 상승 돌파B하는 모습도 보
였습니다. 또한 외국인투자자의 강한 매수로 거래량C도 많아졌고 경기선
행지수가 상승 반전하고 얼마 후 주가는 6개월 가량의 박스권을 돌파D하
는 모습도 보였습니다. 이때가 매수를 마무리하고 파종을 끝내는 시점이
됩니다. 이 당시는 펀더맨탈 상황과 유동성 상황이 주식시장에 우호적으
로 흘러갔기 때문에 그 어느 때보다 적극적으로 매수를 고려해 볼만 했
습니다. 물론 당시 시장 분위기는 공포가 극에 달하던 시기라 많은 용기
가 필요할 때였습니다. 그러나 농사를 짓는다는 마음으로 원칙대로 움직
였다면 제법 큰 수확을 거둘 수 있는 절호의 기회였습니다.

[그림 2-22] 2010년 1월 전후 경기선행지수 하락추세

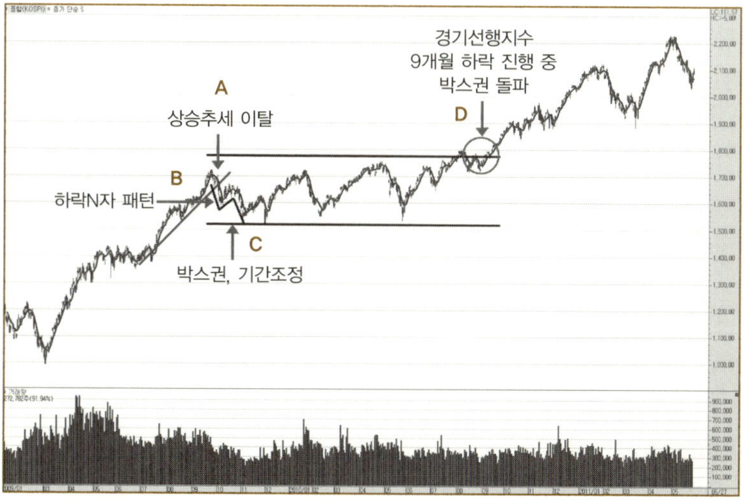

C. 2010년 1월 전후: 경기선행지수 하락추세

2010년 1월 경기선행지수는 정점을 찍은 후 하락추세를 타기 시작했습니다. 그러나 환율은 여전히 대세하락이 진행 중이었고, 금리 또한 상승추세를 유지하고 있었습니다. 즉 펀더맨탈적 상황은 주식시장에 비우호적이지만 유동성은 우호적이어서 2006년 1월 이후처럼 큰 폭의 하락보다는 조정을 받는 선에서 선방할 것을 예상할 수 있었습니다.

이처럼 펀더맨탈이 비우호적이지만 유동성이 우호적일 때는 대폭적인 매도보다는 쉬어간다는 의미로 비중축소를 고려하는 것이 바람직합니다. 기술적 분석으로 봐도 조정 국면임을 알 수 있습니다.

[그림 2-22]를 보면 2009년 가을 무렵 10개월 가량 상승하던 경기선

행지수의 상승추세가 이탈A하는 모습이 출현했습니다. 매도시기가 임박한 가운데 상승추세가 깨지는 모습이 출현했고 얼마 후 하락N자B 패턴도 나왔습니다. 그리고 그 후부터 1년 가까이 줄곧 1600~1700을 오가며 박스권C에 갇혀 있었습니다.

그렇게 1년 가까이 박스권에서 기간조정을 거치고 에너지를 비축하던 증시는 경기선행지수가 9개월가량 하락하는 시점에 지루한 박스권을 돌파D하는 모습을 보였습니다.

경기선행지수가 9개월가량 하락한 시점은 지난 하락 주기를 참고할 때 하락의 3분의 2를 지나고 있다고 판단할 수 있는 시점이라 매수시기 초입에 속합니다. 더욱이 유동성이 여전히 주식시장에 우호적이고, 박스권 돌파라는 강력한 매수 신호가 나왔기 때문에 비중 확대를 고려해볼 만한 위치였습니다.

그 후 주가는 2000을 재돌파했고 얼마 후 역사적인 최고점을 돌파하는 기염을 토했습니다. 유동성의 힘이 펀더맨탈을 압도해서 나타난 현상이라 할 수 있습니다.

지금까지 살펴본 바와 같이 경기선행지수 전년동월비의 패턴을 고려해서 매수시기와 매도시기를 정하고, 유동성 환경과 기술적 분석법을 참고하며 주식투자를 농사짓듯이 하면, 주식투자를 치열하게 하지 않고 본업에 충실하면서도 시장의 상황을 거스르지 않고 역행함 없이 적지 않은 수익을 낼 수 있습니다.

서민이여, 본업으로 돌아가라

주식투자를 할 때 좁은 구간에서 승부를 내려 하면 롤러코스트를 타는 것처럼 정신이 없지만, 시장을 큰 시각으로 바라보며 농사짓듯 투자하면 투자의 계절에 따라 움직이게 되고 순리적으로 투자할 수 있게 됩니다. 이처럼 서민형 주식투자법으로 투자하게 되면 주식투자로 크게 상처받을 일이 없을뿐더러 대박을 터트리지는 못할지언정 시장이 잔치를 벌일 때 소외되는 일도 없습니다. 그리고 무엇보다도 주식시장의 변덕에 이리저리 휘둘리지 않고 자신의 본업에 충실할 수 있습니다.

프랑스의 계몽학자 루소가 "인간이여! 자연으로 돌아가라"라고 말했던가요? 저는 주식시장에서 치열하게 투자하고 있는 서민들에게 "서민이여! 본업으로 돌아가라"라고 말하고 싶습니다.

그렇다고 이 말이 "서민은 절대 주식투자를 하지 말자"는 뜻은 아닙니다. 제가 강조하고 싶은 것은 자기 본업에 충실하고도 얼마든지 주식투자를 잘할 수 있고, 오히려 치열하게 투자하는 것보다 주식시장의 계절에 따라 느긋하게 움직이고 순리대로 투자하는 것이 서민들에게 훨씬 유리하다는 의미입니다.

〈손자병법〉에 장수가 피해야 할 다섯 가지에 대해 나오는데 그 첫 번째는 "필사적으로 싸우는 것"입니다. 전쟁터에 나간 장수가 필사적으로 싸우려 하면 유인을 당해서 참혹한 죽임을 당하고 맙니다. 주식시장 역시 필사적으로 싸우려 덤벼드는 개미의 피를 요구하는 곳입니다. 강한 바위를 뚫은 것은 부드러운 물이듯, 서민이 주식투자에서 승자가 될 수 있는 길은 화려함을 버리고 단순함을 취하는 것입니다.

　필자가 지금까지 말씀드린 투자법은 무조건 돈을 벌게 해주는 투자의 비법이 아닙니다. 또한 그리 복잡하지도 화려하지도 않은 것들입니다. 그러나 단순함이 화려함을 이기고, 기본기를 지키는 것이 개인투자자가 사용할 수 있는 최고의 필살기임을 전하고 싶었습니다. 언젠가 이 책에 소개된 서민형 주식투자법을 통해 "본업에 충실하면서도 주식투자를 잘 할 수 있었다"는 단 한 사람의 개인투자자만 나와도 많은 보람을 느낄 것 같습니다. 마지막으로 오늘도 주식시장에서 고군분투하고 있는 모든 개인투자자의 건승을 기원합니다.

📓 **핵심 Point** --

1. 경기선행지수의 변곡점 좌우 2개월 정도를 주식투자에 참여하는 시기로 정하라.
2. 매수할 시기와 매도할 시기를 분명히 정하고 매매 기조를 한 방향으로 정하라.
3. 서민들은 매매시기에만 참여하고 대부분의 시간은 자신의 본업에 충실하는 것이 바람직하다.

개미투자자를 위한 투자조언

1. 본격적으로 주식투자를 하기 전에 트레이닝 과정을 거쳐라

실전 경험이 없는 태권도 3단 대학생과 건달생활 10년 차의 30대 아저씨가 싸우면 누가 이길까요? 만약 내기를 한다면 저는 산전수전 다 겪은 동네 건달에 배팅할 것입니다. 싸움을 잘하기 위해서는 싸움을 많이 해봐야 합니다. 주식투자 역시 싸움과 같은 실전의 영역이기 때문에 경험이 중요합니다.

하룻강아지가 범 무서운 줄 모르듯, 실전 경험이 부족한 투자자일수록 시장을 만만히 보다가 결국 큰 코 다치게 됩니다. 주식투자에서 실패하는 지름길은 훈련의 과정 없이 무턱대고 큰돈을 벌려 덤벼드는 것입니다. 투자 이론을 아무리 많이 공부했더라도 본격적으로 투자를 하기에 앞서 한 달 생활비 정도에 해당하는 돈으로 실전 경험을 쌓는 것이 좋습니다. 대한민국의 보통사람이라면 100만 원 정도가 적당할 듯 합니다. 단, 손실을 보더라도 절대 추가 납입을 하지 않아야 합니다.

이 원칙은 반드시 지킨다고 자신과 약속한 후 그동안 공부하고 준비한 대로 마음껏 실력 발휘해 보는 것입니다. 주식투자를 처음 한 사람이라면 시장이 좋고 나쁘고 상관없이 90% 이상은 1년도 되기 전에 반 토막 날 것입니다. 물론 시장이 정말 좋을 때는 돈을 벌 수 있겠지만 그 돈을 모두 토해내는 데 그리 많은 시간이 걸리지 않을 것입니다.

그러나 그 돈을 모두 날리더라도 아까워할 필요는 없습니다. 그동안 겪었을 투자의 경험은 잃었던 돈보다 훨씬 가치 있는 것입니다. 이렇듯 시장의 쓴맛을 보는데 한 달 생활비 정도만 들었다면 매우 성공한 것입니다. 그리고 본 게임은 그 후부터 하는 것입니다.

2. 주식투자로 돈을 벌었다는 사람의 말에 현혹되지 마라

서민들이 주식시장에 처음 발을 들여놓을 때는 대부분 주변 사람 중에 주식투자로 돈을 벌었다는 사람이 많이 나타날 때입니다. 그러나 가까운 친구나 직장 동료가 주식투자로 돈을 벌었다고 자랑하는 시기는 대개 시장의 끝물일 때가 많습니다.

또한 그들은 돈을 벌었을 때는 자랑하고 다니지만 손실을 볼 때는 돈을 잃었다고 소문내고 다니지 않습니다. 사실 주식투자로 꾸준히 돈을 벌고 있는 개인투자자는 그리 많지 않습니다. 진짜 주식투자의 고수는 주식으로 돈 벌었다고 자랑하고 다니지 않습니다. 따라서 주식투자로 누가 돈을 벌었다는 말을 듣더라도 그리 부러워할 필요도 없고, 누가 돈을 벌었다는 말을 듣고 투자에 참여하는 경우는 더더욱 없어야 합니다.

3. 절박한 상황에서는 절대로 주식시장에 뛰어들지 마라

간혹 자신의 절박한 상황을 하소연하며 대박을 터트릴 수 있는 종목을 찍어 달라는 사람이 있습니다. 그들의 사연을 들어보면 그야말로 안타깝기 그지없습니다. 부양할 가족이 있는데 실직을 했거나, 예기치 않는 일로 큰 빚을 지게 되어 어떡해서든 짧은 기간에 큰돈을 마련해야 하는 상황입니다. 그렇게 막다른 골목에 이르게 되면 어떻게든 그 위기를 탈출하려 비장한 각오를 하고 주식시장에 뛰어들려 합니다.

그러나 주식시장은 절박한 사람을 더 절박하게 만들어 버리는 아주 잔인한 곳입니다. 위기를 탈출하기 위해 주식시장에 뛰어드는 것은 옆에 차고 있던 작은 쪽박마저 스스로 깨버리는 어리석은 짓입니다.

4. 주식시장의 놈! 놈! 놈!

몇 해 전 〈좋은 놈, 나쁜 놈, 이상한 놈〉 이라는 영화를 재미있게 본 기억이 있습니다. 이 영화가 화제가 된 뒤 "놈!놈!놈!"이라는 말을 넣은 재미있는 패러디도 많이 나왔는데 이를 주식시장에 적용해보겠습니다.

– 좋은 놈

주식시장에서 "좋은 놈"은 없습니다. 오직 이기적인 놈만 있을 뿐입니다. 펀드매니저가 조언을 하든, 주식고수가 종목을 추천하든, 은행직원이 창구에서 펀드에 가입하라고 핏대를 올리든, 그들이 원하는 것은 고객들이 큰돈을 벌어 부자가 되는 것이 아닙니다.

전문가들이 조언을 하더라도 자신이 몸담고 있는 조직에 큰 피해가 가지 않고 자신의 입장이 난처하지 않는 범위에서 두리뭉실하게 이야기합니다. 따라서 그 어떤 전문가의 조언을 듣더라도 개인투자자의 이익을 위해 소신껏 조언하고 있다는 착각은 버려야 합니다. 주식시장은 오직 자신의 이익만을 추구하는 인간들이 모인 곳입니다.

- 나쁜 놈

주식시장에서 "나쁜 놈"은 시장의 전망을 팔아먹는 자들입니다. 시장은 인간이 예측할 수 있는 성질의 것이 아닙니다. 투자의 경험이 많고 시장의 특징을 잘 아는 사람일수록 시장을 예측하는 말을 떠벌리기보다 시장에 대응하는 자세를 강조합니다.

그런데 주식투자가 뭔지 알만한 사람들이 복잡한 차트 몇 개 띄워놓고 세치 혀로 현란한 단어를 나열하며 전망에 목말라 하는 개미들을 현혹하고 있습니다. 종목을 찍어 주거나 시장 전망을 말해주고 돈을 받는 사람들은 사기꾼이거나 어설픈 무당입니다.

- 이상한 놈

주식시장에는 "이상한 놈"이 가장 많습니다. 주식투자로 부자가 되려는 자, 주식투자로 팔자 한번 고쳐보려는 자, 이 종목 저 종목 갈아타며 수시로 사고팔면서 뭔가 큰 게 하나 걸리기를 기대하는 자 등등.

아무튼 주식시장은 이상한 자들로 넘쳐납니다. 그런데 이들은 모두 공통점이 있습니다. 바로 자기가 목표로 하고 있는 것이 얼마나 말도 안 되는 이상한 행위인지 전혀 감을 못 잡고 있는 것입니다.

5. 주식계좌를 자주 보지 말라

주식투자를 본격적으로 하는 사람들은 적게는 한 달 월급, 많게는 일 년 연봉에 해당하는 돈으로 투자를 합니다. 결코 적지 않은 돈으로 투자를 하다 보니 하루에도 열댓 번 주식계좌를 살펴봅니다. 시장의 변동이 심할 때는 하루에 수십만 원에서 수백만 원의 돈이 왔다갔다합니다. 하지만 확정되지 않은 이익과 손실은 그냥 수치에 불과합니다.

주식계좌를 시도때도없이 보고 있으면 순간적으로 마음이 흔들려서 팔지 말아야 할 때 팔고, 사지 말아야 할 때 사는 즉흥적인 매매를 할 수 있습니다.

운전할 때 한눈을 팔면 사고를 당하듯, 주식투자를 하면서 불필요하게 주식계좌를 자주 확인하면 손해를 입기 쉽습니다. 주식계좌를 확인하는 횟수를 줄이면 투자의 실수를 줄일 수 있을 것입니다.

6. 주변 사람들을 관찰하라

주식투자를 할 때 최고의 지표는 주변 사람입니다. 주식투자를 가장 안 할 것 같은 친구가 어느 날 문득 주식 얘기를 꺼내고 주식투자에 관심을 갖기 시작하면 주식시장에서 빠져나올 생각을 해야 합니다.

반면 틈만 나면 "주식, 주식"하며 주식 노래를 부르던 직장 동료가 언제부터인가 주식얘기를 꺼내지 않고 관심조차도 갖지 않으면 주식시장에 참여할 것을 고려해볼 만합니다. 주식시장에서는 일반 대중과 반대로 움직이면 대체로 정답이기 때문입니다.

7. 가까운 사람일수록 조언을 받거나 조언해주지 마라

주식투자자 가운데 가까운 친구와 의견교환을 하며 종목을 추천받거나 매매 타이밍을 조언해주는 경우가 많습니다. 그러나 가까운 사람일수록 직접적인 화법으로 조언을 해주거나 조언을 받지 말아야 합니다. 조언을 받고 수익이 났을 때는 내 탓이고, 조언을 받고 돈을 잃었을 때는 너 때문이라고 생각하는 것이 인간의 마음입니다. 친구 말 듣고 투자하다가 사이가 나빠진 경우는 많이 봤어도 서로 고마워하며 우정이 돈독히 된 경우는 아직 한 번도 보질 못했습니다.

8. 주식시장에서는 아무도 존경하지 마라

주식시장에는 재야의 고수도 많고, 날고 긴다는 전문가들도 많습니다. 시장을 분석하고 예측하는 글을 보면 그들의 전문지식과 식견에 감탄을 할 때도 많습니다. 그러나 주식투자를 할 때는 그 누구도 존경해서는 안 되고 감명을 받아서도 안 됩니다. 투자를 할 때는 내가 중심을 잡고 있어야지 그 누군가의 판단에 의지하고 누군가의 생각에 휘둘리면 중심을 잃게 됩니다. 시장 앞에서는 모두 도토리 키 재기라고 생각하고 스스로가 중심을 잡고 있어야 합니다. 그래야 누구에게 의지하지 않게 되고 주식시장에 폭풍과 같은 비바람이 불어도 중심을 잡을 수 있습니다.